广东金融学院学术文库
本著作由广东金融学院资助出版

专利侵权行为研究

安雪梅　著

知识产权出版社

内容提要

本书以专利侵权行为为研究对象，采取静态和动态相结合的方法对影响专利权保护范围的各种制度作了梳理与归纳，廓清了专利权人和社会公众之间的权利边界；论证了传统侵权行为理论在包容专利侵权行为上的不足及其适用困境，指出了促使传统侵权行为理论发生变革的内在动力；在此基础上，尝试从建立多元化的侵权责任体系入手对传统侵权行为理论进行重构和适度矫正。最后，以重构的侵权行为理论为指导，展开了专利侵权行为的类型化和系统化研究。

本书研究视角独特，有深厚的理论铺垫，可供知识产权领域的学习者、研究者、实务工作者参考使用。

责任编辑：刘　睿　　　责任校对：韩秀天
特约编辑：崇世健　　　责任出版：卢运霞

图书在版编目（CIP）数据

专利侵权行为研究／安雪梅著．—北京：知识产权出版社，2009．8
ISBN 978-7-80247-795-7

Ⅰ．专…　Ⅱ．安…　Ⅲ．专利权法-侵权行为-研究-中国　Ⅳ．D923．424

中国版本图书馆 CIP 数据核字（2009）第 134068 号

专利侵权行为研究
安雪梅　著

出版发行：知识产权出版社
社　　址：北京市海淀区马甸南村 1 号　　邮　　编：100088
网　　址：http：//www. ipph. cn　　邮　　箱：bjb@ cnipr. com
发行电话：010-82000097　82000860 转 8105　　传　　真：010-82000893
责编电话：010-82000860 转 8113　　责编邮箱：liurui@ cnipr. com
印　　刷：知识产权出版社电子制印中心　　经　　销：新华书店及相关销售网点
开　　本：880mm×1230mm　1/32　　印　　张：11．125
版　　次：2009 年 8 月第一版　　印　　次：2009 年 8 月第一次印刷
字　　数：297 千字　　定　　价：28．00 元
ISBN 978-7-80247-795-7/D·836（2643）

前　言

自知识产权制度在国外诞生以来，有关知识产权制度的立法和相关理论研究就走上了一条与传统民法相分离的道路，知识产权侵权行为研究也走上了专项研究的道路。经过多年的激烈论争，知识产权学者对于专利侵权行为领域的许多概念还存在很大分歧，有关专利侵权行为专项研究的论述还不多见，专利侵权行为研究远未形成体系。在侵权行为法已经独立成编、民法典草案以及《专利法第三次修改稿》新近面世即将实施的背景下，如何实现新形势下的侵权行为法基本原理对专利侵权行为的宏观指导作用、妥善处理专利侵权行为的特殊性与民事侵权行为的普遍性之间的关系、合理界定专利侵权行为、理清专利侵权行为的责任体系构成和具体侵权形态等问题都成为亟待立法者、民法学者以及知识产权学者予以回答的问题。

就中国的知识产权侵权行为理论研究而言，研究成果还略显薄弱。从研究方法上看，民法学者易于忽略知识产权侵权行为的特殊性，习惯将民法基础理论简单地运用于专项知识产权侵权行为的研究中，而知识产权学者则惯于强调知识产权侵权行为的特殊性，缺乏以民法基础理论为参照物的差异分析，忽略了民法基础理论的养料作用；在研究内容上，学者主要广泛关注于广义范围下的知识产权侵权行为及其救济问题，研究内容多限于侵权行为的概念和归责原则等基本问题，而对于知识产权侵权行为责任体系的构成、侵权行为的类型化研究等问题鲜有涉及，知识产权侵权行为研究还远未形成体系。有关知识产权侵权行为研究的许多问题还有待学者进行更深层次的探讨。

同时，对专利侵权行为进行研究不仅是知识产权制度内部完善的需要，也是目前我国民事基本法立法任务的需要，还是完善知识产权侵权行为理论的需要，更是为澄清长期以来侵权行为理论的各种分歧所作的不懈努力。另外，专利侵权行为属于广义上的民事侵权行为，理应以民事侵权行为理论作为基本指导。但它同时又是一类异于传统民事侵权行为的新型侵权行为类型，其内涵远不能被传统的民事侵权行为所涵盖，传统民事侵权行为理论在知识产权侵权行为领域存在一定的适用困境。

在专利侵权行为领域，专利侵权行为的构成、表现形态、民事责任形式以及归责原则上的非单一性等都对以损害赔偿责任为核心建立起来的传统民事侵权行为理论提出了新的挑战。规制知识产权侵权行为这一特殊形式的侵权行为形态的要求构成了促使传统侵权行为理论扩张现有理论体系的内在动力；新的民事立法活动为侵权行为理论的扩展提供了契机。跳出债法樊篱的侵权行为法需要重整其理论体系，为其独立发挥作用、实现对知识产权侵权行为的弹性包容奠定理论根基。

在内外因素的共同作用下，传统民事侵权行为理论面临又一次的变革，以适应规制知识产权侵权行为的需要，再次实现侵权行为法对专利侵权行为的指导作用，回归侵权行为法的根本法地位。

本书首先从静、动态结合的角度对影响专利权保护范围的各种制度做了整理与归纳，力图廓清专利权人和公众各自权利行使的界线。接着，从知识产权异于传统财产权的特征入手，论述了传统侵权行为理论在包容知识产权侵权行为上的不足及其适用困境，分析了促使传统侵权行为理论发生变革的内外动因。

然后，以重构传统侵权行为理论为底线并结合专利侵权行为的特殊性对重构理论进行了适度矫正。在此基础上对专利侵权行为的类型化进行了初步研究，并以重构理论为指导，分析了三种特殊情况下的侵权行为（即发侵权、专利违法行为、临时保护期内的侵权行为）的法律属性，阐明了法律对其规定的规制方式不同于专利侵权行为的根本原因。

知识产权侵权行为研究是一个复杂且重要的课题，专利侵权行为的复杂性更甚。鉴于笔者学识有限，文内粗浅的看法定有许多不足之处，恳请学界同仁给予批评指正。

安雪梅

2009年5月于广州寓所

目 录

第一章 绪 论

新千年的知识产权制度正面临着新一轮的挑战，这一现象的出现与知识产权保护的国际一体化存在密切的联系。有学者说："没有哪个使得如同我们这样如此激烈地置疑当今的知识产权制度，这种置疑的声音在中外都屡见不鲜。"❶ 许多经济学家表现出了对知识产权制度的警惕，由于他们没有充分的证据证明知识产权制度是有利还是有害，因此他们慎重地认为："如果我们不具有专利制度，则根据我们目前的、关于其经济后果的知识，推荐创建它是不负责任的。但是由于我们已经长时间地具有专利制度，则根据我们目前的知识，推荐废除它也是不负责任的。"❷ 有些法学家也认为："仅仅因为有些保护是好的，而更多的保护不一定更好……"❸ 有些学者甚至宣称知识产权制度必将灭亡。❹

以上对知识产权制度的置疑促使人们从理论总结和立法实践两方面开始反思本国的知识产权制度。

---

❶ 李杨：《知识产权基础理论和前沿问题》，法律出版社2004年版，第123页。

❷ Machlup，F，*An Economic Review of the Patent System*，Published by US Government Printing Office，Washington DC，1958，p. 80.

❸ Lessig，L，The Problem with Patents，in *Industry Standard*，23，April 1999.

❹ 类似的论文和专著可参见寿步、方兴东、王俊秀编著：《我呼吁》，吉林人民出版社2002年版；Mark A Hamilton，the TRIPs Agreement：Imperialistic，Outdated，and Over Protective；Richard Steallman，Why Software Should be Free in "Intellectual Property：Moral，Legal，and International Dilemmas"，edited by Adam D. Moore，Published by Rowman & Littlefield Publishers，Inc. 1997.

第一节　研究背景

发达国家率先开展了理论总结工作，以期发现知识产权制度可能带来的负面因素。2002 年 2 月到 10 月，美国联邦贸易委员会（FTC）和美国司法部反托拉斯局联合组成了一个委员会，就竞争与专利保护的法律政策之间的合理关系进行了调查。通过一系列的听证，会议最后形成了名为《促进创新：竞争与专利法律政策的适当平衡》的研究报告。❶ 报告认为美国现行的专利制度存在一些问题，其中之一就是“专利权过滥”，导致了“专利灌丛”的形成，许多专利权的保护范围过宽，侵入了社会公众应有的领域，这种结果妨碍了专利制度在高新技术领域发挥竞争机制的作用，对技术创新产生了负面影响，有悖于建立专利制度的初衷，需要通过专利制度的调整来解决这一问题。报告还针对专利制度中存在的问题提出了 10 项建议，其中最重要的是：提供专利授权的标准；合理界定专利权的保护范围；改进法院对专利侵权案件的审理标准；以及提供无效程序以有效地剪除不当授权的专利、对专利权进行必要的限制等等。

英国知识产权委员会于 2002 年 9 月公布了题为《知识产权与发展政策的整合》的研究报告，其重点在于讨论知识产权制度对发展中国家的影响。❷ 报告在前言中指出：知识产权保护是有利还是有害？发达国家长期以来在这一点上已经达成了一致意见，虽然在某些时候不利的方面会超过有利的方面，但是发达国家经济实力强并已经建立了解决由此而引起的问题的有效机制，可以消除知识产权保护对一国经济的不利影响。而对于发展中国

❶ 尹新天：《专利权的保护》，知识产权出版社 2005 年版，第 10 页。

❷ “To Promote Innovation：The proper Balance of Competition and patent law and policy”，A Report by the IPR Committee，sep 2003，chapter I. p. 15.

家和最不发达国家来说，情况并不是这样。对于发展中国家和最不发达国家，知识产权保护所带来的额外负担让其处于两难的境地，虽然这些国家可以通过提供鼓励创新而取得一定的社会和经济利益，但效果甚微。因而从整体上看，知识产权体系的成本和获得不可能公平地得到分配。

此外，TRIPs 协议实施 10 年来的种种现实情况和结果也促使发展中国家再次审视知识产权保护标准的一体化对本国经济造成的影响。在世界知识产权组织召开的第四十次系列会议上，发展中国家对目前国际上知识产权制度的一些设计提出了质疑。[1] 巴西和阿根廷提出的一份名为《关于建立世界知识产权组织发展议程》的提案，引起了巨大的反响和激烈辩论，反映了发展中国家维护自身利益的强烈呼声。[2] 该提案的核心观点是：知识产权保护应当是一种促进技术创新、推动技术转让和技术传播的工具，其最终目的是推动技术的转让和人类的发展。但是从目前情况来看，知识产权制度过多地强调了对知识产权的保护，而对发展中国家的利益重视不够，影响了技术的转让，导致富国和穷国之间的“知识鸿沟”和“数字鸿沟”不是缩小而是扩大。该提案指出：知识产权保护的最终结果不应当是无视各国发展水平的不同而在所有国家设立更高的、一致的保护水平。因此，应当采取行动，在知识产权保护的政策中加入“发展议题”，保障所有国家为实施知识产权保护所付出的代价低于他们所得到的利益。

从立法动向上看，西方发达国家最近十多年的立法重点已经完全转向促进知识经济发展的立法调整与创新活动，并已经形成

---

❶ 尹新天：《专利权的保护》，知识产权出版社 2005 年版，第 14 页。

❷ *Intellectual Property, Biodiversity, and Sustainable Development: The TRIPs Agreement and the Issues to be Resolved*, by Martin Khor. London; New York: Zed Books; Penang, Malaysia: Third World Network, 2002.

了西方现代法制史上仅次于宪政革命时代的第二次大立法浪潮。[1] 这种立法活动主要有两大特点：其一是出现了两种立法模式即以美国、英国为主的判例法国家有渐进地推动立法活动的模式和以法国、日本为主的成文法国家以及部分判例法国家通过《知识产权法典》《知识产权基本法》等进行总括性地实施立法活动的模式。在前一模式下，相关的法案、立法细致而繁杂。在后一模式下，相关国家在《宪法》《民法》《刑法》之外颁布了本国的第四大基本法——知识经济时代的根本大法——知识产权法。如法国、西班牙、菲律宾、日本等国都采取不同立法技术制定了本国的知识产权法典，欧盟也颁布了大法典性质的《欧盟知识产权指令》。

西方国家立法活动的第二个特点是出现了两大立法方向。在知识产权领域，传统的立法活动一直局限于关于权利的确认、登记保护等活动。[2] 随着一些新的知识产权类型不断涌现，西方国家在该传统方向上的立法活动出现了蓬勃发展的态势。但是，最近10多年来，另一新出现的立法方向正日渐突出，即有关限制知识产权权利行使方面的立法活动渐次增加。例如，1995年3月至1996年9月期间，美国国会审议了6部限制医疗方法专利权的法案。最近几年，包括《知识产权保护法》在内，美国国会至少审议了8部限制知识产权权利行使的新法案。[3]

在国内层面上，2001年以来，我国的一些主要法律也进入了制定和修订的环节，立法活动频繁，立法任务极其繁重。其中，民法典草案的编纂工作已经进入了实质性阶段，草案中的侵

---

[1] 国家知识产权局知识产权发展研究中心编：《规制知识产权的权利行使》，知识产权出版社2004年版，总序部分，第1页。

[2] John W. Schlicher, *Patent Law Legal and Economic Principles*, West Group, 1999.

[3] *Intellectual Property Rights, the WTO and Developing Countries: The TRIPs Agreement and Policy Options*, Correa. C. M. Penang: Zed Books, 2000.

权行为法编已于不久前面世。

在特别法领域，不久前颁布的《国家知识产权战略纲要》中明确指出，知识产权制度的完善是实施国家知识产权战略的重要内容。从2006年起，我国全面修订知识产权法律制度，首先纳入立法计划的是专利法的修订工作。虽然专利法自制定以来历经多次修改，但本次修改与以往有很大的不同。此次修改是我国政府鉴于国内经济建设的需要，前瞻性地主动完善法律制度的过程，这必然要求立法机关从全面和宏观的高度，充分考虑专利法与其他法律规范（如其他知识产权法律以及民事基本法）之间的有机衔接问题，多方面吸纳不同学者的观点，以海纳百川的胸襟完成历史赋予的这一神圣使命。

第二节 问题的提出

从国际和国内动向以及立法经验来看，过高地、一味地提高知识产权的保护力度对中国这样的发展中国家并非完全有利。知识产权制度是反映国家意志的公共政策工具，作为一种通过经济手段促进科技创新的法律制度，知识产权制度总体上有利于提高生产力、促进经济的发展。但是，具体针对某一个国家、地区或企业，或者在这个国家、地区或企业的不同发展阶段来讲，知识产权制度对经济发展并不总是起促进作用，有时甚至会起阻滞作用，关键在于这个国家的知识产权制度是否符合科技发展的内在规律以及该国家各地区或企业运用知识产权参与市场竞争的能力。[1] 实质上，近年来国际上对知识产权制度反思不断的内在原因在于，人们已经认识到知识产权制度是一类必须不断调试和完善的法律制度。在这一调试的过程中，一个极为重要的参照规则

[1] 吴汉东、胡开忠等：《走向知识经济时代的知识产权法》，法律出版社2002年版，第3页。

就是本国经济建设的发展状态、最为广泛的社会公众利益和现实社会的发展问题。随着社会形态的不断变革，以及必要的、符合社会发展的社会公众利益需求的不断增加，政府可以通过对知识产权这一攸关社会和公众多个因素的私权利益的法律的调整，最终实现或达到整个社会的繁荣丰富。因此，在构建符合国家经济建设发展规律的知识产权制度的过程中，知识产权制度的完善是不容忽视的一个重要内容。

基于这一共识，许多国家的专利制度面临着新一轮的改革，以使其与国家的经济发展更加契合。国际层面上对专利制度的反思，对我国知识产权制度的完善和发展有重要的启示作用，我国政府显然已经以实际的立法规划行动融入了专利法的改革大潮之中。

从完善知识产权制度本身而言，在专利法业已建立的各项制度中，对专利侵权行为的规制规则是一个极为重要的部分，也是必须解决的一个问题。对这一问题的妥善解决不仅关涉知识产权权利人的私有权利，还关系到社会公众的公共利益，以使公众形成必要的行为准则，同时也关系到侵权行为人应受法律保护的合法利益；对专利侵权行为有关问题的思考不仅关涉专利制度的完善，还关乎专利制度与民事基本法的有机连接。基于此，在完善专利法的过程中，如何界定专利侵权行为、专利侵权行为的责任形式如何、专利侵权行为适用何种归责原则以及专利侵权行为与民事侵权行为的关系如何处理等等问题都有待立法者和民法学者以及知识产权学者予以研究和解决。

自知识产权制度在国外诞生以来，有关知识产权制度的立法和相关的理论研究就走上了一条与传统民法相分离的道路，国内外知识产权侵权行为研究也走上了专项研究的道路。从国内外研究情况可以看出，国外有关知识产权侵权行为研究的理论成果、相关判例以及各国的国内法和国际法的规则是我们可资借鉴的宝贵资料。但就中国的理论研究来讲，知识产权侵权行为研究领域还存在相当多的问题。我国知识产权侵权行为理论研究的实际情况是，经过多年的论争，学者们对于知识产权侵权行为的概念和归责原则的认识至今仍存在很大的分歧。有关专利侵权行为专项研究的论述还不多见，多数学者关注于知识产权侵权行为的救济问题。知识产权侵权行为研究（包括专利侵权行为研究）还远未成体系，主要表现在以下几个方面。

首先，国内有关知识产权侵权行为研究的成果还比较少，理论研究比较薄弱，滞后于实务界，研究者多为知识产权领域的学者，缺乏民法学者的加入。综观各界研究者们的论著，我们可以发现这一独特现象的具体表现：从参与研究的主体构成上看，研究专利侵权行为甚至知识产权侵权行为的学者多限于知识产权学者，鲜有民法学者涉足这一领域，知识产权侵权行为研究似乎成了知识产权学者的“专有领域”，由此形成了一个极为显见的分界线，一定程度上造成了知识产权学者和民法学者在研究侵权行为问题上视角的分野，从而造成知识产权侵权行为研究与民法侵权行为研究成果的相互借鉴程度的减少，缺乏深厚的民事侵权行为理论滋养的知识产权侵权行为的研究，其研究内容的局限性和理论沉淀的不足都难以满足知识产权侵权行为的体系化建设的需要。

其次，从研究视角上看，在有限的知识产权侵权行为研究中，学者较多关注于广义范围下的知识产权侵权行为的救济问题，缺乏专门针对某一特定类型（如商标权等）的侵权行为的理论研究，有关专利侵权行为专项研究的论述基本没有。

从研究方法看，多数知识产权学者忽视知识产权侵权行为的特性，习惯将民法的基础理论简单地运用于专项知识产权侵权行为的研究中，缺乏以民法基础理论为参照物的差异分析，研究结果既缺乏与其他类型知识产权的联系，也缺乏与传统民事侵权行为理论的比较与联系，因而其结论往往难以服众。

再次，从研究的深度看，许多研究还仅限于知识产权有关基本概念的争论，对于知识产权侵权行为的概念和归责原则的认识尚存在很大的分歧。

最后，从研究成果的系统性看，知识产权侵权行为研究仅限于侵权行为的概念和归责原则以及救济措施，对于侵权行为的类型化研究、侵权行为与违法行为的界线、侵权行为的责任体系构成，基本没有学者论述，知识产权侵权行为研究还远未形成体系。

这些都显示出我国的知识产权侵权行为研究的局限性。这种局限于一隅的研究模式未能从博大精深的民法基础理论中汲取营养，割裂了作为民法特别法的知识产权法与母法之间的内在联系，其结论往往是不能推而广之的，一定程度上显示出了我国知识产权侵权行为理论研究的局限性。如今恰逢我国新一轮修改知识产权法的极好契机，知识产权侵权行为研究尤其是专利侵权行为的研究具有重要的时代意义。

开展知识产权侵权行为研究是我国知识产权理论研究和立法实践的双重需要。我国近期的立法活动为这一研究提供了极好的契机，侵权行为法已经独立成编。在编纂民法典的过程中，学者们努力将侵权行为法从债法中独立出来，强调侵权行为的结果包括损害赔偿责任但远远不限于传统意义上的损害赔偿责任。这一做法产生的问题是：侵权行为的归责原则究竟仅仅是指损害赔偿责任的归责原则，还是包括其他民事责任形式的归责原则。换言之，如果被侵权人只是要求侵权人承担除损害赔偿责任以外的民事责任而不提出损害赔偿的要求，侵权行为的归责原则是否还可以发挥作用？具体到知识产权侵权领域，知识产权制度的未来命运如何、其与民法之间关系的处理问题、民法侵权理论对知识产权侵权行为研究具有多大程度上的指导意义、两者之间的相互关系如何、知识产权侵权行为的构成、侵权行为适用的归责原则以及知识产权侵权行为的主要类型等许多基础问题都有待学者给出令人信服的答案。对这些问题的研究和解答有助于促进知识产权侵权行为研究的体系化，为我国知识产权制度的完善提供思想资料。

专利是技术与法律的结合，其根本是为一国的科学技术发展和经济建设服务的，专利制度是反映技术发展、维护社会创新动力的法律制度，这就注定了专利制度与其他法律相比会更为频繁地面临新的问题，其法律体系总是处于频繁变动的开放形态，永远不会停留在一个固有的水平上。尤其是知识经济时代，和平与发展成为当今世界的两大主题，以知识产权为主要内容的无形财产权日益取代传统的有形财产而成为当代财产的重要核心并成为国际贸易中不容忽视的一个内容，TRIPs 协议的订立与实施使知识产权制度在国际经济、科技、贸易中的地位和作用得到历史性提升，加速了我国知识产权制度走向国际化和一体化的步伐。作为促进科技创新、弘扬科学技术的传播与扩散的专利法律制度受到了进一步的重视，这些因素使专利领域成为一个充满活力的领域。

基于以上多种原因，对专利侵权行为进行研究不仅是知识产权制度内部完善的需要，也是目前我国民事基本法立法任务的需要，还是完善知识产权侵权行为理论的需要，更是为澄清长期以来侵权行为理论的各种分歧所作的不懈努力。[1] 其次，知识产权侵权行为具有自己独特性的同时还具有传统民事侵权行为的某些共通性，传统的民事侵权行为理论难以覆盖知识产权侵权行为领域。对这一问题的研究可以为知识产权侵权行为的研究贡献一点微薄的参考资料，有助于知识产权侵权行为体系化的形成，从而促进知识产权制度与民法传统理论的衔接和协调，还可为专利制

[1] 虽然有学者对于知识产权侵权行为归责原则的讨论感到厌烦，但是，在这一问题还未得到解决的情况下，本书认为还是有其必要性的。而且，本书拟在重新构建侵权责任体系的基础上，以专利侵权行为为初步研究对象，试图构筑专利侵权行为的基本理论，并以该理论与实践和法律规定相互验证。其思路和研究对象并不仅局限在专利侵权行为归责原则一域，而是从更为广阔的角度研究，希望读者留意。

度的改进提供理论支持和具体意见，对完善我国专利制度和专利立法以及指导专利实践具有重要的意义。

第三节　写作思路与结构安排

知识产权的地域性特征为内容制定和完善本国制度提供了合法依据。虽然，由发达国家主导的若干知识产权国际组织不断推动知识产权制度的国际化和保护标准的统一化，各国制定和调整适合本国经济的知识产权制度的空间已经不大。但鉴于国家利益和国家主权原则的考虑，知识产权的国内法在未来相当一段时间内还可能长期存在，知识产权制度的地域性特征仍将持续，这给发展中国家调整和完善本国知识产权制度，发挥知识产权公共政策工具的作用奠定了基础。发展中国家完全可以运用知识产权国际公约给予的发展空间，在不违背业已签订的知识产权国际公约规定的义务的前提下，通过国内法促进知识产权制度的完善，达到保护本国工业发展、维护本国国家利益和公共利益的目标。

在展开理论研究之初，需要对本书所采用的知识产权概念的内涵作出界定。对于知识产权的概念界定模式，主要有两种：其一为概括式，即以高度抽象的概括性语言对知识产权的实质内涵予以描述，力图揭示各类知识产权的内在规律和本质，从而给出知识产权的定义，我国学者多采用这一模式；其二为列举式，通过系统地列举知识产权所保护的权利类型的方式给出知识产权的定义，目前国际公约多采用后一模式。本书采纳我国学者的权威观点，认为知识产权是权利人依其智力劳动成果、经营性标记和商业资信所依法享有的独占权。[1] 据此，知识产权所包括的权利类型有著作权、专利权、商标权、植物新品种权、集成电路布图设计权等。20 世纪以来，知识产权已经成为一个集合概念，意

---

[1] 吴汉东：《知识产权法学》，北京大学出版社2000年版，第3页。

指一组产生在不同时间、地点且互不依存的权利，本书讨论的主要内容为知识产权的一种重要类型——专利权。

本书所讨论的专利主要指发明专利和实用新型专利，不包含外观设计专利。根据我国《专利法》的规定，可以获得专利的发明创造包括发明、实用新型和外观设计 3 种。虽然我国《专利法》将 3 种专利制度合并规定在一部专利法中，但是，鉴于外观设计专利从申请、审批到权利范围以及侵权的判定标准与其他两类专利存在很大的差别，而发明专利和实用新型专利的各项制度基本相同。因此使二者分离、单独研究发明专利和实用新型专利的侵权行为成为可能。

一、研究的思路

本书拟研究的问题包括：首先，划清专利权的保护范围与社会公众得以自由行使的行为领域的界线。其次，论证促使侵权行为法变革的内外动因，其中侵权行为一般条款在专利领域内的适用困境以及知识产权侵权行为（专利侵权行为）的特殊性是导致传统侵权行为理论变革的内在动因，侵权行为法自身的发展趋势以及此次我国的立法规划是促使侵权行为理论进一步完善的外在动力。接着，本书欲结合我国的立法实践，尝试初步构筑侵权的民事责任体系，在此基础上探讨建立专利侵权行为的基本理论，并以该理论解决专利侵权行为的界定、专利侵权行为的构成和归责原则等问题，为发展传统民事侵权行为理论和初步建立专利侵权行为理论作出努力。接着，本书将具体讨论专利侵权行为的两种主要类型（直接侵权行为和间接侵权行为），对其规律做初步的归纳和揭示。最后，本书拟以自我建立的专利侵权行为理论进行验证，分别对专利违法行为和即发侵权行为的性质进行探讨，据此判断其是否属于专利侵权行为的范畴，回答这些行为的法律规制不同于专利侵权行为的内在原因，并结合现有的法律规定和案例对本书的观点进行进一步的论证。

专利侵权判定的基础在于合理确定专利权的保护范围。所以从某种意义上说，一项专利权的权利范围是与侵犯该专利权的侵权行为相辅相成的。要判定他人实施的某项行为是否构成对专利权人专有权利的侵犯，首先就必须界定该专利的权利范围，专利权的保护范围由权利要求书划定，权利要求书和说明书等法律文件从静态角度展示了如何界定一项专利权有效边界的问题，从而在处于公共领域的知识和专利权人专有技术之间划清了界线，赋予了社会公众的行为自由区域；另一方面，专利权的范围可以通过他人实施的侵权行为得以界定，这是由于专利权的客体具有无形性的特点，在专利权的保护范围无法被人类感知的情况下，他人实施的侵犯专利权的行为实际上是从动态角度昭示了该被侵犯权利的外在边界。因此，需要以静态和动态两方面相结合的角度研究专利权保护范围的界定机制，前者需要借助于法律文件的具体描述，后者需要借助于他人的行动。只有这样，才有可能完整地描述一项有效专利的权利保护范围。

多年来，对于知识产权侵权行为的性质、知识产权侵权行为适用何种归责原则以及知识产权侵权行为领域的许多概念，学界曾经有过极为热烈的争论，但至今尚无一致的意见，这些分歧不仅存在于民法学者之间，还广泛地存在于民法学者和知识产权学者之间。本书认为，问题的根本原因在于学者们大多局限于以损害赔偿为惟一侵权责任形式的固有思维模式中，没有从实质上接受《民法通则》规定的多种责任形式。要改变这种状况，必须从重构侵权责任体系入手。民事责任是侵权行为法的基石，侵权民事责任形式的丰富必将带动侵权民事责任的归责原则、责任构成要件的变革。只有通过重构侵权责任体系，才能带动侵权行为理论的变革，那么学者们有关知识产权侵权行为的许多讨论就可以站在一个平台上。就不同的责任确定不同的责任构成要件和责任归责原则，跳出“责”仅仅意指“损害赔偿之责”的樊篱，至少可以在理论上实现知识产权侵权行为与民事侵权行为的和谐相处。

专利侵权行为（知识产权侵权行为）是一个自成体系的研究内容，它既不可被传统的民事侵权行为中的一般侵权行为所包括，也不属于特殊侵权行为。在专利侵权行为中，既有直接责任，也有间接责任，既有直接侵权，也有间接侵权，既有无过错责任的适用，也有适用过错责任的情形，因而可以构成一个体系完整的侵权行为理论。

二、本书的结构安排

基于以上分析，本书的研究内容和章节安排如下。

第一章为导论部分，主要介绍本书的选题背景，选题的由来，与本选题有关的国内外研究成果和本书的研究思路，最后对本书的章节和创新之处做了简单说明。

第二章为整书的理论铺垫，其目标在于厘清专利权的保护范围。本书从物和知识产权两种不同的财产权相异的特征出发，论证了专利权需要界定的根本原因在于其权利本体的无形性、权利客体与其权利载体之间的非直观联系以及由此而造成的权利边界的模糊性。对专利权范围的界定不仅是划清公共领域和私人领域的界线，也有展示他人得以自由使用知识产品的行为尺度，规范行为人的指导作用。

从理论上讲，一项专利的权利要求书描述的范围并不完全等同于专利权人得以行使权利的无障碍区域，仅仅从静态角度对专利权的保护范围作出界定是远远不够的，还需从动态角度研究结合专利权的保护范围，进一步划清专利权人和公众权利行使的界线。这是因为，随着科学技术的飞速发展，技术领域相互交叉、技术问题日益复杂加之专利局审查检索的局限性，都有可能使原不属于专利权人的权利范围划归专利权人享有。而且，法律为了平衡专利权人的私益和社会的公共利益，总会在专利权范围内划出一块得以由社会公众自由使用的区域，这些区域虽然处于专利权范围之内，但是又不违背专利权人的发明宗旨，因而是合法的，也是国家把专利制度作为公共政策工具的体现。由此，专利法还设计了若干制度，用以对专利权人的权利进行必要的限制，这些制度包括公共领域、从属专利和不视为侵犯专利权的例外。其中公共领域是指原本不属于专利权的范围但被错误授权后，专利权人不应享有的范围。这一范围的知识原本属于公有领域，只是由于不当授权导致专利权人权利的扩张，为了减少此类情况发生，各国专利法均规定了相应的制度。在我国，可以实现公共领域扣除的制度主要是指专利的无效宣告程序，通过社会公众的参与和监督，确保公共领域的知识产品能够回归到公共领域之中。另外，专利法中未规定合理使用制度，仅仅对商业使用的某些行为认定为不视为侵犯专利权，这些行为本身已经构成了侵犯专利权的行为，但为了社会公益，法律规定其不属侵犯专利权的行为，这暗示了对专利权的非商业性使用不构成对专利权的侵犯。基于以上原因，本书将对以上三种情况进行分析，从他人行使权利的角度来划定专利权人的专有区域。

这样，专利权的范围就不再仅仅显示为专利授权文件所划定的范围，还应扣除其他部分，剩余的部分才能是专利权人得以享有排他权的范围。以上情形都需要借助行为人的具体行为促使专利权的隐性边界显现。

第三章主要着重论述传统民事侵权行为理论的内在不足以及其在解决知识产权侵权行为时所面临的困境，结合内外因素的影响，需要进一步发展和丰富传统民事侵权行为理论，并在此基础上构筑侵权责任体系，丰富和发展传统民事侵权行为理论。

第四章为重构的侵权行为理论在专利侵权行为领域的具体适用。以新建立的侵权行为理论完成了界定专利侵权行为的概念、侵权行为的构成以及归责原则等任务，作为专利侵权行为理论体系的一部分。同时针对专利侵权行为的特殊性，对新建理论进行适度调试以适用调整知识产权侵权行为的特殊需要。

第五章主要研究专利侵权行为的类型化。该部分主要分析了侵权行为类型化的一般原理，对知识产权侵权行为的主要表现形态和专利侵权行为的两种主要侵权形态做了简要的归纳和整理。

第六章和第七章的任务主要是理论验证。具体将新构建的专利侵权行为理论分别运用于专利侵权行为（直接侵权行为和间接侵权行为）、即发侵权行为、发明专利临时保护期内第三人实施的侵权行为以及专利违法行为等侵犯知识产权权利人合法权益的行为上。以构建的侵权行为基本理论为指导，并以相关法律规定为印证，解释罪与非罪的界线，回答为什么专利违法行为与即发侵权行为以及临时保护期内实施专利申请文件中所载技术的行为不属于专利侵权行为的本质原因，剖析两者法律责任不同的内在原因。

有必要指出的是，第六章的研究是在前几章基础之上展开的。在借鉴各国专利法相关规定的基础上，对专利侵权行为进行类型化研究，力图能准确把握专利侵权行为的各种表现，为下一步专利侵权行为的规制打好基础。有必要提及的是，传统民法理论中的侵权行为理论成果已经相当成熟，侵权行为的类型化研究已经到了高度概括的境界，而专利侵权行为的类型化研究还刚刚起步。

最后部分为对全书观点的总结与对未来的展望。在这一部分，将主要研究专利侵权行为与其上位概念——知识产权侵权行为的区别与联系，提出自己对未来知识产权制度发展走向的粗浅看法。

三、本书的创新之处

研究角度的创新。本书首次提出了应该从动态和静态两个方面分析专利权保护范围的观点，并从静态的权利要求描述和动态的他人行为两个角度分析了专利权保护范围界定的各个机制。

研究路径的创新。本书以传统民法理论中的侵权行为理论为依托，以一般民事侵权行为为参照系深入分析传统侵权行为理论在知识产权侵权行为领域的适用困境，以此为基点为重构侵权行为理论做好铺垫，接着本书从重构民事责任体系入手搭建了新构建的侵权行为理论的框架，进而为后面展开的侵权行为归责原则和类型化研究奠定基础，确保研究内容具有深厚的理论积淀。

研究内容的创新。国内有关专利侵权行为的系统化研究还基本处于空白，有关专利侵权行为研究的参与者主要为实务界人士，少有学术界人士的参与。而且，其研究形式多为就案论案的案例分析方式，研究内容缺乏系统性。本书从理论分析角度入手，以案例为辅助资料，开展专利侵权行为的理论研究，力图对专利侵权行为的性质、专利侵权行为的类型化等问题展开一定深度的研究。

第四节　本书的研究方法

本书是对专利侵权行为进行的理论研究，其侧重点不在于对专利权保护范围的具体界定，而在于对专利侵权行为的界定、对专利侵权行为本质特征的描述以及对专利侵权行为应承担的民事责任框架的构建。为此，本书采用的研究方法主要表现为概念分析、逻辑分析、实证分析和比较分析的方法。

1. 概念分析的方法

判断和论证的逻辑起点就是概念。大陆法学往往是概念法学，而概念清晰与否、如何理解概念则往往成为法学关注的核心和法律规则的基点。从一定意义上看，各种学术问题的争论，往往都是概念之争。知识产权法学界的许多激烈争论，在较大程度上往往是对概念内涵的理解本身不一致带来的。虽然概念的表达，之所以选择了特定的用语，其中经历了诸多带有偶然性的发展过程，但不可否认的是，“当我们对某一事物命名或根据某个名称去识别所命名的对象时，我们往往根据这一事物的特性或特征”。[1] 具体到民法尤其是知识产权法中概念的分析，其不仅有概念本身用语的选择问题，由于历史的原因，还存在大量外来语的翻译问题。在翻译外来语时，由于汉语词汇丰富多彩，词意繁多，难以找到与外来语的语义完全妥帖的本国语，有些时候，选择与外来语相对应的汉语词汇不仅要满足美感，更多时候是一种意会甚或带有一些偶然性。对这些概念的分析，不仅会涉及其原文表达的含义，而且涉及其文中表达的内涵。对于长期约定俗成的概念，这种分析同样有必要。从本书拟订研究的主题出发，需要分析和厘清的概念就包括知识产权、侵权行为、归责原则、民事责任、专利侵权行为、专利违法行为等等，这些概念涉及民法学和知识产权法学的各个领域，愈加显明在研究知识产权侵权行为的过程中，概念分析方法的重要性。

2. 系统分析的方法

侵害知识产权的行为，从来都是民事侵权行为的一个大类，无论大陆法系，还是英美法系，莫不如此。侵害专利权的行为，是民事侵权行为的一种具体形态，民事侵权行为理论是民法中整个侵权行为理论中的重要组成部分。同时，专利侵权行为又是知识产权侵权行为的下属概念。按照系统论的观点，专利侵权行为理论既是民事侵权行为理论的子系统，也是知识产权侵权行为的子系统。这个子系统应该分别体现两个母系统所各自具有的系统特征，同时也具有自己的独立价值。因此，在建构专利侵权行为理论体系时，不可避免地于概念分析之外，采用系统分析的方法。

3. 逻辑分析的方法

在研究知识产权侵权行为的过程中，特别需要运用逻辑分析的方法。其原因不仅在于知识产权法本身是民法的一个分支，知

[1] ［美］索尔·克里普克著，梅文译：《命名与必然性》序言部分，上海译文出版社2001年版，第2页。

识产权法的许多制度和规则需要符合民法的整体逻辑思维，而且在于知识产权法本身应该是一个逻辑体系完备的法律制度，我们所作的工作都是为这一制度的完备而努力，在大陆法系国家，法律体系的逻辑性还是其保持长期不竭生命力的重要源泉。❶ 有学者认为，我国知识产权法学界和司法实践中，之所以常常围绕侵害知识产权的民事责任究竟适用何种归责原则等基本问题产生争论或困惑，原因就在于在追究侵害知识产权的民事责任的过程中，欠缺对民事责任形式之间逻辑关联的理解，❷ 笔者对此深有同感。笔者认为，知识产权法学界长期以来的有关侵权民事责任归责原则的激烈争论，源于对侵权行为概念的理解差异和欠缺逻辑分析方法的运用。侵权行为（侵害行为）是整个侵害知识产权行为的逻辑起点，从不同角度看，侵害知识产权的结果有多种形态。从知识产权权利人角度看，由于他人侵害了权利人的知识产权，权利人因此享有请求权（有学者将其内容表述为不作为请求权、损害赔偿请求权和不当得利请求权）；从侵权人角度看，即应当承担的侵权责任（责任形式可以是损害赔偿，但远不限于损害赔偿），侵害知识产权民事责任的归责原则不仅应包括损害赔偿责任，还应该考虑到其他形式的民事责任。另外，侵害知识产权的行为的构成要件应该是知识产权领域所有侵权行为的共同构成要件，而不应仅仅是应当承担损害赔偿责任的知识产权侵权行为的构成要件，知识产权的归责原则也不应该仅仅是应当承担损害赔偿责任的侵权行为的归责原则，而应该考虑承担其他民事责任时需要依照的归责原则，此中的“责”不能仅仅理解为损害赔偿责任之责。知识产权的侵权行为的特殊性在于，在分析侵权行为责任时不能简单地以单一的构成要件来解决所有的民事责

---

❶ Donald S. Chisum & Michael A. Jacobs, *Understanding Intellectual Property Law*, Matthew Bender & Company Incorporated, 1998.

❷ 阳平：《论侵害知识产权的民事责任——从知识产权特征出发的研究》，中国人民大学出版社 2005 年版，第 4 页。

任的构成，只有通过衡量案件事实所契合的不同层次的构成要件，才能追究侵权行为人相应的民事责任。传统侵权行为理论是以损害赔偿责任为核心建立起来的体系，而各种侵权的民事责任形式中，需要考虑行为人过错的，不过是损害赔偿的民事责任这一种，当将知识产权学界有关归责原则的争论置于“承担侵权损害赔偿责任的归责原则”这一平台时，学者之间的观点实际上并无大的分歧。关于这一点已有学者指出。[1]

4. 比较分析的方法

比较出真知。由于知识产权是一种新型的财产性权利，在研究知识产权这一新型权利的时候，为了更好地把握其本质，最好的方法就是将其与其他民事权利相比较进行研究。实际上，知识产权的各项特征，就是在与其他民事权利比较的过程中，总结归纳出来的。我国的知识产权制度基本上是在继受、移植西方先进国家知识产权法律制度的基础上发展起来的，所以，对知识产权各项规则的研究，从一开始就离不开比较的方法。这些比较的工作不仅体现在将知识产权法中的规则与民法基本规则的比较，也包括将本国的知识产权制度与他国知识产权制度的比较，甚至于与国际公约的规定展开比较。同时，在知识产权法的研究过程中，外国的一些有价值的司法成例与我国一些类似案件的审理结果也可以作为比较的对象。通过比较研究，我们可以汲取民法基础理论的广博营养，了解我国知识产权法的不足和完善方向，挖掘出蕴涵在知识产权案件背后的法律理念，为进一步完善我国的知识产权制度提供理论支撑。

---

[1] 吴汉东：“试论知识产权的‘物上请求权’与侵权赔偿请求权”，载《法商研究》2001年第5期。

第二章 专利权的保护范围

知识产权是近代社会法律革命和制度变迁的结果。知识产权制度的确立，完成了非物质形态的财产权利从封建特许之权到法定之权的制度变革，这一新型财产权的产生大大丰富了财产权的体系，形成了一类有别于有形财产权并与之相对应存在的无形财产权。❶

知识产权的客体是非物质形态的知识产品，其权利本体的私权属性是知识产权归类于民事权利范畴的基本依据。❷ 人们经过研究发现，作为一项民事主体依法享有的私有权利，知识产权与人们所熟知的所有权具有某些共同特征，但是更多的是两种财产权制度所具有的不同性质；知识产权虽然沿袭了传统民法上所有权理论的一些固有理念，但同时也蕴涵着特殊的质的区别，用传统的所有权理论难以准确诠释这一新型权利。有学者指出，将所有权的概念运用到非物质财富的权利形态上，导致“使它远远超出在技术上对它作准确理解的内容的范围”。❸ 两种权利形态所存在的迥然差异导致了知识产权遵从的法律制度是有别于所有权制度的其他法律规定。也许正是出于这个原因，从知识产权这一无形财产权诞生之日起，有关知识产权的立法和理论研究就走上了一条与传统民法相分离的道路。

---

❶ 吴汉东、胡开忠：《无形财产权制度研究》，法律出版社2001年版，第12页。

❷ 知识产权的私权属性已经得到各国立法和国际公约的确认，TRIPs协议在开篇即明确指出，“知识产权是私权”。参见TRIPs协议的前言部分。

❸ ［法］茹利欧·莫兰杰尔：“法国民法教程”，见《外国民法资料选编》，法律出版社1983年版，第231页。

为了更好地阐释知识产权这一概念的本质，学者们从多个方面给知识产权下了定义。关于知识产权的定义方法，主要有“列举主义”和“概括主义”两种。多数国家的法学著述、立法文件和国际公约都是以列举的方式来说明知识产权的概念的。[1] 1884年生效的《保护工业产权巴黎公约》采纳列举的方式为知识产权划定了一个最为广泛的权利范围，它包括了发明专利、实用新型、工业品外观设计、商标、服务标记、厂商名称等在内的、基于人类智力创造成果所享有的权利。我国学者主要采取“概括主义”的方法来阐释知识产权的概念，一般认为，知识产权是人们对于自己的智力活动创造的成果和经营管理活动中的标记、信誉所依法享有的权利。[2] 据此，知识产权是一个集合概念，其权利内容依照不同国家的法律规定而略有差异。按照我国现行法律的规定，知识产权项下包括版权、专利权、商标权、商业秘密权、集成电路布图设计权、植物新品种权等多项权利。

专利权属于知识产权的一种，是知识产权的重要组成部分。一般认为，专利制度是根据专利法的规定对申请专利的发明创造进行科学审查、对符合授权条件的发明创造授予专利权，同时将其公之于众，以利于技术交流和转让的一项法律制度。[3] 与著作权法保护表达而不保护创意的主旨不同，专利法是技术发明保护法。专利法所保护的技术发明是发明人就其产品或方法所提出的新的技术方案，其实质是一种创意，是能够促进技术进步的创造性智力成果。正是基于此，专利制度的正常运行可以起到“为天才智慧之火添加利益之油”的作用，为技术创新提供适度的激励，促进技术创新的涌现和实施是专利制度的正当性所在。同

---

[1] Vincent Chiappetta，The Desirability of Agreeing to Disagree：The WTO，TRIPs，International Exhaustion and A Few Other Things，*Michigan Journal of International Law*，(spring，2000).

[2] 吴汉东：《知识产权法》，法律出版社2004年版，第4页。

[3] 同上书，第117页。

时，为平衡权利人与社会公共利益的平衡，保障社会公众知识产品的充足供给和实现社会公众对人类精神财富的共享，专利法更加注重促进科学技术的传播和应用。❶ 目前，世界上大多数国家已经建立了专利制度。

专利制度的建立创设了一种新的财产权利——专利权。专利权是国家专利主管部门依照专利法授予发明创造人或合法申请人对某项发明创造在法定期间内享有的一种独占性权利，这种独占权表现为权利人对其权利客体所享有的排他性的专有权。虽然知识产权的授予尤其是专利权的授予程序中，有着比较浓厚的国家机关的行政干预色彩，但是这些未能改变专利权的私权属性。专利权作为一项民事权利，权利人在其权利范围内得以独立行使并享有不受他人非法干涉的权利，在这一点上，专利权的排他性效力与民法上的绝对权没有实质的差别。

第一节　专利权利范围需要界定

在理论上，任何财产权利（包括专利权）都应具有明确、清晰而稳定的权利边界。“财产制度的首要价值目标是界定交易主体的权利界限，从而形成属于主体的财产”。❷ 动产具有的物理边界和其物理特征可以帮助人们理解和界定它，不动产具有的地理界限可以帮助人们理解和认识建立在这些财产上的排他权范围。与此相似，“法律在调整无体物时所面临的首要任务之一，就是必须能够确定该财产并在其转换为新的形式时能够追踪到所

❶ 《美国宪法》第 1 条第 8 款规定：“Congress shall have owner to promote the Progress of Science and useful Arts, by securing for limited Times to Authors and Inventors the exclusive Right to their respective and Discoveries.” Article 1, Section 8 (8) of U. S. Constitution.

❷ 马俊驹、梅夏英：“财产权制度的历史评析和现实思考”，载《中国社会科学》1999 年第 1 期。

保护的对象”。[1]

知识产权边界难以界定的困难已经得到学者和实务界人士的认可。正如美国学者阿罗所言，以适当的法律手段，信息可以成为一种能够被占有的商品，因此确实能实现对它的垄断。然而，无论多么大的法律保护，都不能使像信息这样无形的东西变成完全可以排除他人占有的商品。[2] 当界定一项信息并试图将它从其他项目中区分出来时，显然存在着巨大的困难，以法律形式构造产权只能解决部分障碍。[3] 同样，知识产权法之所以如此复杂，一个重要的原因在于需要花大量的篇幅构建知识产权的权利界定制度。进一步地，知识产权所具有的不同于传统物质化财产权的特征，使得对其权利边界的界定变得更加困难。

具体到专利法上，专利侵权的判定是整个专利法的核心部分。一种理想的专利法律制度，应该是既能够公正地保护专利权人的合法利益，同时又能够划清专利权的保护边界。使公众明确地了解哪些技术属于受法律保护的专利技术，哪些技术属于公众可以自由使用的公有技术，从而使公众能够最大限度地利用公有技术，促进科学技术的不断更新和发展，从而实现专利制度的立法目标。正因为这一点，专利侵权的判定也是专利法执行中最复杂、最困难的一个部分。

专利侵权判定的基础在于清晰确定专利权的保护范围，准确划定一项权利的保护范围不仅仅关涉权利人自身的经济利益，还关涉他人的行为自由。所以从某种意义上说，一项专利的权利范

---

[1] ［澳］布拉德·谢尔曼等著，金海军译：《现代知识产权法的演进：1760～1911年英国的历程》，北京大学出版社2006年版，第60页。

[2] 夏先良：《知识论——知识产权、知识贸易与经济发展》，对外经济贸易大学出版社2000年版，第309页。

[3] K. J. Arrow, Economic Welfare and the Allocation of Resources for Innovation, in: *The Rate and Direction of Inventive Activity: Economic and social Factors*, National Bureau of Economic Research, Princeton University Press, 1962, pp. 609～626.

围是与侵犯该专利权的侵权行为密切相关的。要判定他人实施的某项行为是否构成对专利权人专有权利的侵犯，首先就必须划清该专利的权利范围。因此，在研究专利侵权行为之前，首先需要梳理界定专利权保护范围的种种工具，对专利权的保护范围作出初步的分析；同时，专利权的保护范围与专利侵权行为的判定相互依存。在私法领域上，权利人的权利范围之外是他人得以自由行为的空间。从另外一个方面看，权利人的权利范围之内是权利人得以自由驰骋的区域，也是义务人得以禁止进入的领域，划清权利的保护范围是判定他人行为是否合法的惟一依据，也是判定行为人是否构成侵权的必要前提。因此，需要从多方面来分析影响准确界定专利权保护范围的各种因素，并在此基础上，寻求更为妥当的方法实现专利权保护范围的准确界定。

一、固有特征加重了界定的困难

对于知识产权特征的描述，在于进一步说明知识产权的自身法律品格，以区别于传统的财产所有权。❶ 专利权是知识产权的重要组成部分，其具有知识产权的共同特征。对于知识产权的特征，学者们存在不同的观点。一般认为，知识产权具有权利的专有性、权利空间效力的地域性、权利期限的时间性以及客体的非物质性等特征。❷ 其中，权利客体的非物质性是知识产权的本质特征。

1. 权利客体的非物质性是权利边界难以准确为人感知的根本原因

知识产权的客体是知识产品，知识产品是一种没有外在物理形体的精神财富，知识产权的权利客体与外在载体之间并不存在

---

❶ 本书所罗列的知识产权或专利权的特征，都是以传统物质化财产权作为参照对象所归纳的，其目的在于揭示知识产权与传统财产权的质的不同。

❷ 吴汉东：《知识产权法》，法律出版社2004年版，第11～17页。

必然的直接联系，权利客体的非物质性是知识产权的本质属性所在，也是知识产权区别于有形财产权的本质表现，在很大程度上，这一特征决定了知识产权制度的特殊性。这些特殊性使知识产权具有不同于传统财产权的存在、利用和处分形态，主要体现在：第一，知识产权不发生有形的占有，占有理论在知识产权领域几乎形同虚设。由于知识产品不具有物质形态，不占有一定的实体空间，人们对它的占有仅表现为对某种知识、经验的认知与感受；而且，在同一时间和空间下，知识产品可以同时为多个主体占有而不影响权利人本身对其的占有，这种多人同时占有的情况对权利人造成的是财产利益的损失。第二，知识产权的客体不发生有形的损耗，多人多次使用该知识产品不会造成知识产品价值的减损。从某种程度看，这种使用反而会增加整个社会的公共福利。第三，不发生消灭知识产品的事实处分和有形交付的法律处分。知识产品不可能有实物消费而导致其本身消灭的情形。换言之，知识产权的存在不依附于体现其权利的物质化载体，它的存在仅会因期间的届满或权利人的放弃行为而产生专有财富与公共财富的区别，在权利期限内，知识产权以其专有性对抗不特定的一切义务人。

对于有形物而言，每个物都有其特定的物理形态和物质特征，其稳定而客观外在的存在，使得产权的确定比较容易进行，其权利范围边界清晰明了，便于行为人明确知晓自己行为的界限，行为人对自己的行为有明确的预测性，可以确保行为人的自由。而对于无形财产权的界定就显得困难许多。

由于无形，作为知识产权客体的无形物无法被人们用感观和物理仪器测量而得知，导致的直接后果是知识产权范围的不可琢磨性。因此，知识产权的权利范围只能借助于法律的明确规定。具体到专利制度而言，专利制度的有效运作要求必须定义发明创造的边界，并使该定义能够在所有介入该发明创造的人之间传递。[1] 专利法为此设计了具体的界定发明创造的制度：以书面文件为形式、授权条件为门槛、政府审查为程序的授权制度。该界定制度是一种人为的制度设计，所提供的权利界定工具介入了人的主观判断因素，界定过程中涉及多次存在形态与表达形态的转化。理论上看，转化前后的客体应当准确匹配，但是由于发明创造的抽象性，缺乏可供客观测定的物质因素，技术和法律都无法提供具有客观属性的权利测量界定工具，法律只能作出次优的选择，提供一种人为设计的社会性规则并辅之以人的主观意识将这种规则运用到具体的判断中去。基于此，人们无法如对实在物那样精确勘定其权利边界，使得缺乏有形财产那样清晰的权利边界成为专利权的一个特色，也为专利制度的实施增添了困难。

2. 专利权的其他特征加重了准确界定边界的困难

笔者认为，除具有权利客体的非物质性特征以外，专利权还具有权利的不稳定性、非绝对排他性的特点。在这些特点的共同作用下，专利权的保护范围比其他类型的知识产权显得更为模糊和善变。

（1）专利权的非稳定性。

专利权的非稳定性是指专利权的存在比较脆弱且容易受到攻击，表现为业已成立的有效知识产权的法律效力并非一直稳定存续，极有可能在以后的权利纠纷中被确认为无效，导致专利权保护范围的变化。

传统的民事权利体系中，民事权利通常表现为一种稳定的存续，且常常是受到法律明确保护的；尤其是现代经济发展对交易安全之价值的关注不断增强，使传统民事权利的存续更加呈现日趋稳定的趋势。在诸民事权利中，最为突出的是物权。物权作为绝对权，其权利的存续具有极强的稳定性，即使是具有瑕疵的物

---

[1] 徐棣枫：《专利权的扩张与限制》，知识产权出版社2007年版，第40页。

权，在经过一段时间后也可以获得完全的效力。为此，法学理论和法律规范中特别形成和确认了善意取得、取得时效的学说和制度，使有瑕疵的物权在符合既定条件时，随着程序的完善或时间的经过得以转化为无瑕疵的物权。债权也具有相似的稳定性，一旦债权合法成立即受到法律的明确保护。

知识产权法律中（包括专利法）却没有善意取得制度的生存空间，在专利权的侵权纠纷中，伴随着专利权人主张权利的同时，往往会出现被控侵权人以主张专利权无效提出的无效宣告请求，这种无效宣告请求将专利权人已经获得的专利权再次置于行政确权程序之下，专利权人的专有权效力出现短暂的中断，只有待行政确权程序结束之后，专利权人的权利方发生排他的效力。在实践上，侵犯专利权的纠纷首先体现为专利权的确权纠纷，而专利权的这种易于被宣告无效的特性显示了其权利边界的非稳定存续性。

具体而言，专利权非稳定性特征的形成及其复杂化主要来自于两个方面的原因。

其一，抽象的实质性获权条件。

造成专利权非稳定存续特征的直接原因在于法律为专利权保护对象设定的难以掌握的实质性条件，这些实质性条件表现为专利法规定的新颖性、创造性和实用性标准。[1] 知识产权的基石在于创造性，主体的创造性是产生知识产权的源泉。根据各国的知识产权法，人类的智力劳动成果并非当然的可以产生知识产权，只有形成某一知识的劳动符合法律的创造性要求，其结出的智力劳动成果才有可能符合创造性的条件，才有可能相应地获得知识产权的保护。

在专利法领域，要求获得专利保护的实质条件表现为新颖

[1] 阳平：《论侵害知识产权的民事责任——从知识产权特征出发的研究》，中国人民大学出版社2005年版，第28页。

性、创造性和实用性。其中，新颖性标准是根据一项技术方案公开或公知公用的时间点作为参照的，鉴于各国专利法对新颖性判断标准已经逐渐趋于一致，这一标准已经日趋客观；创造性是用于判定申请人的技术方案是否具有突出的实质性特点和显著进步。一项技术方案是否具有创造性是基于所属技术领域的技术人员的知识和能力进行评价的，对于同一技术领域或相近技术领域的人员来说，判断申请文件中所载的技术方案是否显而易见的参照物是申请日以前的已有技术（根据对比文件中所载的技术或检索结果确定已有技术），判定的方法是将申请文件中所记载的技术方案与最为接近的对比文件中所载的技术方案作一比较，从而得出该申请文件中所载的技术方案是否具有创造性的结论。在判断过程中，现实存在的技术文件必须借助审查员的主观消化后转化为意识标准并以该标准作为判断的尺度，这是实行专利制度的国家在专利审查过程中都存在的困难，也是最容易出现偏差的地方。

由此可见，法律对专利权保护对象的创造性标准并没有一个完全客观的判断规则可以凭借，判断过程带有相当浓厚的主观性，从而对一项技术是否符合专利法的创造性要求，结论可能无法恒定统一。为了尽可能减少专利审查中的不确定因素，统一审查标准，尽量避免审查员主观因素的影响，专利法引入了一个相对客观的"人"的概念即"所属技术领域的技术人员"（也可称为本领域的技术人员）。[1] 这个"所属领域的技术人员"是一种假设的"人"，假定他知晓申请日或者优先权日之前发明所属技术领域所有的普通技术知识，能够获知该领域中所有的现有技术，并且具有应用该日期之前常规实验手段的能力，但他不具有创造能力。如果所要解决的技术问题能够促使本领域的技术人员

---

[1] 国家知识产权局制定：《审查指南》，知识产权出版社2006年版，第二部分第四章内容。

在其他技术领域寻找技术手段，他也应具有从其他技术领域中获知申请日或优先权日之前的相关现有技术、普通技术知识和常规实验手段的能力。因此，在以这个假设的“人”作为判断主体的判断过程中，审查员只能尽量缩小与这位假设的“人”之间的主观差距，而无法真正做到客观。这种审查机制使专利权的稳定性存在隐含的风险，造成了专利权的不稳定性。

其二，确权过程中公权因素的介入。

专利权的授权过程与著作权不同，依照《伯尔尼公约》的规定，作者的著作权可以因创作而自动产生。而专利权存续的过程中则更多地体现出行政机关公权干预的色彩，这一点使专利权非稳定存续的特点变得更为复杂，这些公权因素体现在以下几个方面。

首先，在专利权的原始取得过程中，行政机关起到了决定性的作用。世界上多数国家对专利权的授予都采取严格的行政审查登记制度，按照各国专利法规定，只有依照专利法的有关规定，以符合条件的申请人按照法律规定的程序向国家专利主管机关提交符合规定的申请文件，接受行政机关的审查并符合专利法有关授权条件的专利申请方可获得专利权，行政机关的授权行为是权利主体资格得以确认的必经程序。有学者认为，授权机关的行政行为对于产生知识产权的意义在于“法律（国家授权机关的活动）是权利产生的‘根据’（origin），权利人的发明创造劳动是产生权利的源泉（source）”。[1]

其次，专利行政机关在授权过程中建立了一项公众异议程序。[2] 通过建立公众监督程序，由有权的行政主管机关接受公众

[1] 吴汉东：“关于知识产权本体、主体、客体的重新认识——以财产所有权为比较研究对象”，载《法学评论》2000 年第 5 期。

[2] 《中华人民共和国专利法实施细则》第 48 条规定：自发明专利申请公布之日起至公告授予专利权之日前，任何人均可以对不符合专利法规定的专利申请向国务院专利行政部门提出意见，并说明理由。

对专利申请文件提出的异议，并对该异议进行行政审查，在此基础上监督行政审查程序的进行。

再者，即使在专利获得授权之后，专利权的范围和效力也有可能再次遭受他人的质疑。按照我国《专利法》规定，国家专利行政机关是有权确定专利权的惟一机关，人民法院本身不能对专利权的有效性作出判决，只能以专利复审委员会的审理意见为基础展开侵权案件的审理工作。[1] 在专利侵权纠纷中，被控侵权人往往会向专利复审委员会诉请涉案专利权无效以达到中止侵权诉讼的效果。一旦人民法院根据专利复审委员会的协助执行通知书的意见中止侵权案件的审理，专利侵权纠纷程序暂时中止，转为专利确权程序，届时，专利复审委员会将作为审理机关，对该专利是否具备专利授权条件再次进行审查，作出审查意见。对专利复审委员会的复审意见不服的，当事人可以向人民法院提起行政诉讼，但人民法院仅审查行政机关作出行政决定时的程序是否具有合法性，而将涉案专利权存在与否的判断工作交由专利复审委员会承担。因此，人民法院只能在专利复审委员会对该专利作出审查结果之后，根据专利复审委员会的复审结果进行侵权判定，确定权利归属。在这一过程中，不仅存在人民法院与专利复审委员会的行政协调问题，还存在专利复审委员的准行政审查问题。

由此可见，在民事权利的确权过程中，夹杂着众多的公权因素，这些公权因素既为专利确权提供了保障，也为专利确权程序增加了诸多的不确定因素。

（2）专利权的非绝对排他性。

专利权的非绝对排他性是知识产权的一个共同特性。[2] 其含

---

[1] 按照我国法律规定，专利复审委员会是国家知识产权局下设的、独立于专利局的一个行政部门，其对专利权的审查工作属于准行政性质。

[2] 阳平：《论侵害知识产权的民事责任——从知识产权特征出发的研究》，中国人民大学出版社2005年版，第35页。

义是指，与所有权一般只受到“权利不得滥用”原则[1]的限制相比，知识产权的排他性效力还受到许多法律本身的限制。知识产权的这一特征来源于知识产权法的立法宗旨，在专利法中，这一特征体现在诸如视为不侵犯专利权的例外、强制许可以及先用权等的制度设计上，在著作权法和商标法中也有类似的制度设计。

独占与排他实际上是一个问题的两个方面。通常认为，相对于债权而言，知识产权同所有权一样，同属于绝对权范畴，知识产权具有独占性和排他性的效力（或称为知识产权的专有性）。这种效力表现在两个方面：第一，专利权人对其知识产品所蕴涵的信息享有独占性的实施权利，权利人垄断这种专有权利并受到法律的严格保护，除权利人以外的其他任何人在未经专利权人许可的情况下都负有不得侵犯其权利的义务，不得擅自实施该专利技术；第二，对于同一项专利技术，不允许有两个或者两个以上的权利存在。从理论上看，专利权的独占性和排他性是任何绝对权都具有的特点，知识产权与所有权并无二致。但是，由于知识产权是法律拟制的权利，知识产权的赋予是在社会的公共知识产品和个人的私有产品之间寻求平衡的结果，知识产权的独占性和排他性受到了较多的限制，这种限制削弱了专利权的效力，对专利权人的保护范围构成了一定的影响。

综上，专利权的固有特征和法律对其的独特制度设计都加重了准确界定专利权保护范围的困难。为了解决这一困难，需要从多个角度来展开分析。

二、扩张动因促使其需要动态界定

在界定专利权保护范围的各种工具中，专利申请文件具有十分重要的作用。按照专利法的规定，发明或者实用新型专利权的

[1] “权利不得滥用”原则是私法上一个普遍的原则，有学者称之为权利行使的一般性限制。龙卫球：《民法总论》，中国法制出版社2002年版，第136～137页。

保护范围以其权利要求的内容为准，说明书及附图可以用于解释权利要求。❶ 这种特殊的书面表达和界定形式，在文字所具有的不确定性以及权利界定对语言解释的依赖性的共同作用下，必然造成专利权的边界界定缺乏准确性。换言之，专利权这一特殊的权利表达和界定制度，对权利要求的扩张提供了制度性基础。

专利权的扩张是指专利权的主张保护范围大于其应有保护范围的情形。专利权的应有保护范围由专利申请文件确定，专利权的主张保护范围是权利人依照权利要求书表达的内容并结合权利要求的解释规则认定的保护范围。授予专利权的实质在于准确划分公知技术和专有技术之间的界线，防止专利授权的范围涵盖了本不应有的区域，明晰专利权人和社会公众行为的界线。基于专利权的无形性特征以及准确界定其范围时不可避免的主观因素，专利权人为了获得更多的经济利益，有着将专利权范围尽可能作扩大化解释的潜在动机。在专利权的解释过程中，文字的表达与理解以及理解的转化为专利权人扩张权利提供了外在可能。这是由于人类用语言来描述客观世界的能力总是有限的，虽然人脑中所形成的每个一般概念或观念都与人脑外的客观现实有着一种相互对应的东西，但我们语言的丰富程度和精妙程度还不足以反映自然现象在种类上的无限性、自然要素的组合与变化以及一个事物向另一个事物的逐渐演变过程。不管我们的词语多么详尽完善、多么具有识别能力，现实中始终会有一些为严格和明确的语言所无能为力的细微差别与不规则情形。❷ 文字本身是一个符号，对其的解释构成另外一个符号，解释可以一直无限地继续下去。❸ 知识产权的权利客体的非直观性为其扩张提供了便利条

❶ 《专利法》第56条。

❷ ［美］E. 博登海默著，邓正来译：《法理学：法律哲学与法律方法》，中国政法大学出版社2004年版，第503页。

❸ ［德］马克思·本泽等：《广义符号学及其在设计中的应用》，转引自徐棣枫：《专利权的扩张与限制》，知识产权出版社2007年版，第43页。

件，权利的待解释性又蕴涵了权利过度扩张的危险。[1] 在这种制度设计下，权利人可能利用文字的不确定性以及不同的解释规则，对权利要求进行扩张性解释，以实现专利权保护范围的扩张。

综上，专利权的本质特征和专利权所具有的潜在扩张动因告诉我们，要想准确的界定一项专利权的保护范围，必须从多个角度对专利权的界限作出描述，切实维护专利权人的利益与社会公众利益的平衡。

第二节　专利权范围划定——静态的考察

专利权的保护范围由权利要求书划定，权利要求书和说明书等法律文件从静态角度展示了如何界定一项专利权有效边界的问题，从而将处于公共领域的知识和专利权人专有技术之间划定了一条界线，赋予了社会公众的行为自由区域；另一方面，专利权的范围可以通过他人实施的侵权行为得以界定，这是由于专利权的客体具有无形性的特点，在专利权的保护范围无法被人类感知的情况下，他人实施的侵犯专利权的行为实际上是从动态角度昭示了该被侵犯权利的外在边界。因此，需要以静态和动态两方面相结合的角度研究专利权保护范围的界定机制。静态角度的考察是指依照专利法界定发明创造的制度设计，以权利要求书和说明书等专利申请文件的静态书面描述为基准，通过分析专利权利要求解释的规则，初步划定专利权的保护范围。动态角度的考察是指通过他人实施专利的动态行为来达到划清专利权范围的目的。其中前者需要借助于法律文件的书面描述，后者需要通过他人的行动彰显专利权的界限所在。只有这样才有可能完整地描述一项有效专利的权利保护范围。

[1] 李琛：《论知识产权法的体系化》，北京大学出版社2005年版，第148页。

本节拟从专利法律关系的构成、界定专利权的形式文件以及权利要求的解释规则等方面实现对专利权保护范围的静态描述。

一、专利法律关系

专利法律关系是因专利的授权以及专利权纠纷而产生的各种法律关系的总和。专利法律关系的种类非常复杂，从构成要素上看，专利法律关系不能简单的被归类于民事法律关系，而表现出法律关系构成上的复杂性，这种复杂性来源于专利法律关系主体的多样性。在分类上，专利法律关系包括了民事法律关系、行政法律关系等各方面。[1] 其中，因专利权的转让、许可、侵权等行为而发生的法律关系属于民事法律关系，因专利批准行为以及无效宣告行为而发生的专利权人与专利审查机关之间的法律关系属于行政法律关系。

1. 专利法律关系的主体

民事法律关系是具体民事主体之间发生的、符合民法规定的法权模型要求的、具有民事权利义务内容的民事关系。[2] 严格地说，专利法律关系仅指在专利授权后，因专利权的管理和实施过程中所产生的法律关系。在专利申请过程中，由于专利权还未获得，专利申请和审查过程中发生的法律关系不属于专利法律关系的范畴，相应地，专利申请人、发明人等不能作为专利法律关系的主体。虽然这些主体与专利的授权紧密相关，但其不在本书的讨论范围之内。

根据我国《专利法》的相关规定，能够引起专利法律关系产生、变更的主体主要包括民事主体以及专利行政管理机关。在

---

[1] 专利侵权案件只有民事责任和行政责任，在我国专利侵权行为没有刑事责任，只有专利违法行为才需要承担刑事责任。TRIPs 协议中也明确规定：各成员应对具有一定商业规模的盗版案件和商标侵权案件适用刑事程序，因此专利法律关系中不存在刑事法律关系。

[2] 江平：《民法学》，中国政法大学出版社 1999 年版，第 73 页。

不同情况下，民事主体可以是专利权人、社会公众或专利侵权人。

（1）专利权人。

专利权人是指对专利技术享有独占权的人（含法人）。在专利权的原始取得中，专利权人是指其专利申请被依法授予专利权的申请人，在专利权的继受取得中，专利权人是依法受让专利权的人。在非职务发明的情况下，专利申请人可以是发明人本身，还可以是通过依法转让后获得专利申请权的自然人；[1] 在职务发明的情况下，专利申请人是申请人所在的单位；在合作发明和委托发明的情况下，专利申请人可以依照双方的约定，没有约定的，需要遵从法律的直接规定。

在专利局的审查程序中，一般情况下审查员对请求书中填写的申请人不作资格审查。申请人是个人的，可以推定该发明为非职务发明，该个人有权提出专利申请，除非根据专利申请的内容判断申请人的资格明显有疑义的，才需要通知申请人提供所在单位出具的非职务发明证明。如申请人是单位的，可以推定该发明是职务发明，该单位有权提出专利申请，除非该单位的申请人资格具有明显的疑义。

一个现实的问题是：向我国专利审查机关提出申请的外国人是否可以当然地成为专利权的主体？专利权是一种通过行政程序获得的权利，依照国家主权原则，一国行政机关授予的专利权，并不当然地在他国生效。因此，外国人和外国组织在其所属国或者其他国家就某一发明获得专利的，并不当然在我国获得保护。只有将同一发明在我国申请并获得专利后，才可能在我国享有专利保护。那么，外国人、外国企业和外国其他组织是否享有在我国申请专利的权利并进而成为专利法律关系的主体呢？

[1] 专利申请权和专利权都属于民事权利，依法可以进行转让。国家知识产权局条法司：《新专利法详解》，知识产权出版社2007年版，第54页。

我国《专利法》将外国人、外国企业和外国其他组织分成两种：一是在中国有经常居所或者营业所的，二是在中国没有经常居所或者营业所的。按照国际惯例和《巴黎公约》的原则，[1]第一种外国人、外国企业和外国其他组织在专利权的保护上可以享受国民待遇，即与本国国民一样有权申请专利，从而获得专利保护。至于第二种外国人、外国企业和外国其他组织，可以有条件地成为专利权人。

换言之，只有参加了《巴黎公约》的成员国的国民或居民以及与我国签订有相互给予对方国民专利保护或实行互惠原则双边或多边协议国家的国民，在我国才拥有合法的专利申请权，并在符合法定程序和实质条件的基础上获得专利权，进而成为专利权人。

（2）专利侵权人。

实施侵犯专利权行为的人为专利侵权人。专利权属于绝对权，除法律明确规定的情形以外，任何人对权利人都负有不作为义务，从而确保专利权人权利的实现。按照民法的一般原理，行为人的行为一旦构成侵权，即在权利人与侵权人之间形成了具有一定内容的权利义务关系，侵权人因此要承担侵权责任以弥补权利人的损害。

专利侵权人既可以是单位也可以是个人。专利法所称的单位，既包括法人单位也包括非法人单位。在单位构成侵权主体的

---

[1] 《巴黎公约》是迄今为止国际上最主要的工业产权国际公约。该公约规定了国民待遇原则，即在保护工业产权问题上，该公约成员国应当将赋予本国国民的权利给予其他所有成员国的国民，即使不是该公约成员国的国民，只要在该公约的某一成员国内设有住所或者真实有效的工商业营业所的，也视为该成员国国民。我国于1985年3月19日加入《巴黎公约》，到2000年1月1日为止，《巴黎公约》共有157个成员国。我国加入《巴黎公约》后，该公约所有成员国的国民（自然人、法人和其他组织）有权在我国申请专利。对于非公约成员国的国民，如果在某一公约成员国内有住所或者真实有效的工商业营业所，也有权在我国申请专利。至于非公约成员国的其他国民，可以根据双边条约或者互惠原则在我国申请专利获得保护。

情况下，实施侵权行为的人一般是自然人，主要表现为单位的员工根据上级的指示所实施的侵犯专利权人独占权的行为，专利权人应当将侵权单位作为被控侵权人向人民法院或专利行政管理机关提出请求。

（3）专利行政机关。

我国专利法规定，国务院专利行政部门负责管理全国的专利工作；统一受理和审查专利申请，依法授予专利权。省、自治区、直辖市人民政府管理专利工作的部门享有行政执法权，负责本行政区域内的专利管理工作，处理和调解专利侵权纠纷。国务院专利行政部门设立专利复审委员会，依法受理社会公众对已授权的专利提出的无效宣告请求。[1] 基于此，在专利行政管理部门处理侵权纠纷时或专利复审委员会审理无效宣告请求时，可能发生专利法律关系，其性质属于行政法律关系。

我国专利法规定，未经专利权人许可，实施其专利，即侵犯其专利权，引起纠纷的，可以由当事人协商解决；当事人不愿协商或者协商不成的，专利权人或者利害关系人可以向人民法院起诉，也可以请求管理专利工作的部门处理。当权利人或利害关系人选择专利行政管理机关处理时，专利行政管理机关依照法律和部门规章的规定，行使执法权，处理专利侵权纠纷和专利纠纷。

管理专利工作的部门认定专利侵权行为成立的，可以责令侵权人立即停止侵权行为，并视不同情况，有权采取不同层次的行政措施，如销毁侵权产品、模具、责令其停止侵权行为。禁止侵权产品投入市场等，制止已经发生的侵权行为或消除侵权的危险。

如果专利行政管理部门作出行政处理决定，对侵权人采取以上行政措施的，被控侵权人或原告不服该处理决定的，均可以以专利行政管理部门为被告，自收到处理通知之日起 15 日内依照

[1] 《专利法》第 3、11、41、57 条。

《中华人民共和国行政诉讼法》向人民法院提起行政诉讼。由此，在行政处罚当事人与行政机关之间形成了行政法律关系。

专利复审委员会受理无效宣告请求案件时，也可能发生行政法律关系。我国《专利法》以及《专利法实施细则》明确规定，国家知识产权局设立专利复审委员会。❶ 专利复审委员会的任务主要有两项：其一是负责对国家知识产权局驳回专利申请不服而提出的复审请求的审查工作；其二是负责对任何人提出的宣告专利权无效的请求的审查工作。专利复审委员会由有经验的技术和法律专家组成，其主任委员由国家知识产权局局长兼任。从性质上看，专利复审委员会是行政机关，它作出的复审决定是具体行政行为。按照《行政诉讼法》的规定，对行政机关的具体行政行为不服的，当事人可以向人民法院提起行政诉讼。

前已述及，国家知识产权局下设的专利局负责全国的专利申请，依法授予专利权，同时对各地知识产权管理机关的行政工作给予宏观指导。因此，国家专利局不具有行政执法功能，其在专利申请过程中与专利申请人之间的各种联系属于依法履行行政程序的行为，在专利申请人与国家专利局之间不产生实质的民事法律关系。

2. 专利法律关系的客体

法律关系的客体是指法律关系的主体的权利义务所指向的对象。在专利法律关系中，可以作为专利法律关系的事物可以是以下几种。❷

（1）能够体现专利权人独占权利的智慧财产——专有技术。

专有技术是人的智力劳动创造出来的精神财富，人类基于其智力劳动成果而享有的财产性权利为智慧财产权（即知识产权，

❶ 《专利法》第41、46条，《专利法实施细则》第58、61条。

❷ 江平：《民法学》，中国政法大学出版社1999年版，第79页。

也有人称智力成果权)，❶ 专利法律关系的客体是能够体现专利权人依法享有独占权的专有技术（技术方案）。

专利权是国家依法授予专利权人的实施其发明创造的独占权，这种独占权的产生体现了国家的意志。从各国专利法的规定以及专利法的施行情况来看，并非由人创造出来的任何智力成果都可以获得专利保护，各国都将其中一部分智力成果排除在专利保护之外。被排除的内容有三种类型：第一种是有关内容本身就不属于专利法所说的“发明创造”的范畴，因而不能授予专利权，例如科学发现、智力活动的规则或方法等；第二种是有关内容虽然属于“发明创造”的范畴，却出于某种原因或者考虑，因而不能授予专利权，例如动植物新品种、原子核变换方法获得的物质等；第三种是有关内容违反社会道德、妨害公共利益，因而不能授予专利权。

我国专利法采取的方法是：首先将不能获得专利权的发明创造内容从客体的范围内予以排除，然后以形式条件和实质条件相结合的办法对能够获得专利权的发明创造作出明确规定。❷ 在具体的制度设计中，我国《专利法》第 5 条和第 25 条以排除的方式将违反国家法律、社会公德或者妨害公共利益的发明创造、科学发现、智力活动的规则和方法、疾病的诊断和治疗方法、动物和植物品种以及用原子核变换方法获得的物质等排除在可授权客体的范围之外。对于不属于以上情况的发明创造，还必须满足专利法规定的实质性条件（新颖性、实用性和创造性的要求），且必须由符合资格的申请人以法律规定的形式向国家专利行政部门提出申请，并通过审查程序才可以获得专利权。

---

❶ 智慧财产不等同于智慧财产权，就如同物不等同于物权一样。专利法律关系的客体是体现专利权人独占性权利的无体物——专有技术，而不是专利权，专利权是权利人对其技术方案享有的专有性权利。这决定了专有技术和专利权的客体在某种情况下是同一含义。

❷ 《专利法》第 5、22、25 条。

（2）行为。

作为专利法律关系客体的行为，是指能够满足权利主体某种利益的行为，因此，不是任何行为都可以成为专利法律关系的客体。可以作为专利法律关系客体的行为有四类：一是给付财产的行为，例如专利权人依法将自己拥有的专利权转让给其他人，或者是专利权人将自己的独占实施权分范围、分种类的许可给他人使用以及专利权依法被继承、买卖等行为；二是完成一定的工作并交付工作成果的行为；三是提供技术服务和劳务的行为；四是行政机关依法处理专利无效宣告请求和专利案件（包括侵权纠纷中被控侵权人向专利复审委员会提出无效宣告请求，要求宣告专利权人的专利权无效，社会公众也可以根据专利法的规定，在专利获得授权之后，以合法的理由和证据请求宣告某专利权无效。这种提出无效宣告请求的行为启动了行政法律关系的产生）以及依法实施强制许可等行政行为。

3. 专利法律关系的内容

与传统的民事法律关系相比，专利法律关系十分复杂。专利法律关系中不仅保护民事法律关系还包括行政法律关系，不同类型的法律关系的内容是不相同的。在专利法律关系的民事关系部分，其内容是指法律关系主体依法享有的权利和承担的民事义务；在专利法律关系中的行政关系部分，其内容主要为法律关系主体享有的权利和应当履行的义务。

我国专利法对于专利权人的权利义务范围、侵权行为人的侵权责任承担以及国家专利行政管理部门的行政执法权和必须履行的义务均有直接的描述，其权利的内容依法律关系的不同而有所不同。如专利权人的权利内容是禁止他人的商业性利用行为的独占实施权；专利侵权行为人的义务是承担多种责任形式的侵权责任的前提，国务院专利行政部门及其专利复审委员会的义务是：按照客观、公正、准确、及时的要求，依法处理有关专利的申请和请求；在专利申请公布或者公告前，国务院专利行政部门的工作人员及有关人员对其内容负有保密义务。各地专利行政管理机关应统一着装，依法执法，及时公正地处理侵权纠纷和专利纠纷。

二、权利要求书与说明书

在专利法律关系中，专利权人的专有技术是一类重要的客体。法律对其的保护体现在为其划定明确的保护范围，确定行为人和专利权人的行为界线，权利要求书和说明书是划定权利保护范围的基本工具。一项专利技术的权利要求书和说明书从静态层面反映了一项专利权的保护范围。

要合理地确定一项专利权的保护范围，有两个因素必须考虑：

第一，不能剥夺公众使用已经公开的技术的自由。国家授予专利权人一定期间内的独占权，是因为他为社会公众提供了新的有用的技术方案，丰富了人类已有科学技术的宝库。因此，为专利权人提供的独占权应当限于新的技术方案，不能将过去已经为公众所知的技术也划归到专利权人的权利范围之内，否则就损害了公众利益，影响了正常的社会秩序，对科学技术的推广应用和社会的发展将产生阻碍作用。

第二，必须要有一种方式，可以使公众以足够的确定程度知道什么是受到专利保护的技术，专利权人的保护范围有多大？专利权是在一国的领域内有效的私有权利，对于权利人以及权利人以外的人和单位都具有法律约束力。同时，其边界的存在难以被人类感知，因此，专利制度必须给出一定的规则，用以清晰地分清权利的界限，使人们对自己的行为具有可预测性。

在专利法上，可以用以界定权利范围的工具是权利要求书和其他专利文件。

早期各国的专利制度只要求专利申请人提供一个对发明进行详细说明的文件——专利说明书，并不包括权利要求书。在发生专利侵权纠纷时，一般由法院根据其内容判断什么是受专利保护的发明。[1] 发明书在向公众披露发明实质性内容的同时，也承担着界定专利权人获得独占性权利范围的作用。

随着产业发展和技术的多样化，根据说明书来判断是否构成侵权就变得十分困难。于是，在美国和英国，申请人为了保障自己的权利，开始在说明书中使用权利要求的用语，由此引出了权利要求书制度。[2] 目前，使用权利要求界定专利发明，已经成为现代专利法的一个特点，也成为各国通行的做法。

专利权利要求在英语中称为“claim”，日语中的基本含义是“特许请求的范围”。[3] 专利权利要求的基本含义是专利权人自己主张的其发明创造所应当包括的权利范围，借用权利要求这种特殊的语言，权利人给自己的发明创造划出了一个区域，区域以内是专利权人的权利范围，区域之外是社会公众的公有知识。

在专利法上，专利权利要求是通过对技术方案所包含的技术特征的描述来实现对专利保护范围的界定。技术特征的基本含义是发明的限定条件（limitation）。技术特征可以是构成发明创造技术方案的组成要素，也可以是要素之间的相互关系。发明人必须通过表现在权利要求中的一个个技术特征来实现对发明创造的准确限定。通常而言，一项权利要求中的技术特征越多，对发明的限定就越多，相应地，该专利的保护范围就越小。按照权利要求在反映一项技术方案时的作用，可以将其划分为独立权利要求和从属权利要求。其中，独立权利要求是能够从整体上反映发明或者实用新型的技术方案，记载解决技术问题的必要技术特征的权利要求，独立权利要求所表达的保护范围最大，从属权利要求

[1] 尹新天：《专利权的保护》，知识产权出版社2005年版，第242页。

[2] William H. Francis & Robert C. Collins, *Cases and Materials on Patent Law Including Trade Secrets. Copyrights – Trademarks*, American Casebook Series, 1996.

[3] 闫文军：《专利权的保护范围——权利要求解释和等同原则适用》，法律出版社2007年版，第21页。

是对独立权利要求的进一步限定，其保护范围比独立权利要求要小。

专利权利要求书是记载专利权利要求的法律文件。专利权利要求和专利说明书（附图）以及说明书摘要共同构成专利文件。在专利权人获得授权以后，一共有两个不同的专利文件，其一是专利申请文件，专利申请文件中记载的权利要求范围是原始的权利范围；其二是专利授权文件，专利授权文件中依法公布的专利权利要求记载的权利范围是授权范围，专利权的保护范围由专利授权文件中记载的权利要求范围确定。我国《专利法》对此作出了明确规定，如第26条和第56条规定："权利要求书应当以说明书为依据，说明要求专利保护的范围"；"发明或者实用新型专利权的保护范围以其权利要求的内容为准，说明书及附图可以用于解释权利要求"。我国《专利法实施细则》第20条也有相应的规定。

专利说明书与专利权利要求书具有十分密切的联系。专利说明书是对专利技术予以详细介绍的文件，其主要内容包括介绍该专利技术的技术领域、与该技术方案有关的背景技术、发明的内容以及具体实施方式等。专利法对专利说明书的要求是：说明书应当对发明或者实用新型作出清楚、完整的说明，以所属技术领域的技术人员能够实现为准。权利要求书与说明书的关系被称为"权利要求书必须得到说明书的支持"，其含义是"权利要求书不仅应当在形式上得到说明书的支持，还应当在实质上得到说明书的支持"。换言之，权利要求书中的每一项权利要求所保护的技术方案都应当是所属技术领域的技术人员通过阅读说明书中公开的内容能够直接得知或者概括得知的，说明书中未记载的技术方案不得体现在权利要求中，并且权利要求表示的范围不得超出说明书记载的内容；当权利要求是采用功能性概括时，说明书中

必须有多个实施例对该概括给予支持。❶

三、解释权利要求

专利权利要求解释的含义是指主体确定专利权利要求所指示的真实内涵的一系列过程。由于权利要求的作用在于界定要求保护的发明创造的范围，解释权利要求的过程就成为确定专利权保护范围的过程。美国联邦巡回上诉法院曾经对专利权利要求的解释作出如下概括："专利权利要求解释只是依照对简洁权利要求语言进行详细描述的方式，目的在于理解和解释权利要求的范围，而不是改变权利要求的范围。"❷

对权利要求进行解释是现代各国专利制度的通行做法。专利权利要求是用结合技术语言和法律语言的方式来阐释专利权的保护范围的，其内容十分简明和抽象。在使用语言描述技术方案时，因为语言的多义性和不确定性，难免出现词不达意或一词多义的现象；加之专利发明是前所未有的新的东西，更增加了语言描述和理解的难度，需要对权利要求进行解释以统一认识、消除歧义。因此，专利权利要求解释的首要目的是解决权利要求中的含混不清之处，确定专利权利要求用语的真实含义。但是权利要求解释的意义还不仅仅止于此，就专利制度而言，专利权人独占权的范围是专利权人以及与专利权人有关的竞争者或被控侵权人都非常关心的问题。不论是在侵权诉讼中，还是在专利权的实施与转让等环节，专利权的范围都是通过解释权利要求确定的。因此，专利权利要求解释是专利法中的关键问题，它不仅关系到权利的边界，还关系到权利的侵权与否的判断上。美国律师协会曾经对专利权利要求解释的重要性作过这样的论述："在专利法中

❶ 我国《专利审查指南》第3.2.1的规定，知识产权出版社2006年版。

❷ Scipps Clinic & Research Foundation v Genentech, Inc. 927 F .2d 1565, 18USPQ2d 1001 (Fed. Cir. 1991).

没有比权利要求解释更重要的了，它其实是在每一个专利侵权案件中都会出现的问题。专利权利要求的解释决定企业的兴衰。专利权利要求的范围是推动实用技术进步的发动机。”❶

理论上说，权利要求解释的主体是没有任何限制的，任何主体都可以基于自身需要对权利要求进行解释。例如，在专利法律关系的民事关系部分，民事主体可以对权利人的专有技术的保护范围作出解释，此时的民事主体可以是权利人本身，也可以是专利实施许可合同中的被许可人，还有可能是专利技术的买受人；在专利侵权诉讼中，可以解释权利要求的主体既有可能是被控侵权人或专利权人，还有可能是案件受理法院；在涉案专利同时被提起无效宣告程序的情况下，专利复审委员会在比对专利权利要求和无效宣告请求人提出的证据时，对权利要求的范围作出解释，进而作出专利权是否有效的复审决定。因此，解释权利要求的主体范围较为广泛。

在这些主体对权利要求的解释中，真正具有法律效力的是法院在判断侵权时对权利要求作出的解释，以及专利复审委员会对被宣告无效的权利要求作出的解释，本书在此仅以该两种主体作出的有效解释为研究范围。

因此，权利要求解释的实质在于，在既保证专利权具有一定的确定性，又考虑到文字表达存在缺陷的前提下，通过合理的解释，平衡社会公众与专利权人的利益，在公众可以自由使用的技术范围与专利权人获得排他性权利的技术范围之间合理地划清界限。

专利权利要求解释与法律解释、合同解释都涉及“解释”的问题，但三者解释的对象不同，性质和方法也有差异。专利权利要求解释与法律解释和合同解释都属于对文本解释的范畴，其

❶ 闫文军：《专利权的保护范围——权利要求解释和等同原则适用》，法律出版社2007年版，第31页。

相似之处在于：三者解释的对象都是通过语言文字形成的文本，三者的解释目的都是为了澄清文本的本来含义，三者解释的起因都是因为语言文字本身具有的多义性和不确定性，但三者的差别也是明显的。法律解释是对特定法律规定的意义的说明，目的在于引导人们的行为，解释的关注点是法律的实施；[1] 合同解释的目的在于阐明合同条款的含义，从而确定当事人在合同中的权利、义务的活动，[2] 其关注点在于权利义务的明确；而专利权利要求的解释是为了确定专利权人的独占范围，其解释的结果影响到专利权人以及专利权外不特定的社会公众，解释的关注点在于专利保护范围和行为人行为界限的划定。

各国法院在专利司法实践的不同历史阶段发展出了不同的权利要求解释方式，研究者将这些主要的解释方式分别称为周边限定方式、中心限定方式和折中解释方式，在使用这些解释方式时依据的原则分别称为周边限定原则、中心限定原则和折中原则。

如果仅仅将专利的保护范围限定在权利要求书的文字表达范围内，似乎并不需要解释权利要求，而且公众可以较为容易地获得确定的权利范围的信息。然而如果专利权保护范围限制在权利要求的字面表达范围内，即以所谓的“周边限定方式”来解释权利要求，那么专利权的保护范围就应完全按照权利要求的文字来确定。根据周边限定原则，权利要求书的目的是限定专利权的保护范围，应当根据权利要求书的文字严格忠实地进行解释。权利要求书记载的范围是专利保护的最大限度，专利权人行使其权利必须受该范围的限制，不得越雷池一步。在一般情况下，解释保护范围会比权利要求书记载的范围稍窄一些。在采取这种解释方式的情况下，其他人在分析了权利要求后，可以对权利要求中

---

[1] 沈宗灵：“论法律解释”，载《中国法学》1993年第5期。

[2] 张家勇：“论合同的解释及漏洞补充”，载《西南民族学院学报（哲社版）》1997年第5期。

的技术方案稍加改动，只要其实施的技术方案在字面表达上与专利权人的权利要求存在差异，就可不受专利权利要求的约束，其实施行为也将不构成侵权，这种简单的解释方式无异于鼓励人们通过简单改进而逃避专利法的制裁，对于专利权人极为不利。美国和英国过去曾经采用过这种做法。[1]

中心限定原则主张：权利要求的文字所表达的范围仅仅是专利保护的最小范围，权利要求书是专利保护的范围，但在解释权利要求时不应拘泥于权利要求书的文字记载，而应当以权利要求书作为中心，全面考虑发明的目的、性质以及说明书和图纸，将中心四周一定范围的技术也包括在专利保护范围以内。[2] 根据这种解释方式，专利权的保护范围包括三个部分内容：一是由权利要求书的文字记载所确定的技术内容；二是与权利要求书文字记载的技术内容相等同的技术内容；三是总的发明构思，即体现与发明同一构思或相似构思的部分技术内容，这些技术内容是本领域的技术人员在阅读专利文件时不需要付出创造性劳动就可以得出的技术内容。1978 年以前的德国被认为是以中心限定方式解释权利要求的典型国家。[3]

采取中心限定原则解释权利要求，对专利权人看似有利，因为它可以为专利权人带来比周边限定解释方式宽得多的保护范围。但是，由于其允许以权利要求表达的内容为中心，将专利保护范围扩大到本领域的普通技术人员认为能够实现发明目的的、具有同样的技术创意的技术方案，使公众难以从权利要求书中获知专利权的确切保护范围，使得专利权保护的权利边界变得飘忽不定。

---

[1] Arthur R. Miller & Michael H. Davis, *Intellectual Property Patents, Trademarks, and Copyright*, West Publishing Co. Second Edition, 1990.

[2] 国家知识产权局条法司：《新专利法详解》，知识产权出版社 2001 年版，第 308 页。

[3] 徐棣枫：《专利权的扩张与限制》，知识产权出版社 2007 年版，第 314 页。

考虑到前两种解释方式的不足，目前，各国法院在解释权利要求时，正逐渐向前两种方式的折中方式靠拢，出现了第三种解释方式——折中解释方式。[1] 折中解释方式兼具前两种方式的优点，采取这种方式解释权利要求的典型代表是《欧共体专利公约》。1974 年欧洲 14 国在慕尼黑签订的《欧洲专利公约》第 69 条第 1 款规定："欧洲专利或者欧洲专利申请所授予的保护范围取决于权利要求的内容，说明书和附图应当用于解释权利要求。"《关于公约第 69 条解释的议定书》又进一步解释："第 69 条不应当解释为这样的意义，即欧洲专利公约授予的保护范围应当理解为权利要求所用措辞严格的字面意义所限定的范围，说明书和附图只用于解释权利要求中含糊不清之处。该条也不应当解释为这样的意义，即权利要求仅仅是一种指标，授予的实际保护范围可以根据熟悉有关技术的技术人员考虑说明书和附图以后，扩展到专利权人所预期的范围。相反，这个规定应当解释为在这两个极端之间确定一个位置，这个位置应当将对专利权人的合理保护和对第三方的适当程度的确定性结合起来。"[2]

根据折中解释原则，专利权的保护范围以其权利要求书的内容为准，说明书及附图可以用来解释权利要求。该权利要求书的内容是指其实质内容，而不是指权利要求书的严格的字面意义。这样，专利权的保护包括两个部分内容：其一是由权利要求书的文字记载所确定的技术内容，其二是与权利要求书文字记载的技术内容相等同的技术内容，说明书和附图虽然不能作为确定权利要求的依据，但是可以作为解释权利要求的辅助参考依据。

《欧洲专利公约》第 69 条的规定后来成为各国专利法解释权利要求的立法样本，也被我国专利法用来作为制定权利要求解释

---

[1] Philip Grubb, *Patents for Chemicals, Pharmaceuticals and Biotechnology - Fundamentals of Global Law, Practice and Strategy*, Oxford University Press, 1999.

[2] 国家知识产权局条法司：《新专利法详解》，知识产权出版社 2001 年版，第 309 页。

规定的参照标准。我国《专利法》第56条第1款规定："发明或实用新型专利权的保护范围以其权利要求的内容为准，说明书和附图可以用于解释权利要求"。可见，我国采取的是折中解释方式，这与国际做法是一致的。

但是，第三人完全照抄权利要求书中的技术和特征的侵权是很少见的。他们为了利用专利发明的实质性内容而又逃脱侵权的指控，往往故意对其中一些部分作出种种非实质性的变动，使实施行为的客体与权利要求的文字内容相比有所不同，以逃避侵权。对此，如果仅仅因为存在一些细小的不同或者等同技术的替代（这种替代技术往往是将原技术稍加变化后形成的技术方案，不属于专利法意义上的发明创造），就认定不侵犯专利权，势必会损害专利权人的利益，影响整个专利制度的作用。所以，世界各国提出了许多理论，用以指导建立能够对权利要求的文字所表达的保护范围作出一定扩展的法则。其中影响最大的是美国的等同原则。即在解释权利要求时，认为权利要求中的技术特征包括了等同技术特征在内。该等同技术特征，是指它与权利要求中表示的技术特征是以实质上相同的方式，履行实质上相同的功能，产生实质上相同的效果的技术特征。判定标准是根据所属技术领域的普通技术人员的认知情况。世界知识产权组织1990年主持起草的《保护工业产权巴黎公约专利部分补充条约（草案）》以及《实体专利法协调条约（草案）》都规定，在确定专利权的保护范围时，应当考虑与权利要求书中记载的技术特征等同的技术特征。

在我国，最高人民法院2001年6月19日发布的《关于审理专利纠纷案件适用法律问题的若干规定》第17条第1款在此折中解释原则解释的基础上，确认了解释权利要求的等同原则的适用："《专利法》第五十六条第一款所称的'发明或实用新型专利权的保护范围以其权利要求的内容为准，说明书及附图可以用于解释权利要求'，是指专利权的保护范围应当以权利要求书中明确记载的必要技术特征所确定的范围为准，也包括与该必要技术特征相等同的特征所确定的范围。”

需要指出的是，等同原则不仅是解释权利要求时可以依据的原则，也是判定是否构成侵权的一项司法原则。

第三节 专利权范围划定——动态的考察

专利权利要求所涵盖的技术范围并不是权利人得以自由驰骋的疆域，权利人的权利范围还有可能受到其他机制的制约。各国专利法均规定，权利人以外的其他人可以通过无效宣告程序（欧洲专利局为异议程序），再次申请行政机关对已获授权的专利权人的权利范围是否侵入了公共领域的置疑作出判断；也可以通过开发专利权人从属专利的方式，在原本属于专利权人的权利范围之内划出一块属于自己的权利区域，对专利权人的独占权利给予一定的限制；即使在专利权人的保护范围十分确定的情况下，某些行为虽然构成了侵犯专利权，但由于法律的规定而具有阻却违法性的效力，从而不构成侵犯专利权。这些情况下，行为人通过其行为对专利权的保护范围造成了冲击。当出现这些情况时，专利权人的权利范围应该是扣除以上因素之后的剩余范围。

一、公共领域的扣除——无效宣告程序

任何国家授予的专利权都难免会有不当授权的情况，将本不属于专有技术的技术方案划归了私人的专利权范围。因此，凡是建立专利制度的国家都必须建立一种机制，以便一旦发现被授予的专利权不符合专利法的有关规定时，即可宣告该专利无效，这一机制就是无效宣告机制。在我国，国家专利局复审委员会每年

受理的约4000件专利无效案中，大约2000多件会被宣告无效。[1]也就是说，中国专利局签发的数百万件专利中，可能有一半会被漏检的外国专利、各国期刊论文，以及其他事实和规则予以推翻。在世界上其他国家，这种不当授予专利权的情形也是普遍存在的。

1. 无效宣告请求的模式

在各国的专利司法实践中，专利权的无效宣告请求经常与专利权的侵权诉讼请求联系在一起。设置无效宣告机制的目的在于发挥社会公众对专利授予工作的监督作用，维护公众的合法利益，防止将原本属于公共领域的技术内容不当地划归到专利权人的私有权利范围之内，以维护社会的正常秩序，为社会的技术进步扫清障碍。然而，以何种方式、在何种程序中宣告专利权无效，却存在两种模式。

德国采取的模式是由不同的法院分别受理专利侵权诉讼案件和专利无效诉讼案件。宣告专利权无效的请求由德国联邦专利法院受理；指控他人侵犯其专利权的请求由联邦州法院受理。[2]

美国采取的是另外一种模式。[3]美国没有设置单独的无效宣告程序，而是由美国有关联邦法院在审理专利侵权纠纷的同时，对专利权是否有效的争议进行审理。因此，在美国法院作出的专利侵权判决中，一般首先要论述涉案专利的有效性，只有在认定专利权有效或部分有效的前提条件下，才会进一步论述专利侵权是否成立的问题。如果一个专利权在案件审理过程中，被认定为无效或部分无效，法院将作出被控侵权人行为不构成侵权的结论，或者根据还有效的部分专利权作出被控侵权人是否构成侵权

[1] 刘尚华："现代企业知识产权战略之一——专利战略"，载医药知识产权保护网，2006年1月29日。

[2] 尹新天：《专利权的保护》，知识产权出版社2005年版，第499~503页。

[3] Margreth Barrett, *The United States' Doctrine of Exhaustion: Parallel Importation of Patented Goods*, Northern Kentucky University Law Review, 2000.

的结论。所以，在美国，当事人提出的无效宣告请求仅仅在专利侵权案件中被法院受理。

上述两种模式各有利弊，主要体现在：

第一，专利侵权诉讼经常会涉及专利技术、被控侵权技术和公知技术三者之间的关系。[1] 美国由同一法院的同一审判庭审理侵权纠纷和专利有效性纠纷，能够将专利有效性的判断与侵权判断紧密结合起来，在许多情况下能够确保作出更为全面合理的判断。当事人在辩论专利有效性的问题时，必须顾及其理由和争辩内容可能对侵权判断产生的影响，反之亦然。这对于当事人来说是一种约束，迫使他们不能采取前后矛盾的立场。德国的做法旨在对专利有效性的判断与专利侵权判断分离开来。但是实践证明，两者是很难截然分开的，在这种情况下，只能采取侵权纠纷审理法院不得对专利权的有效性提出置疑的原则，又采取允许被控侵权者以公知技术进行抗辩的原则。

第二，采取美国的模式，由同一法院来审理两种争议能够节约程序；而采取德国模式则需要分别启动不同的法律程序，所需的程序复杂，造成司法资源的浪费和诉讼的拖延。[2]

第三，美国所有的侵权审理法院都有宣告专利权无效的权利，因此导致了美国有权授予专利权的机构只有美国专利局，而有权取消专利权的机构却有上百个之多的局面。这种制度对法院的要求很高，法官不仅要熟知专利侵权的判断原则，还要对专利审查的原则和程序有深入的了解，还要保持不同法院立场上的一致性。为了能保证美国专利无效宣告程序的恰当行使，美国建立了专门的专利上诉法院，统一受理和解决由基层法院审理的案件造成的纠纷。

我国《专利法》第45条规定：自国务院专利行政部门公告

---

[1] 尹新天：《专利权的保护》，知识产权出版社2005年版，第502页。

[2] Pennock v Dialogue，(1829)，27 U.S.1，19.

授予专利权之日起，任何单位或者个人认为该专利权的授予不符合本法有关规定的，可以请求专利复审委员会宣告该专利权无效。

由此可知，我国采取的方式与德国和美国均不同，相比较而言，我国的无效宣告模式更加倾向于德国模式。在我国，宣告专利权无效的请求应当向国家知识产权局下设的专利复审委员会提出，对专利复审委员会作出的无效宣告请求决定不服的，可以向北京市第一中级人民法院提起行政诉讼，对北京市第一中级人民法院审理不服的，可以向北京市高级人民法院上诉。专利侵权诉讼则由各省、自治区、直辖市被指定的中级人民法院审理。[1]因此，在我国，受理专利侵权纠纷的机构为人民法院，受理专利无效请求的是专利复审委员会。前者属于司法程序，后者属于行政程序，通过两种程序实现对涉及侵权纠纷的无效宣告请求的处理。由于采取了两种体制，常常会造成司法审判的拖延。

2. 无效宣告请求的提出和请求的理由

根据专利法的规定，任何单位或个人均可以提出无效宣告请求。其中所述“单位”包括法人单位和非法人单位。无效宣告请求人不限于中国单位和个人。

在自然人作为无效宣告请求人时，请求人可以是被控侵权人、专利权人自己、与专利权有利害关系的人，也可以是外国人等。在中国没有经常居所或者营业所的外国人、外国企业或者外国其他组织请求宣告专利权无效的，应当委托国家知识产权局指定的涉外专利代理机构办理。事实上，最为常见的无效宣告请求人是专利侵权纠纷中的被控侵权人。在专利侵权诉讼案件中，侵权诉讼的被告往往以原告的专利权无效作为抗辩理由，专利复审

[1] 我国最高人民法院2001年6月19日公布的《关于审理专利纠纷案件适用法律问题的若干规定》中对有管辖权的法院的范围作出了规定，据此，我国各省、市、自治区、直辖市人民政府所在地的中级人民法院和最高人民法院指定的部分法院都对专利侵权案件有管辖权。

委员会受理的无效宣告请求中有相当比例是侵权诉讼的被告提出的。此外，被授予专利权的发明创造的发明人、设计人以及专利许可合同的被许可方同样可以对专利权的有效性提出质疑。

按照《专利法》第45条的规定，任何人认为专利权的授予不符合专利法“有关规定”的，可以请求宣告专利权无效。其中，“有关规定”的范围由《专利法实施细则》予以规定。根据第二次修改后的《专利法实施细则》第64条的规定，请求宣告专利权无效的法律依据包括：

（1）专利的主题不符合发明、实用新型或外观设计的定义（《实施细则》第2条）；

（2）专利的主题违反国家法律、社会公德或者妨害公共利益（《专利法》第5条）；

（3）专利的主题不属于能够授予专利权的范围（《专利法》第25条）；

（4）发明、实用新型专利的主题不具备新颖性、创造性和实用性，外观设计专利的主题不具备新颖性或者与他人在先取得的合法权利相冲突（《专利法》第22条、第23条）；

（5）说明书没有充分公开发明或者实用新型（《专利法》第26条第3款）；

（6）授权专利的权利要求书没有以说明书为依据（《专利法》第26条第4款）；

（7）授权专利的权利要求书不清楚、不简明或者缺少解决其技术问题的必要技术特征（《实施细则》第20条第1款、第21条第2款）；

（8）修改超出原申请记载的范围（《专利法》第33条）；

（9）属于重复授权（《专利法》第9条、《实施细则》第13条第1款）。

无效宣告请求的理由不属于上述各项之一的，专利复审委员会不予受理。

无效宣告请求可以涉及一项专利权的全部，也可以只涉及其中一部分，亦即部分无效。所谓“部分无效”是指宣告发明或者实用新型专利权的一项或者数项（但不是全部）权利要求无效，或者只是缩小其中某一权利要求的保护范围。

3. 无效宣告请求的效力

无效宣告请求人以法律规定的方式和理由向专利复审委员会提出无效宣告请求并得到受理之后，就启动了无效宣告程序。无效宣告程序是由当事人参与的、专利复审委员会居间裁判的三方程序。程序启动以后，专利复审委员会将向专利权人告知无效宣告请求的有关事项，组织双方质证。根据质证的结果，结合专利审查原则对无效宣告请求进行审理，然后作出审查决定。专利复审委员会经过审查后所作出的决定有三种类型，即宣告专利权无效、宣告专利权部分无效、维持专利权有效。专利复审委员会以书面形式作出决定后，应当将其决定的内容通知无效宣告请求人和专利权人。

专利复审委员会作出专利权无效或部分无效的决定后，当事人期满不起诉的，由国家知识产权局进行登记和公告；当事人在规定期限内向人民法院起诉的，待人民法院作出的判决生效后，再由国家知识产权局登记和公告。

被宣告无效的专利权视为自始即不存在。宣告专利权无效的决定，对在宣告专利权无效前人民法院作出并已执行的专利侵权的判决、裁定，已经履行或者强制执行的专利侵权纠纷处理决定，以及已经履行的专利实施许可合同和专利权转让合同，不具有追溯力。但是因专利权人的恶意给他人造成的损失，应当给予赔偿。[1]

如果专利权被宣告无效之后，专利权人或者专利权转让不向被许可实施专利人或者专利权受让人返还专利使用费或者专利权

[1] 《专利法》第46~47条，《专利法实施细则》第63~71条。

转让费，明显违反公平原则，专利权人或者专利权转让人应当向被许可实施专利人或者专利权受让人返还全部或者部分专利使用费或者专利权转让费。

二、他人权利的限制——从属专利制度

所谓从属专利，是指前后两个专利之间在技术上存在着从属关系，在后专利的权利要求所要求保护的技术方案落入在先专利的权利保护范围之内。在这样的情况下，在后专利的专利权人虽然获得了专利权，但是却不能随意实施其专利技术，因为该技术尚处于另一项有效专利的保护范围之内，要实施就必须获得在先专利的专利权人的许可。另一方面，由于在后专利一般是在技术上的进一步改进，比在先专利在技术上先进，因此在先专利的专利权人往往也希望能够实施在后专利。然而，尽管在后专利的技术方案落入在先专利的保护范围之内，在先专利的专利权人也不能予以实施，因为这种特定的技术方案已经由他人申请并获得了专利权，要实施就必须获得在后专利的专利权人的许可。这就是说，对于从属专利的技术方案来说，无论是在后专利的专利权人还是在先专利的专利权人，不经过对方的同意，都不能予以实施。这是专利制度下产生的一种特殊现象，通常的做法是订立一种被称为“交叉许可”的许可合同，相互给予方便，让双方都能实施经过改进的技术。

但是，由于竞争等方面的原因，在先专利的专利权人可能不情愿由后一个专利权人实施其专利，从而阻碍了后一个专利所保护的发明或者实用新型的实施。如果后一项发明或者实用新型比前一项在技术上先进，在先专利的专利权人不许在后专利的专利权人实施其专利，就会阻碍先进技术的推广应用，不利于促进科学技术进步。[1] 为了防止出现这样的情况，有必要在某些情况下

[1] Glass Equip. Dev, Inc. v. Besten, Inc. , 174 F. 3d 1337.

批准给予强制许可，即依法强制在先专利的专利权人许可在后专利的专利权人实施其专利。

为了促进专利技术的实施与应用，增强社会福利，解决从属专利与在先专利在实施时可能面临的双方互相阻碍的问题。我国《专利法》第 50 条第 1 款规定了给予从属专利强制许可的两个条件：一是事实上存在着两个发明或者实用新型专利，后一项发明或者实用新型专利的实施有赖于前一项发明或者实用新型专利的实施；二是后一项发明或者实用新型比前一项具有显著经济意义的重大技术进步，即在技术上有较突出的贡献，并且能够产生巨大的经济意义。在《专利法》第二次修改之前，该条关于上述第二项条件的规定是“一项取得专利权的发明或者实用新型比前已经取得专利权的发明或者实用新型在技术上先进”。对此，TRIPs 协议第 31 条的有关规定是“具有显著经济意义的重大技术进步”。两者相比，TRIPs 协议规定的条件更为严格。为了与 TRIPs 协议相一致，在《专利法》第二次修改中按照 TRIPs 协议的规定对本条进行了修改。

如前所述，在先专利的专利权人也可能希望能够实施在后专利的技术。考虑到在先专利的专利权人的利益，该条第二款又规定，如果在后专利的专利权人取得了实施在先专利的强制许可，国务院专利行政主管部门依照在先专利权人的申请，也应当给予实施在后专利的强制许可。这是为了保持先后两个专利权人利益平衡所必需的。

提出强制许可的主体可以是单位，也可以是个人，但无论是单位还是个人，都必须具备实施有关发明或者实用新型专利的条件。

从属专利与在先专利的专利保护范围互相存在交集是实施交叉强制许可的根本原因。强制许可机制是法律赋予符合实施条件的请求人使用他人专利技术的一项机制，其目的在于打破技术垄断。强制许可制度并不意味着被许可人可以随意、无偿地实施他人的专利技术，强制许可制度还有诸多限制。在我国，强制许可决定由国务院专利行政部门颁发，强制许可的被许可人应当与许可人签订实施许可合同，支付一定的技术使用费并遵守相关的合同义务，维护专利权人的正当权益，若强制许可的被许可人与许可人就许可使用费不能达成协议的，可以请求国务院专利行政部门裁决，不服裁决结论的，可以向人民法院提起诉讼。

三、不视为侵犯专利权的例外

专利权是一种垄断权，原则上，未经专利权人同意，任何他人均不得擅自实施其专利，否则将构成对专利权人专有权利的侵犯。但是国家建立专利制度的目的不仅仅是为了保护专利权人的利益。我国《专利法》第1条明确规定，专利法的立法宗旨是保护发明创造专利权，鼓励发明创造，有利于发明创造的推广应用，促进科学技术进步和创新，适应社会主义现代化建设的需要。从上述立法宗旨出发，专利制度需要兼顾专利权人、专利技术使用者和社会公众的利益，以求使专利制度达到最佳的社会效益。基于此，为了防止专利权的行使妨碍正常的生产、生活秩序，平衡专利权人与专利技术使用者的关系，体现法律的价值判断，专利法特别明确规定，在某些情况下，行为人实施专利的行为视为不侵犯专利权。

对专利权人的权利进行一定的限制，以平衡专利权人与专利技术使用者和社会公众之间的利益，这是各国的普遍做法，各国的专利法一般都有类似的规定。[1] 只不过，各国专利法规定的不视为侵犯专利权的范围不尽相同。我国专利法规定了不视为侵犯专利权的几种情形，包括专利权用尽、先用权、临时过境、专为

---

[1] 胡开忠：《知识产权法比较研究》，中国人民公安大学出版社2004年版，第345~349页。

科学试验目的的使用等。[1]

1. 专利权用尽

专利权用尽被称为专利权的穷竭。专利权用尽原则是对专利权的一种重要限制。从理论上看，专利权用尽原则不会对专利权人的保护范围造成影响，但是它对专利权人行使权利构成了显著的限制。设置专利权用尽制度的目的在于防止对专利权的保护范围超过合理的限度，从而对正常的社会秩序和经济秩序造成不良影响。

该原则的含义是：公众中的任何人在购买了合法售出的专利产品之后，应当享有自由处置该产品的权利。此后，无论该购买者以何种方式使用该产品，或进一步转卖该产品，均不应当视为侵犯专利权。[2]

建立专利权用尽原则的理由在于：一方面，国家为专利权人提供了一定时期内的独占权，使之能够控制专利产品的首次销售，从中获得经济利益，专利权人为作出发明创造所付出的代价已经得到了回报。[3] 因此，其权利应当已经被"用尽"了或者说"耗尽"了；另一方面，从维护正常经济秩序的角度看，如果在专利权人或者经其许可的人将其专利产品投入市场之后，该产品的后续销售、使用还要一一经过专利权人许可的话，必然会造成阻碍专利产品的自由流通和应用，严重影响正常的社会经济秩

[1] 《专利法》第63条。有些国家把个人非商业目的的使用和医生等开处方时实施的调配方法和调配的药品行为也归为不视为侵犯专利权的行为，如日本。笔者认为，不视为侵犯专利权本身确属于未经许可、以商业目的的实施他人专利的行为，其本身属于侵犯专利权，但由于法律的特别规定，免除当事人的责任，将其划归到不侵犯专利权的范畴。以非商业目的实施专利的行为本身就不属于侵犯专利权的行为，因此不存在被视为不侵权的必要。

[2] 尹新天：《专利权的保护》，知识产权出版社2005年版，第63页。

[3] Adams V. Burke, 84 U. S. 453. 这是一个美国最高法院在1873年的判例，在该案法官的判决中首次提出了专利权的用尽原则。

序，这是任何社会都不能相容的。[1]

专利权用尽原则得到大多数实行专利制度的国家的法律确认或实践认可。日本专利法在其司法实践中承认了这一规则，法国在其知识产权法典中明确规定了这一原则，美国和英国等国家在司法实践和理论研究中都承认了该原则的应用。[2]

然而，专利权用尽是个比较复杂的问题，各国在规定用尽的权利范围时内容有所不同。有些国家仅仅承认专利权人的销售权和使用权用尽（如我国），有些国家如德国在承认销售权与使用权的用尽外，还承认转让权的用尽。专利权用尽的复杂性反映在两个方面：

其一，尽管世界各国在实践中普遍采用了专利权用尽原则，但是许多国家的专利法中并没有作出明确规定。不同国家对专利权用尽原则的法律基础有不同的理解，有种种不同的理论，这种状况导致对类似案件的处理会出现不一致的结论。最为明显的表现是在 TRIPs 协议的谈判中，对于专利权用尽的许多不同意见分歧较大，最终导致了 TRIPs 协议第 6 条规定的诞生。[3]

其二，专利权用尽原则还涉及一个各国意见严重分歧的问题，即“平行进口”（parallel importation）或者说“国际用尽”（international exhaustion）问题。[4] 具体地说，当专利权人就同一发明创造在多个国家分别提出申请并获得专利时，如果专利权人自己或者其许可人在一国制造并销售其专利产品，其合法购买者将其购买的专利产品进口到另外一个专利权人仍然享有专利权的

---

[1] 汤宗舜：《专利法教程》，法律出版社 2003 年版，第 187 页。

[2] 胡开忠：《知识产权法比较研究》，中国人民公安大学出版社 2004 年版，第 346 页。

[3] TRIPs 协议第 6 条规定：对于依照本协议的争端解决而言，本协议的任何规定均不得用于涉及知识产权的权利用尽问题。

[4] Peter S. Canelias, *Patent Practice Handbook*, Aspen Law & Practice, 2000; Margreth Barrett, *The United States' Doctrine of Exhaustion: Parallel Importation of Patented Goods*, Northern Kentucky University Law Review, 2000.

国家，该专利权人的权利是否用尽？反过来，该购买者的进口行为是否构成侵犯其专利权？各国在这一问题上的分歧很大。我国承认专利权的国内用尽，对于专利权的国际用尽（平行进口问题）采取了回避态度。

2. 先用权

在实行先申请制的国家，如果同时有两个以上的发明人完成了同一项发明，只有先申请的人才能取得该发明的专利权；那么对于已经投入资金、人力而研究出同一发明的人而言，虽然发明了技术方案，却因他人对该技术方案拥有专利权而无法实施，对于已经从事了研究且确实通过自己的智力劳动完成了发明的人来说，这显然是不公平的。为了防止这种不公平现象的发生，鼓励人们从事发明创造，需要合理地协调双方的利益，消除先申请原则带来的不利因素。为此，专利法设计了先用权制度。目前，世界上相当多的国家和地区实行了先用权制度。

先用权的含义是：在他人提出专利申请之前已经完成了同样的发明创造的非申请人，在他人提出申请并获得专利权以后，有权在自己原有的范围和规模下，继续实施自己的发明创造。[1]

先用权作为一种实施许可制度具有其特殊性，它并非基于专利权而产生，而是基于法律的直接规定而产生。先用权不会导致专利权人保护范围的变化。恰恰相反，先用权人的发明创造内容必须与专利权人的发明创造相同才能享有先用权，只是在专利权人的权利范围内，存在另外一个主体，这个主体就是先用权人，先用权人之所以拥有在专利权人保护范围之内实施其发明创造的权利，完全是由于存在其先于或同时于专利权人完成发明创造这一事实。专利权人与先用权人的区别仅仅在于，是专利权人通过专利申请和审查程序获得了法律拟制的权利，因此，先用权人得

[1] 国家知识产权局条法司：《新专利法详解》，知识产权出版社 2001 年版，第 368～371 页。

以在专利权人的保护范围之内拥有一片属于自己可以行为的区域。

先用权人实施其发明创造受到严格的限制，根据我国《专利法》规定，先用权人仅可以在原有的规模和范围内实施其发明创造，否则仍将构成对专利权人的侵犯。

需要说明的是，先用权并不是一种独立存在的权利，而仅仅是一种对抗专利侵权指控的抗辩权。只有在满足以下条件时，才有必要考虑先用权的问题：

（1）有人针对一项发明创造申请并获得了一项权利；

（2）他人在上述专利权的申请日之前已经开始实施该发明创造或者为实施该发明创造做好了准备；

（3）先用者在专利申请公开以后或者授权以后继续其实施行为；

（4）专利权人认为先用者在专利申请公开后或授权后的继续实施行为构成了侵犯其专利权的行为，并向人民法院起诉或者请求专利行政部门处理。

3. 临时过境

临时过境原则最早在《保护工业产权巴黎公约》（以下简称《巴黎公约》）中得到确认，其宗旨在于发展国际交通运输业。随后，世界上多数国家根据该公约在本国的国内法中规定了临时过境原则。我国专利法采纳了临时过境原则，规定了外国交通工具临时过境的免责。

根据我国《专利法》第63条的规定，临时通过我国领陆的外国运输工具，为自身的需要在其装置或者设备中使用有关专利的，依照其所属国同中国签订的协议或者共同参加的协议或者共同参加的国际条约，或者依照互惠原则，不视为侵犯专利权。这样规定的原因是，交通运输工具处于不断运动的过程中，对运输工具自身使用的专利技术要求专利保护，可能会限制运输工具进入某些地区，影响国际交通运输自由；同时，由于运输工具进入某些地域的时间非常短暂，对其使用的专利技术提供专利保护，在实际操作上也有困难。[1]

在我国，适用临时过境原则规定须符合以下条件：

（1）保护的对象是临时进入我国领陆的外国运输工具。临时进入是指非长期在中国国内运营的情况，包括暂时进入和偶然进入。[2] 暂时进入包括定期进入；偶然进入是指由于特殊情况进入我国领陆，如船舶进港避风，飞机因为气象条件迫降等。外国运输工具，指在中国以外的其他国家或地区登记注册的运输工具，包括船舶、航空器和陆地运输车辆等。我国领陆包括中国的领水和领空。

（2）保护的范围是运输工具为自身需要在其装置和设备中使用有关专利的行为。本项的目的在于维护国际运输的自由。因此，对有关专利的使用权仅限于运输工具本身的需要，即为构成运输工具本身的功能所必要的。这里的使用专利，指使用专利产品或者专利方法，不包括制造、许诺销售、销售和进口专利产品的行为。

（3）保护的条件是运输工具所属国与中国有协议、条约规定或者实施互惠原则。对临时过境的外国运输工具给予保护并不是自动产生的，它是一个国家给予另外一个国家的待遇，需要通过双方签订的协议或者共同参加的国际条约规定。

同先用权制度一样，临时过境原则不会对专利权人的保护范围造成影响，但是临时过境原则的设立，毕竟使得原来有明确保护范围的专利权的效力打了折扣，专利权人不能仅仅以其权利保护范围作为判断他人行为是否构成侵权的惟一依据，法律在专利

---

[1] 国家知识产权局条法司：《新专利法详解》，知识产权出版社 2001 年版，第 368～371 页。

[2] 关于临时进入的含义，各国专利法的规定大同小异。我国《专利法》第 63 条规定与《欧洲专利公约》的有关内容是基本一致的。见吉藤幸朔著，宋永林、魏启学译：《专利法概论》，专利文献出版社 1990 年版，第 572 页。

权人自由行使权利的范围内，又“人为”地安排其他主体暂时享有实施或使用其专利的权利。这样，造成了专利权人保护范围的不完整性。

4. 为科学试验目的的使用

为科学研究或试验目的而使用专利，在大多数国家的专利法中都作为不侵犯专利权的行为来处理，以便鼓励科学发明和研究的开展，促进社会技术的进步。

《日本专利法》第69条第1款规定：“专利权的效力不及于为试验或者研究目的而实施的专利发明。”《法国知识产权法典》第L. 613-5条的规定与之类似，即有关已获专利发明的试验性行为不属于专利侵权行为。此外，英国、瑞典和我国台湾地区也都有类似的规定。

需要说明的是，在理解何为“为科学试验目的的使用”和“使用有关专利”的含义上，存在一些分歧。

一种观点认为，专利法之所以规定为科学研究和试验而使用有关专利的行为不视为侵犯专利权，是因为这种行为不是为了生产经营目的。这种观点容易使人们对本项规定的含义和范围产生不正确的理解，认为本项规定的适用可以仅仅根据一个单位的性质来进行判断，只要认定该单位是专门从事科学研究和试验的单位，则无论该单位在其研究工作中以何种方式利用有关专利，均不构成侵犯专利权的行为。

《欧共体专利公约》第27条（b）规定：“为了科学试验目的而进行的与专利发明的内容有关的行为，不视为侵犯专利权。”这一规定的意图与我国《专利法》关于“为科学研究和试验目的的使用”的规定的意图相同，但是其表达方式更为准确，回答了以上观点可能造成的疑问。首先，该规定明确了所涉及的科学研究和实验行为必须是与专利发明的内容有关的行为，这就清楚地排除了利用专利技术作为手段而进行其他科学研究和实验也可以免除其侵权责任的可能性。其次，该规定采用了“使用有关专利的”的措辞，其中“使用”二字容易被理解为仅仅限于“使用专利产品”和“使用专利方法”，认为排除了“制造专利产品”的行为也适用本项规定的可能性。事实上，为了对专利技术本身进行考察，允许进行科学研究和实验的单位或者个人为此目的而制造所需的专利产品。《欧共体专利公约》采用的是“进行与专利发明的内容有关的行为”的表述方式，它没有产生上述歧义的余地。❶

因此，在考虑是否适用该规定时，仅需要考虑使用人是否是对某项专利技术本身进行研究和试验，而与一个单位的性质无关。

综上所述，在考察一项专利权的保护范围时，不仅仅需要考虑该专利文件的权利要求书和说明书的字面文意，还需要分析是否存在影响专利权人保护范围的其他因素。具体而言，准确界定一项专利权的保护范围，应当从静态和动态两个角度分析。专利文件中的权利要求书为专利权的保护范围划定了一个初步的区域，在权利要求的理解存在不同意见的时候，说明书和附图可以用于解释权利要求，共同界定专利权的保护范围，这是从静态角度对专利权的保护范围作出的基本界定。同时，专利权的保护范围不是固定不变的，专利权人的保护范围在其专利有效期间内，可能受到无效宣告程序、从属专利的影响。无效宣告程序是无效宣告请求人以其动态行为启动的界定专利权保护范围的又一轮程序，在无效宣告程序中，专利权人的保护范围可能会被迫缩小，甚至于丧失原有的专利权。在存在从属专利的情况下，原专利的从属专利对原专利权人（在先专利）的权利范围构成了冲击，使在先专利的专利权人原已确定的专利权范围继续缩小，在先专

❶ Joseph Straus, *Expert Opinion on the case for and Against the Introduction of a Grace Period in Europan Patent law*, submitted on the request of the European Patent Organisation, (May 8, 2000).

利权人行使权利不得不受到从属专利的制约。此外，不视为侵犯专利权的例外的各种情形，虽然对专利权的保护范围不构成实质影响，但是，毕竟，通过该制度的设立，在原专利权人的保护范围之内，法律“人为地”将其他主体放置在了专利权的保护范围之内，使他们能够从事原本属于专利权人才可以从事的行为，专利权人行使权利时不得不受这些主体行为的影响，从而使得专利权人不再可以仅仅以自己确定的专利权保护范围作为判断他人行为是否构成侵权的惟一依据。

第四节　专利权的效力

专利权的本质是实施发明创造的独占垄断权。因此，对于发明和实用新型专利权来说，其效力就在于专利权人对该发明或者实用新型的实施享有独占权。[1] 在实施专利制度的国家里，专利权人对该专利技术享有的独占实施权的大小因专利的类型不同而有所区别。在知识产权法律体系中，我国以不同的方式规定了不同类型的知识产权的效力。例如《著作权法》用罗列的方式，直接规定了作者依法享有的著作权的内容和效力。[2] 据此，著作权人可以依法行使该条所罗列的 17 项权利，并有权制止他人未经许可实施的侵犯其权利的行为，著作权的效力及于他人所实施的侵犯其权利的行为。商标法和专利法则采取了规定侵权行为构成的条件的方式，从侧面展示了商标权和专利权的效力。[3] 这样，专利权的效力应当及于那些被法律所禁止的、行为人未经许可实施的行为，其效力体现在权利人有权制止行为人实施的侵权行为，从而确保专利权人的专有权利。

---

[1] William H. Francis & Robert C. Collins, *Cases and Materials on Patent Law Including Trade Secrets, Copyrights – Trademarks*, American Casebook Series, 1996.

[2] 《著作权法》第 10 条。

[3] 《商标法》第 52 条，《专利法》第 11 条。

专利权的本质是实施专利的独占权。但是，这并不意味着专利权人在获得专利以后，就可以不受限制地实施其专利，相反，考虑到社会公益，专利权是一种受到许多制约因素的私有权利。专利权的实施可能受到以下两类限制：其一，如果国家法律禁止或者限制某类产品的制造、销售、使用或者进口，例如药品、枪支等，当专利权保护的发明创造涉及这些产品时，则专利权人实施其专利就要受到限制；其二，一项专利的实施有时会受到其他专利的限制，例如从属专利的权利人要实施其专利，就应当获得其专利所依存的那一专利的专利权人的许可，否则就会侵犯他人的专利权。

明晰专利权的效力，其实质在于确定专利权人的利益与公共利益之间的界限。基于以上分析，专利权的效力应该是专利权人有权行使的禁止他人实施一定行为的权利再减去限制其权利的某些规定后剩余的权利范围。因此，我们可以从其有权行使的范围和限制其权利的范围两个方面来考察专利权的效力。有学者称前者为专利权的正面效力，称后者为专利权效力的限制。[1] 也有学者认为，专利权包含两个方面的内容：一方面是专利权人享有的占有、使用、收益、处分其发明创造的权利，表现为独占实施权（制造权、使用权、许诺销售权、销售权和进口权）、许可权、转让权、放弃权、标记权等；另一方面，专利权人也享有排除其他任何人，从而支配该专利的权利，表现为禁止权。[2]

一、专利权的正面效力

发明根据其最终的物质表现形式，可以分为产品发明和方法发明两大类型。发明专利既可以是产品发明专利，也可以是方法

---

❶ 吴汉东：《知识产权法》，法律出版社2006年版，第164页。

❷ 张平："技术创新与专利权制度"，见《知识产权法通识教材》，知识产权出版社2007年版，第99～105页。

发明专利。而实用新型专利只能是产品专利，不能是方法专利。由于产品专利和方法专利的保护客体不同，因此构成实施产品专利和实施方法专利的行为类型也就不同，其结果是产品专利和方法专利的效力之间存在一定的差别。

我国《专利法》第 11 条以规定权利人依法享有的权利内容的方式阐述了专利权的效力。根据我国《专利法》的相关规定，专利权的效力及于下列行为。

1. 制止他人以生产经营目的实施产品专利的行为

实施专利的行为是一系列行为的总称。根据我国专利法的规定，实施产品专利的行为包括：为生产经营目的而制造、使用、许诺销售、销售该专利产品以及为生产经营目的而进口该专利产品。[1] 其中，“为生产经营目的”，是指为工农业生产或者为商业经营的目的，其范围十分广泛。

在侵权行为的各种具体表现中，未经许可制造他人专利产品是最为常见的侵权行为。“制造专利产品”是指通过机械或者手工方式作出的具有权利要求所记载的全部技术特征的产品。一般而言，未经专利权人许可而制造专利产品的行为可以分成三种类型：一是制造者明知其制造的产品是受到一项有效专利保护的产品，但仍然进行其制造行为，这是故意侵权行为；二是制造者对自己行为的后果应当预见或能够预见而未作预见，或者虽有预见却轻信其不会发生，这是过失侵权行为，例如在授予专利权之后，制造者在没有阅读专利说明书的公告的情况下独立地开发并制造与专利产品相同的产品；三是既非故意，也非过失，但是仍会受到一定限制的制造行为，例如在某项产品申请了发明专利但尚未公布的时间期间内，他人独立地制造了相同的产品，在专利申请公开之后，他就不能自由地继续实施其制造行为。总之，不

[1] 国家知识产权局条法司：《新专利法详解》，知识产权出版社 2001 年版，第 65 页。

论制造者的主观意愿如何，也不论制造者是否实际知晓专利权的存在，不经专利权人同意而制造专利产品都会构成侵犯专利权的行为。从这种意义上讲，专利法对专利产品的制造提供了“绝对”的保护。

按照有些国家的做法，制造专利产品的行为不仅包括制造全新产品的行为，也包括将已有产品的零部件拼凑起来，重新组装成专利产品的行为。例如，一项专利涉及一种锄草机，如果一家公司收集合法出售、但已经损坏的专利锄草机，将其仍然可用的零部件组装起来，重新构成该锄草机并予以销售，则构成了侵权行为。[1] 这种行为被称为“再造”行为。如何合理地划分“修理”与“再造”之间的界限，是一件比较困难的事情。在长期的司法实践中，美国法院形成了一系列判断方法。[2]

使专利产品在专利权的有效地域内出现的另一条途径是进口专利产品。因此，产品专利的专利权人是否有权制止未经其许可而进口其专利产品的行为，对于该专利权人来说是十分重要的。如果仅仅禁止未经许可而制造专利产品的行为，却不禁止未经许可而进口专利产品的行为，就会给产品专利的保护留下一个漏洞。我国在1984年制定专利法时，没有规定专利权人享有禁止他人未经许可而进口其专利产品的权利。直到1992年修改专利法时，在该条增加了专利权人享有的制止他人未经许可进口专利产品的规定，增强了专利权的效力。

我国专利法上“许诺销售”的有关规定来源于TRIPs协议。TRIPs协议明确规定，“禁止他人未经许可而许诺销售专利产品

---

[1] Gilson, *Gilson on Trademark Protection & Practice*, Mathew Bender & Company, 2000.

[2] Alex Chartove, *The CAFC Provide Some Useful Insight into the Detween a Permissible "Repair" of a Patented Invention and an Impermissible "Reconstruction"*. 转引自胡开忠：《专利产品的修理、再造与专利侵权的认定》，载《法学》2006年第12期。

或者依照专利方法直接获得的产品，是专利权人享有的权利之一。”❶ 从学理上看，“许诺销售专利产品”是指明确表示愿意出售具有权利要求所述基数特征的产品的行为。许诺销售行为既可以面向特定对象，也可以面向不特定的公众；既可以采用口头形式，也可以采用书面形式；既可以通过展示或者演示的途径，也可以通过电话、电传、报刊、网络或者其他途径。例如，将专利产品陈列在商店中，列入拍卖清单，在报纸、电视、网络上做广告等行为，都明确表明了愿意销售该专利产品的愿望，都属于“许诺销售”行为。

2. 制止他人实施方法专利的行为

方法专利只能是发明专利。根据专利法的规定，构成实施方法专利的行为包括：为生产经营目的而使用该方法；为生产经营目的而许诺销售、销售、使用以及进口依照该方法直接获得的产品。

然而，应当注意的是，并非对所有的方法专利都能够进行上述各种类型的实施行为。方法发明至少可以分为三种类型。

第一类是制造加工方法，它作用于一定的物品上，目的在于使之在结构、形状或者物理化学特征上产生变化。

第二类是作业方法，这种方法不以改变所涉及的物品的结构、特征或功能为目的，而是寻求产生某种技术上的效果，例如测量、检验、采掘、排列、运输、分析等等。此外，诸如发电、供电、供热、制冷、通风、照明、辐射、通信、广播、计算等等用于实现能量转换或者达到某种非物质性技术效果的方法也属于这一类方法的范畴。

第三类是使用方法，亦即用途发明，它是对某种已知物品的一种新的应用方式，目的是产生某种技术效果或者社会效果，而不是改变被使用的产品本身。其中，只有对第一类方法才能够享

❶ TRIPs 协议第 28 条。

受1992年第一次修改《专利法》时增加的“延伸保护”，也就是将方法专利权的保护延伸到依照该方法所直接获得的产品，因为只有这类方法才能产生专利法意义上的产品。对于第二、三种方法来说，实施专利的行为仅仅是“使用该方法”。

与产品专利的实施行为相同，构成方法专利的实施行为也必须是以生产经营为目的。如果为非生产经营目的而进行使用、进口的行为，则不构成实施方法专利的行为。

二、对专利权效力的限制

专利权是一种合法的垄断性权利，在某些情况下，专利权人可能会滥用其依法获得的独占权，对市场竞争机制施加不良影响，甚至于阻碍科技创新。为了平衡专利权人与社会之间的利益，各国都在专利制度中规定了对专利权的限制。广义的专利权的限制包括时间限制、地域限制以及专利权效力的限制，狭义的专利权限制专指对专利权效力的限制。[1] 本书采用狭义的专利权限制的概念。

专利法在规定专利权效力的同时，指出了专利权效力的例外情形，这些例外情形实际上就是对专利权人权利的限制。[2] 对专利权予以限制的效果是，在某些情况下，他人可以不经专利权人许可而实施专利，其实施专利的行为不构成侵犯专利权。按照我国《专利法》的规定，这些例外情况包括以下几个方面。

---

[1] 张平：“技术创新与专利权制度”，见《知识产权法通识教材》，知识产权出版社2007年版，第102页。

[2] 在表述专利权限制的条款中，在第二次修改《专利法》时的措辞有所改变。原法为“除法律另有规定的以外”后改为“除本法另有规定的以外”。这一修改虽然只是一字之差，但却有实质性变化。按照原来的规定，除专利法以外，其他法律对发明和实用新型专利权的效力还可以作出例外规定，即可以限制专利权的效力；而根据修改后的规定，只有专利法才可以限制专利权的效力，其他法律不得对专利权的效力进行限制。

1. 专利的计划许可制度

专利的计划许可制度，在有些国家的专利法中也被称为“国家征用”。它是国家行政机构在全面考虑国家利益和专利权人个人利益的情况下，对某些重大的、对国家利益或公共利益具有重大价值的发明创造给予有目的、有计划的安排实施的做法，其目的在于迅速推广先进的专利技术，提高整个社会的公共福利。

我国《专利法》第14条规定了专利的计划许可制度。根据我国法律规定，只有发明专利和实用新型专利可以实行计划许可制度，专利权的主体可以是国有企业或事业单位，也可以是中国集体所有制单位和个人的发明专利。

2. 专利的强制许可制度

“强制许可”与“自愿许可”相对应。“自愿许可”是指专利权人自愿地许可他人或单位实施其专利技术的行为，而“强制许可”也称为“非自愿许可”，是指国家专利主管机关根据具体情况，不经专利权人许可，依程序授权符合条件的申请人实施他人专利技术的制度。

专利的强制许可制度已被国际公约和各国专利法所普遍认同。《巴黎公约》第5条明确规定：“同盟各国都有权采取立法措施规定授予强制许可，以防止由于行使专利法所赋予的专利权而可能产生的滥用，例如不实施。”TRIPs协议也规定了专利的强制许可制度，但其规定更为严格。目前，除美国等少数国家外，多数国家都在专利法中作了规定。[1]

关于强制许可产生的原因，一般有以下三种情况：[2] 一是在成员进入国家紧急状态，或在其他特别紧急情况下；二是申请强制许可的申请人已努力向权利持有人要求依合法的商业条件获得

[1] 胡开忠：《知识产权法比较研究》，中国人民公安大学出版社2004年版，第332页。

[2] TRIPs协议第31条。

许可，但在合理期限内未获成功；三是在存在交叉专利的情况下，且后一专利比前一专利更为先进，而后一专利的实施又有赖于前一专利，为实施后一专利而授予前一专利的强制许可；同理，在授予后一专利许可权的情况下，也可以根据前一专利权人的申请，授予其实施后一专利的权利。

由于专利的强制许可是一个用国家公权来干预私权的制度，为了防止公权的滥用，法律对强制许可制度的实施规定了诸多限制，这符合私法自治的法治理念。以 TRIPs 协议为例，[1] 该法规定，行政机关在决定实行专利的强制许可时，不仅要考虑是否满足有关的许可条件，还要根据个案对这种许可予以考虑，杜绝一揽子许可情况的出现，同时，强制许可的范围和期间应受到许可目的的限制；对于被许可人来说，许可的性质是非独占性的且是需要付专利使用费的，其费用的数额可以交由行政机关裁决，当对被许可人的合法利益给予足够保护的前提下，若原来存在的导致许可的原因不再存在并不大可能再次发生时，行政机关应该停止该强制许可，并且对于行政机关的强制许可决定应该置于司法审查之下，确保行政机关合理行使其给予强制许可的权力。

3. 专利的合理使用

目前，有关专利合理使用制度的研究成果还比较少见。相比较而言，著作权的合理使用制度已经得到了学者的广泛关注和深入研究。一般认为，著作权合理使用制度的目的在于通过对著作权的适当限制，达到平衡创作者、传播者和使用者的利益，确保公众能接触和使用作品，以促进整个社会科学文化事业的进步，增进社会福利。[2]

有学者认为，专利的合理使用制度是指不经专利权人许可，

---

❶ TRIPs 协议第 31 条第（a）~（j）款。

❷ 吴汉东：《知识产权基本问题》，中国人民大学出版社 2005 年版，第 236 页。

也不必向其支付使用费用即可使用他人专利技术的制度。❶

建立专利的合理使用制度的原因是多方面的，其中，有维护正常社会经济秩序的需要，也有矫正先申请原则带来的潜在弊端，还有出于发展国际交通运输业的原因，避免专利权限制必要的科技创新等原因，其效力在于避免专利权的不当扩张，维护专利权人私有权利和公众利益以及社会进步之间的平衡。此外，对专利权予以限制的内在原因还在于专利权的“法律拟制性”以及专利权的不确定性，只有通过法律明示的方式对专利权予以限制，才能向社会公众显示哪些是不可以从事的行为，哪些是可以从事的行为，从而间接划清专利权的权限范围和公众自由行为的区域，确保公众的行为自由。

一般而言，专利的合理使用制度包括权利用尽制度、先用权制度、临时过境和出于非商业目的的科学试验使用等，这些制度已经在专利权范围的动态确定部分有所描述，在此不再赘述。

---

❶ 张平：“技术创新与专利权制度”，见《知识产权法通识教材》，知识产权出版社2007年版，第102页。

第三章　侵权行为理论的重构

如前所述，专利权的保护是整个专利制度的核心，虽然专利制度不可避免地会涉及如专利授权条件及专利审批等诸多制度的安排，但是无论是在专利申请和授权环节上投入多大力量，还是精心撰写专利文件、认真进行专利技术的检索与审查，甚至于产生尽善尽美的专利文件，这些都不是专利制度的核心所在，专利权人获得专利权的目的在于获得对专利技术的独占实施权以及国家法律的强制力保护。惟有国家法律才能将一项专利技术上升成为私人可以独占的权利并且通过法律的保护维系这种合法垄断权的实现，促进社会进步和技术的扩散，进而增进整个社会的福利。

如果专利法律制度不能切实维护专利权人的独占实施权，不能对侵犯专利权的行为进行有效的制裁，专利制度的宗旨就无法实现，专利权人为申请专利以及专利审查人员为审批专利所作的各种努力都将失去意义，专利法的各项制度设计也将名存实亡。

众所周知，在民法基础理论范畴，知识产权是民事主体得以享有权益的私人权利，权利本体的私权性是将知识产权归类于民事权利范畴的基本依据。[1] 知识产权的产生、行使和保护，适用于民法的基本原则和基本规则，离开了民事权利体系，知识产权就会成为无源之水、无本之木，无法找到其相应的归属。

基于此，由知识产权作为民事权利的属性所决定，侵害知识产权的行为，首先是一种民事侵权行为，侵害知识产权的民事责任，也是民法上民事责任制度的组成部分，受到民事责任制度一

---

[1] 吴汉东："知识产权本质的多维度解读"，载《中国法学》2006 年第 5 期。

般原理的指导。专利侵权行为归属于知识产权侵权行为的种类之中，同样需要以民法的基础理论特别是侵权行为理论为依托，只有据此展开研究才有可能保证研究思路的可行性。所以在讨论专利侵权行为之前，需要首先讨论民法的侵权行为基础理论，为展开专利侵权行为的研究奠定基础。

在展开研究之前，我们还应该注意到，与一般的民事权利相比，专利权的保护还有其特殊性，即专利权的保护不仅仅涉及权利人本身的私有利益，更多地还涉及专利权人的利益和社会公众利益之间的合理平衡；对专利权保护的不足将有损于专利权人的利益，而保护过度则极有可能损害社会公众的利益。要达到这种平衡，关键在于如何准确的判断何种行为构成侵犯专利权的行为，即如何合理界定专利侵权行为的问题。

第一节　传统侵权行为基本理论

侵权行为是各国法律规制的对象，侵权行为法是对侵害他人财产、人身以及知识产权等绝对权的行为予以制裁以及对其损害后果予以补救的民事法律规范的总称。[1] 知识产权属于绝对权，对其的侵害属于侵权法的调整范围；同时知识产权是权利人依法享有的私权，知识产权所具有的私权属性与其他民事权利并无本质的区别。

一、侵权行为概念溯源及其诠释

侵权行为的界定是整个侵权民事责任制度研究的出发点，是侵权民事责任制度得以发挥作用的前提。但是学术界对侵权行为概念的界定有多种方式，各种定义之间多有互相矛盾之处，表述

[1] 王利明：《侵权法是什么?》，中国人民大学“民商法前沿”系列讲座现场实录第268期。

不一。

“侵权行为”一词系外来词，在语源上为拉丁文的“delictum”。[1] 对于《德国民法典》第二编“债的关系法”第七章“具体债的关系”第25节的题目，我国学者通译为“侵权行为”。[2] 但是，就题目的德文表述本身分析，其直接含义则是“未被允许的行为”（unerlaubte Handlung）[3]。事实上，从《德国民法典》第823条和第826条的规定看，并非仅“权利”受到侵害才由侵权法救济，某些特定的利益受到侵害同样由侵权法救济。换言之，侵权行为所涵盖的范围比较广泛，不法行为同样是侵权行为规制的对象，亦即侵害权利的行为是侵权行为，对特定利益的侵害行为也属于“侵权行为”。[4] 从这个意义上看，德国法上的侵权行为的概念范围要比专利法领域的侵权行为宽泛得多，专利侵权行为与专利违法行为都同属于德国法侵权行为涵括的对象。

法国民法承袭了罗马法对侵权行为的表述。法国法上，被人们译为“侵权行为”的一词是“ddíct”，从现代法国法的有关内容看，将该词译作“不法行为”可能更准确。在罗马法中，该词指不法致他人蒙受损害的种种行为，我国学者将其译作“私犯”。[5] 但是，罗马法中的“私犯”是相对于公法领域中的“公犯”（crimen）而言的。而且，“私犯”和“侵权”（tort）之间也存在重要区别。对私犯的制裁最初是为了取代报复行为而出现的，尽管表现不同，但说到底它仍然保留着惩罚的特点。从《法

[1] 尹志强：“侵权行为概念分析”，载《比较法研究》2005年第4期。

[2] 杜景林、卢谌译：《德国民法典》，中国政法大学出版社1999年版，第201页。

[3] Machlup，F.，*An Economic Review of the Patent System*，Published by US Government Printing Office，Washington DC，1958，p. 80.

[4] R. Mark Halligan，*Trade Secrets Case Digest*，James Publishing，1999.

[5] 陈朝壁：《罗马法原理》，商务印书馆1937年版，第149页。

国民法典》第1382条的规定分析，其适用范围非常广泛。凡过错致人损害的行为都是侵权行为，都应承担赔偿责任。但从20世纪20年代后，对第1382条进行广泛解释的观点受到批判。

在英语中，学者译作“侵权行为”的“tort”是一个生僻的词汇。从词义来解释，“tort”是从拉丁语中“tortus”而来，意思是扭曲、不正常。该词也用于将人的手臂或腿砍掉的情形，所以它肯定有拷打、折磨的意思。除侵权行为外，“tort”没有其他含义，即从根本上讲，“tort”是指违反法律的行为。❶与英国法相似，美国侵权行为的概念的外延所涵括的内容非常广泛，几乎所有日常活动都有可能变成侵权，适用于各种对权利的侵犯。因此，在英美法国家，想给侵权行为下一个标准的定义是非常困难的。在英美法看来，侵权行为贯穿在所有法律领域，无所不在。近代以来，美国法律有由判例向成文法发展的趋势，但侵权法则一直保持判例法形式。据说不是不想成文化，而是难以成文化，直到1859年，美国的弗朗西斯·希利亚德（Francis Hilliard）才在其著作中把一个个具体的侵权行为放在一起，统称为“侵权行为”。❷

大陆学者中多数人只是约定俗成地使用“侵权行为”这一表述方式，对其内涵以及其原本的含义并没有做过多的研讨，只有个别学者指出，这一翻译并非十全十美。因为权利侵害只是“不法行为”的表象，不法行为的表现除侵“权”的行为外还包括侵害利益的行为。❸

就立法而言，《民法通则》并无侵权行为的定义性规定，其内容体现在第106条：“公民、法人由于过错侵害国家的、集体的财产，侵害他人财产、人身的，应当承担民事责任。没有过

---

❶❷　[德] 克雷斯蒂安·冯·巴尔著，张新宝译：《欧洲比较侵权行为法》，法律出版社2001年版，第7页。

❸　黄海峰：“违法性、过错与侵权责任成立”，见梁慧星主编：《民商法论丛（第17卷）》，第57页。

错，但法律规定应当承担民事责任的，应当承担民事责任。”在该条规定中，被侵害对象是“财产”“人身”，而不是“财产权”和“人身权”，这为我国学者将侵权行为概念中涉及的“权”划定在权利和利益的范围之内提供了依据。如史尚宽先生认为：“侵权行为者，因故意或过失不法侵害他人之权利或故意以悖于善良风俗之方法加损害于他人之行为也。”简言之，侵权行为是侵害他人权利或利益的违法行为。[1] 王泽鉴先生认为：“侵权行为是指不法侵害他人的权益，依法律规定，应对所生损害负赔偿责任的行为。”[2] 王利明先生认为：“侵权行为就是指行为人由于过错侵害他人的人身和财产并造成损害以及违反法定义务，依法应当承担民事责任的行为。”[3] 张新宝先生认为：“侵权行为是指民事主体非法侵害他人法定的民事权利和利益，依民法规定应当承担民事责任的行为。”[4] 杨立新先生认为：“侵权行为是指行为人由于过错，或在法律特别规定的场合不问过错，违反法律规定的义务，以作为或不作为的方式，侵害他人人身权利和财产权利及利益，依法应当承担损害赔偿等法律后果的行为。”[5] 张俊浩先生甚至认为，侵权行为属于开放型的概念，难为一般定义，只能从其法律要件上加以把握。

上述观点基本可以分为3种：一为过错说，认为侵权行为是一种过错行为；二为违反法定义务说，将侵权行为与违约行为相区别，确认侵权行为是违反法律规定的对一般人的义务，而不是约定的、仅针对特定人的义务，英美法学者多采此说，并对英美侵权行为构成理论影响巨大；三为过错与责任综合说，认为侵权

---

[1] 史尚宽：《债法总论》，台湾荣泰印书馆1978年版，第101页。

[2] 王泽鉴：《侵权行为法（第一册）》，中国政法大学出版社2001年版，第59页。

[3] 王利明：“侵权行为概念之研究”，载《法学家》2003年第3期。

[4] 张新宝：《中国侵权行为法》，中国社会科学出版社1995年版，第27页。

[5] 杨立新：《侵权法论》，人民法院出版社2004年版，第13页。

行为是由于过错造成他人损害而应承担赔偿责任的行为，大陆法系国家立法上多采此说。

一般认为，侵权行为具有4项基本特征：其一，侵权行为是侵害他人财产和人身的行为；其二，侵权行为的侵害对象是物权或人身权等绝对权；其三，侵权行为是行为人基于过错而实施的行为；其四，侵权行为是承担侵权民事责任的根源。[1] 目前，这一观点已经成为通说。

关于侵权行为法的概念，国外民法学者也存在不同的看法。一种观点认为侵权行为法是对过错的行为进行制裁或对过错行为的后果予以补救的法律。另一种观点认为，侵权行为法是协调人们之间的利益冲突的法律。还有一种观点认为，侵权行为法是侵权损害赔偿之法。我国《民法通则》颁布以前，民法学者大都将侵权行为法称为“侵权损害赔偿法”，实际上是采纳了国外学者的后一种观点。近年来，随着侵权行为法研究的深入，有学者指出，侵权行为法是有关侵权行为的定义和种类以及对侵权行为如何制裁、对侵权损害后果如何补救的民事法律规范的总称。[2] 从这一观点来看，侵权行为法已经从理论上超越了侵权损害赔偿为单一责任形式的固有框架。

有学者进一步注意到侵权行为一词中含有过错的含义，认为过错是侵权行为法中一个特定的概念，侵权行为的具体构成要件不等同于侵权行为的概念。

二、侵权行为构成要件与归责原则

侵权行为构成要件与归责原则是密切联系的两个概念。对于侵权行为构成要件的表述，学界存在不同的做法。在我国权威学

[1] 杨立新：《侵权法论》，人民法院出版社2004年版，第4页。

[2] 王利明：《民法典·侵权责任法研究》，人民法院出版社2003年版，第17页。

者的著述中，只谈及侵权责任的构成要件而未提及侵权行为的构成要件。[1] 但是这种说法并未得到其他民法学者的认同。许多学者仍然习惯用侵权行为的构成要件来阐释该概念所包含的内涵。在知识产权侵权行为研究领域，有学者强调，侵权行为的构成要件与侵权责任的构成要件不同，前者要解决的是侵权行为的认定问题，是一个法律判断和事实判断，而后者要解决的是责任的承担问题，是一个法律判断。[2] 笔者对此观点非常赞同。

正是因为学者对侵权行为概念内涵的把握存在歧义，才出现了表述不同的侵权行为的构成要件。从整体上看，学者对侵权行为构成要件的归纳，大致包括4项内容：行为的违法性、行为人的过错、行为造成的损害及其与侵权行为之间的因果关系。其中，主要的分歧在于是否将违法性作为侵权行为构成的要件。围绕这一问题，学者们形成了两种完全相对的观点（即三要件说和四要件说）。三要件说主要是法国法的思想，四要件说主要是德国法的思想，二者的根本区别在于违法性要件的问题。[3] 根据三要件说，侵权行为的构成要件包括过错、损害事实和因果关系三个要件，违法性不足以作为侵权行为的构成要件之一；三要件说认为，违法性并不是侵权行为的独立构成要件，违法性的概念应该被过错的概念所吸收。[4] 四要件说的观点是认为违法性不能为过错概念所吸收，违法性应当成为侵权行为的独立构成要件之

[1] 王利明、杨立新：《侵权行为法》，法律出版社2002年版，第54页；杨立新、张新宝、姚辉：《侵权法三人谈》，法律出版社2007年版，第98页。

[2] 蒋志培：《入世后我国知识产权法律保护研究》，中国人民大学出版社2002年版，第109页。

[3] 杨立新："中国侵权行为法理论体系的重新构造"，载《法律适用》2004年第7期。

[4] 王利明：《侵权行为法归责原则研究》，中国政法大学出版社1992年版，第396页。

一。[1] 这一争议至今仍无统一的认识。

撇开学者对侵权行为构成要件的争论，我们需要简单分析一下各构成要件的确切含义。

过错是侵权行为构成要件的重要因素。然而何谓过错，法律对此没有作出明确的规定。一般认为过错是一个主、客观要素结合的概念，是指支配行为人从事法律上和道德上应受非难的行为的故意或过失的主观状态。认定过错主要有两个标准：一是主观标准，主观标准是指通过判断行为人的主观心理状态来确定其有无过错。如果行为人在主观上无法预见自己的行为引起的结果，他对此结果不负任何责任；如果能够预见此种结果，则需要承担责任。[2] 二是客观标准。这一标准是通过某种客观的行为标准来衡量行为人的行为，认定行为人有无过错。例如，把一个合理人或“善良家父”的行为与行为人的行为进行比较，如果一个合理人或“善良家父”置于行为人造成损害时的客观环境不会像该行为人那样作为或不作为，那么行为人是有过错的；否则行为人是没有过错的。主观标准和客观标准都有其合理性，在民法中，一般注重运用客观标准。我国司法实践中，运用客观标准，就是要以一个合理的、谨慎的人的标准来衡量行为人的行为。

损害作为一种事实状态是指因一定的行为或事件使某人遭受侵权法保护的权益遭受某种不利益的影响。[3] 损害主要包括财产损失、人身伤害和死亡、公民的生命健康权以外的人格权遭受侵害以及精神损害。从损害的概念中，可以看出损害不等于损失，也不同于侵害。侵权行为法学者认为，损害须具有可补救性。即任何人身或财产上的不利益，只有在法律上被认为具有补救的可

---

[1] 杨立新：《侵权法论》，吉林人民出版社1998年版，第178页；张新宝：《中国侵权行为法》，中国社会科学出版社1998年版，第74页。

[2] 魏振瀛、王小能：“论构成民事责任要件中的过错”，载《中国法学》1986年第5期。

[3] 王利明、杨立新：《侵权行为法》，法律出版社2002年版，第55页。

能性和必要性时，才能产生民事责任。损害还必须具有确定性，不能确定的损害不得视为损害。同时，侵害是侵害合法利益的结果。合法利益是法律所保护的利益。我国民法对合法利益保护的范围极为广泛，它不仅包括法定权利，还包括法定权利以外的合法利益。

多数学者认为作为侵权行为构成要件中的因果关系是指违法行为与损害事实之间的因果关系。但这一观点遭到了部分学者的批评。在对前者持反对意见的学者看来，因果关系只是确定责任的一个要件，查找因果关系的目的不在于考虑行为人是否违法，而在于确定行为人的行为与结果之间的联系。因此侵权行为法中的因果关系是指行为人的行为及其物件与损害事实之间的因果联系。

归责原则是侵权行为法的基石。所谓“归责”，在德国学者拉伦茨看来，是指“负担行为之结果，对受害人言，即填补其所受之损害”。[1] 关于此点，各国法律原则是相同的，即被害人须自己承担所生的损害，仅于有特殊理由时，始得向加害人请求损害赔偿。诚如美国著名法学家 Holmes 所云：“良好的政策应让损失停留于其所发生之处，除非有所谓的特殊理由使其避免干预理由的存在。”因为使被害人得以向加害人请求损害赔偿，无论在法律规范或实际执行上，势必耗费资源或产生交易成本。所谓特殊理由指应将损害归由加害人承担，使其负赔偿责任的事由，学说上称之为损害归责事由或归责原则。

归责原则是指以何种根据确认和追究侵权行为人的民事责任，它所解决的是侵权的民事责任的基础性问题。换言之，归责的含义是指行为人因其行为和物件致他人损害的事实发生以后，应依何种根据使其负责。此种根据体现了法律的价值判断，即法律应以行为人的过错还是应以已发生的损害结果为价值判断标

[1] 李仁玉：《比较侵权行为法》，北京大学出版社1996年版，第47页。

准，抑或以公平考虑等作为价值判断标准，而使行为人承担侵权责任。

对于归责原则的体系，存在多种观点。❶ 第一种观点是一元论，即认为过错责任原则是侵权行为的归责原则；第二种观点是二元论，即认为过错责任和无过错责任共同构成侵权行为的归责原则体系；第三种观点是三元论 A，即认为过错责任原则、无过错责任原则和公平责任原则共同构成归责原则的体系；❷ 第四种观点是三元论 B，即认为过错责任原则、过错推定责任原则和无过错责任原则构成归责原则的体系。

所谓过错责任是指过错作为归责的构成要件和归责的最终要件，同时以过错作为确定行为人责任范围的重要依据。过错责任原则是民法上主要的归责原则，其产生和发展是法律文化的发展和人类文明进步的产物，也是侵权行为法长期发展的结果。过错责任原则具有确定行为标准、预防损害的发生以及协调利益冲突的功能。在 19 世纪曾经被上升为资产阶级民法的三大原则之一，如今过错责任原则在传统民法领域仍然有广阔的适用范围。

在侵权行为法中，无过错责任主要适用于法律有特别规定的情况。依《民法通则》第 106 条第 3 款的规定，“没有过错，但法律规定应当承担民事责任的，应当承担民事责任”。一般认为，该条揭示的就是无过错责任原则的适用。在侵权责任中，还存在着过错推定。过错推定是过错责任原则的发展，它是依附于过错责任原则，且可以包含在过错责任之中的责任形式，当然，过错推定已广泛适用于一些特殊的侵权行为，而且随着社会经济的发展，过错推定的适用范围也在不断扩大。但是，过错推定仍以过错为归责的最终要件。

---

❶ 杨立新、张新宝、姚辉：《侵权法三人谈》，法律出版社 2007 年版，第 80 页。

❷ 王利明：《民法典·侵权责任法研究》，人民法院出版社 2003 年版，第 76 页。

关于侵权行为归责原则的具体含义，存在争议。争议的焦点是侵权行为归责原则的“责”是指所有的侵权行为的民事责任还是仅指侵权民事责任中的损害赔偿责任。有学者认为侵权行为归责原则是确认和追究行为人民事责任的原则。有的学者认为侵权行为归责原则是侵权行为赔偿责任的原则。[1]

认为侵权行为归责原则是确认和追究侵权行为人的民事责任原则的观点，可以从我国《民法通则》中找到依据。《民法通则》第106条第2款规定“公民、法人由于过错侵害国家的、集体的财产，侵害他人财产、人身的，应当承担民事责任”；第118条规定“公民、法人的著作权（版权）、专利权、商标专用权、发现权、发明权和其他科技成果权受到剽窃、篡改、假冒等侵害的，有权要求停止侵害，消除影响，赔偿损失”。此处作为侵权人承担侵权民事责任的方式包括停止侵害、消除影响、赔偿损失等，可见，《民法通则》是就所有的侵权行为的民事责任来讨论归责原则的，而非单就损害赔偿讨论归责原则。持这种观点的民法学者主张承袭《民法通则》实施多年来的优秀传统，主张对侵权行为法的传统体系进行扩张。

认为侵权行为归责原则是侵权行为赔偿责任的原则，可以从侵权行为法的发展历史中找到依据。如《法国民法典》第1382条规定：任何行为使他人受损害时，因自己的过错而致损害发生之人对该他人负赔偿的责任。此后制定的《德国民法典》《日本民法典》等均作如此规定。所以这些国家和地区关于侵权行为的归责原则均是就损害赔偿请求而言的，这一点即使在英美法系国家也不例外。1988年《英国版权法》第97条规定，在版权的侵权诉讼之中，如果事实证明被告在侵权之时不知道，也没有理由知道认为其行为所及之作品享有版权，原告则不能要求损害赔

[1] 张军：《知识产权侵权行为领域研究》，经济科学出版社2005年版，第58页。

偿，但不影响其要求采取其他救济措施。[1] 可见在英国，行为人的过错作为侵权行为的归责原则是与其承担损害赔偿责任联系在一起的，而与其承担的其他责任形式无关。

另外从侵权法的理论来看，侵权行为的归责原则也是与损害赔偿责任紧密联系在一起的。根据大陆法系的法学理论，没有损害则无赔偿可言。损害事实是侵权行为赔偿责任首要的构成条件，这是因为侵权行为赔偿责任所表现的后果必然是对受害人损失的填补，在确定侵权行为赔偿责任的问题上，有损害存在是必要的条件，在这一前提下，任何归责原则的应用，都是在为侵权损害赔偿服务，此时侵权行为的归责原则也与损害赔偿有关。上述两种观点各执一词，难分优劣。

但是侵权行为法学者本身并没有直接回答这一问题，从学者们对侵权行为的概念、侵权行为的归责以及侵权行为构成要件的表述上，并没有明确指出有关制度体系是建立在损害赔偿这一责任形式之上的，但是归责原则的后果导致的是侵权行为之债，学者对此并不避讳。显然，只有在以损害赔偿为基点展开的概念阐释才是最符合侵权行为法理论体系的。也许，学者不愿就此承认这一狭窄范围的原因在于为侵权行为法的发展预留些许空间。

三、侵权的民事责任形式

承担侵权民事责任的方式简称为侵权民事责任形式。通说认为，其含义是指在法律上应负侵权责任的行为人，具体可以承担的民事责任形式。研究侵权民事责任方式的意义在于：如何通过正确的认定侵权行为人所应负的侵权责任形式，从而充分保护受害人的利益，制裁并教育不法行为人。

我国《民法通则》开创性地规定了 10 种民事责任方式，即

---

[1] Chon, Margaret, *Postmodern "Progress": Reconsidering the Copyright and Patent Power*. DePaul . L. Rev. , vol. 43 (Fall 1993) .

停止侵害、排除妨害、消除危险、返还财产、恢复原状、赔偿损失、支付违约金、消除影响等。侵权行为法学者认为，在这些责任形式中，除支付违约金形式属于典型的合同责任形式以外，其他各种形式均可以适用于侵权责任。❶ 有学者在进一步分析侵权行为责任形式的特征时指出，侵权民事责任的主要形式是赔偿损失，但又不限于赔偿损失。《民法通则》为充分保护各种民事权利，一改传统的民事立法体例，将民事责任形式从单一的损害赔偿扩大到各种责任形式，为侵权行为法独立于债法提供了根据，但在各种侵权责任形式中，最基本或最重要的还是损害赔偿，对于因损害事实而发生的请求权，大多数能以赔偿损失作为请求权的内容。

物上请求权是指以物权的存在为前提，在物权的内容受到侵害时所产生的请求权。物上请求权主要包括停止侵害、排除妨害、返还原物、恢复原状等。在传统的大陆法系民法中，物上请求权是一种独立的请求权，并且是作为对物权的重要保护方法在民法中加以规定的。我国现行立法并未将其视为一种独立的请求权，仅仅存在于学理之中。❷《民法通则》在民事责任一章采纳了广义的侵权的概念，将各种侵害物权或妨害物权实现的行为均视为侵权，并适用侵权请求权，排斥了物上请求权的适用。这种规定将停止侵害等形式作为民事责任形式的规定，扩大了这几种形式的适用范围，其实质是以侵权请求权吸收物上请求权。

关于物上请求权与侵权责任形式的关系，有三种观点：其一认为物上请求权属于绝对权的请求权，它与侵权责任形式分属两个体系，互相之间无法兼容；❸ 其二认为可以由侵权请求权替代

---

❶ 王利明、杨立新：《侵权行为法》，法律出版社1996年版，第97页。

❷ 也有学者认为，物上请求权不仅是一个学理上的概念，也是我国司法上明确的一个概念。这一观点是从解释相关法律规定的角度形成的，我国民法与民事诉讼法并无直接有关请求权的表述。

❸ 崔建远："绝对权请求权或侵权责任方式?"，载《法学》2002年第11期。

物上请求权，物上请求权作为绝对权的请求权，可以被侵权责任形式所吸收，内化为侵权责任形式，在侵权行为法之外不必再规定物上请求权；[1] 第三种观点认为，不排斥以侵权请求权完全替代物上请求权，但是这种方式对于处理侵权纠纷不利，主要表现为在某些情况下，过错原则无法适用。即使未来民法典将停止侵害等作为侵权民事责任形式，也应在物权立法上设立物上请求权制度。[2]

持第一种观点的学者所固守的是传统民法理论；持第二种观点的学者的依据是《民法通则》的立法与实践经验，是对传统侵权行为法中侵权责任体系的进一步扩展，同时避免侵权请求权与物上请求权的竞合；持第三种观点的学者，不反对扩展侵权责任体系，但强调仍应保留物上请求权制度。

综上所述，民事侵权行为的理论体系是建构在大陆法系民法的基础上的。近年来，随着学者研究的深入，侵权行为法得到了一定的发展，不少学者均根据目前所处的社会经济基础的特点对侵权行为法的相关概念进行诠释，对侵权行为基础理论的发展和侵权行为法体系的完备起到了一定的推动作用。但是侵权行为法体系内部的矛盾还是清晰可见的，如部分学者在界定侵权行为的概念时，已经突破了原来以过错为核心的定义方法，分清了侵权行为与侵权行为的构成的界线，打破了传统侵权行为法以损害赔偿为单一责任形式的固有框架，侵权行为归责原则体系日益多元化等，但是这些变革都无法解释过错原则在适用于停止侵害等责任形式时的理论困境。换言之，既然停止侵害为责任形式的一种，为何其责任的构成不以过错为要件，而该情形又不属于无过错原则以及其他归责原则的适用范围。显见，侵权行为法虽已经

---

[1] 魏振瀛：《物权的民法保护方法——是侵权责任，还是物权请求权?》，载中国民商法律网。

[2] 杨立新、张新宝、姚辉：《侵权法三人谈》，法律出版社2007年版，第100页。

较传统侵权行为理论有所发展，但是其各种规则只有在解释侵权损害赔偿责任时才最为完美，面对其他责任形式，侵权行为法的基本理论不免显得捉襟见肘。尤其是面临知识产权这一新型且特殊的民事权利时，侵权行为法的不足更加清晰可见，这不能不说是侵权行为理论体系自身的缺陷，一个囿于传统侵权行为理论且仅完全适用于损害赔偿责任形式的侵权行为法，很难称为真正的侵权行为法，或可称为侵权损害赔偿法。基于此，有学者对侵权行为法是否可以达成规制知识产权侵权行为的任务感到信心不足，认为侵权行为法理论体系是否可以实现“旧瓶装新酒”，其结果还需拭目以待。[1]

第二节　内外动因促使侵权行为理论产生变革

上节所述的民事侵权理论自身的体系缺陷以及侵权行为理论体系内部概念的分歧，都反映出这部法律规范自我调适和自我完善的内在需求。

许多根本概念经过多年争论未果的现实也促使侵权行为法学者开始反思这一理论体系的构成元素。在侵权行为法自身体系尚存疑惑的情况下，用其实现对知识产权这一新型权利的妥帖保护恐存疑难。同时，众所周知，知识产权虽属私权，但是其性质远不同于一般的民事权利。

鉴于知识产权的权利客体、权利本体以及权利载体之间的非直观联系，对于一项知识产权的侵害后果绝不会等同于对物权等绝对权的侵害后果。概言之，对于物权或人身权等权利的侵害，由于权利载体与权利本体本身紧密联系，直接作用于权利载体上的侵害行为必然同时造成权利本体的利益损害，造成损害事实，

[1] 参照尹田教授于2008年在武汉中南财经政法大学的讲座“侵权行为法的历史发展”中所阐述的观点。

进而可以选择适用损害赔偿责任并进行合理归责。然而，对于知识产权而言，对权利载体的侵害与对权利本身的侵害不同，作用于权利载体上的侵害行为并不必然造成侵害事实，这一现象颠覆了人们对民事侵权行为构成要件的基本认识，对于无损害事实就不构成侵权进而不需承担侵权责任的理论提出了挑战。

要切实解决民事侵权行为在知识产权侵权行为领域的适用，必须对现有的侵权行为理论进行拓展。因此，可以说民事侵权行为理论体系内部的不周延和调整知识产权侵权行为的客观要求是民事侵权行为完善自身体系、顺时变革的内在动因。

同时，我国民事基本法的立法工作已经进入了实质性阶段，侵权行为法已经脱离债法而独立成编，跳出债法樊篱的侵权行为法必须对自己的独立成编提供有力的理论依据，发展侵权行为法理论体系是完成该理论准备的基础。这一立法动向构成了侵权行为法变革的外在动力。

事实上，学者已经注意到，新世纪的侵权行为法已经呈现出了七大趋势，这些趋势无不昭示着侵权行为理论体系的重新建构。[1] 基于此，民事侵权行为法实则有变法完善的内外根基。

一、传统侵权行为理论的适用困境

传统侵权行为理论在解释知识产权侵权行为时，显示出了缺陷，也可以说知识产权这一新型权利而引发的侵权行为对传统民事侵权行为理论提出了有力的挑战，对侵权行为理论体系造成了一定程度的冲击。具体表现为传统侵权行为理论在知识产权侵权行为领域的适用困境。

在此，本书先从分析侵权行为法相关概念入手，归纳我国侵权行为研究的不足。

---

[1] 王利明："侵权行为法的发展趋势（上）"，载中国民商法律网。

1. 从“侵权行为”、“构成要件”到“归责原则”

前文已经介绍了民事侵权行为理论中的相关重要概念，我们仔细比较一下对侵权行为概念所做的各种界定就可以看出，上述定义都是以法律责任为出发点的，这是大陆法系法学家所常用的定义方法。正如一位法国比较法学家所言：“大陆法的法学家并没有什么侵权行为的概念，他们在表述中宁可使用‘责任’这个字眼。”[1] 而且，这些定义仅仅从侵权行为的概念出发，并没有明确指出其与损害赔偿责任的惟一联系。

这种学理定义遭到了我国民法学者的批评，却被我国民事法律所采纳。我国《民法通则》创造性地采用了民事责任的立法模式，在民事权利一章里设立了有关民事责任的一般性条款。这种做法突破了传统侵权行为法以损害赔偿为侵权行为的主要法律后果的做法，受到部分学者的称赞，[2] 同时也受到了一些学者的批评。诚然，《民法通则》的这一规定创立了侵害人格权的民事责任形式，突出了对人格权的保护；使民事责任具有开放性，为以后增加新的民事责任形式留下了空间。

(1) 对侵权行为内涵的合理界定。

侵权行为是产生法律责任的前提，而法律责任则应该是侵权行为的必然后果。如果以行为后果为起点来阐释侵权行为概念的内涵，那么在逻辑上就存在商榷之处。从我国民事法律的具体规定深入分析，可以看出这种定义方式的问题所在。

依据我国《民法通则》第106条第2款的规定，在一般侵权行为中，侵权行为本身并不一定导致民事责任的产生，[3] 只有在

---

[1] Andre Tunic, *International Encyclopedia of Comparative Law* Vol. XI, chap1, p. 9.

[2] 魏振瀛：《物权的民法保护方法——是侵权责任，还是物权请求权?》，载中国民商法律网。

[3] 顾昂然等：《中华人民共和国民法通则讲座》，中国法制出版社2000年版，第217页。

行为人有过错时，才需要承担民事责任。当以是否应承担“民事责任”、“法律责任”或“损害赔偿责任”来限定侵权行为时，其直接推论是“无需承担法律责任的行为便不是侵权行为”。[1]而是否应承担法律责任或民事赔偿责任的核心问题是侵权行为法的归责原则需要解决的问题。进而，对于一般侵权行为而言，若侵权行为已经发生，但致害人无过错，依据过错责任，致害人的行为不构成侵权，则无需承担包括停止侵权在内的民事责任。这种依据《民法通则》第106条第2款和第134条第1款推导出的结论显然是不合情理的。之所以出现这种情形是由于传统民事侵权行为理论的根基建立在损害赔偿这一惟一责任形式之上，虽然承认除此之外还有其他形式的民事责任，但是侵权行为的各归责原则中所意指的“责”仅指损害赔偿。依照法理，停止侵害的适用，只问侵害是否存在，只要侵害存在，不问行为人有无过错或可否归责，也不问受害人是否有损害，侵权行为人均应停止该侵权行为。[2]可见，以损害赔偿为核心定义侵权行为存在理论上的不周延，这也是民事侵权行为理论不周延的一个具体体现。

另外，从以上对侵权行为概念的不同定义方式以及侵权行为概念最初的含义可以看出，侵权行为最初的含义是不仅包括侵害“所有权和其他权利”的行为，也包括侵害受到法律所保护的利益，还包括《德国民法典》第826条规定的以违反善良风俗的方法故意对他人施加的侵害，这是一个广义的范畴。这一概念只是对一个行为人侵害行为的法律事实予以描述的概念，并不涉及当事人的主观恶性以及行为所致的损害和行为人应当承担的后果等内容。在后来学者对侵权行为下定义的时候，却不免加入了行为人的主观恶意、损害的发生及其与侵权行为之间的因果关系以及

---

[1] 张广良：《知识产权侵权民事救济》，法律出版社2003年版，第26页。

[2] 曾世雄：《损害赔偿法原理》，三民书局1996年版，第3页。

民事责任的承担等内容。[1] 如有学者强调，仅有侵权的行为而无损害，不构成侵权行为，损害既包括物质和金钱的损害，也包括人身损害和精神损害。[2] 类似的观点是以损害的发生来界定客观行为是否具有侵权行为的性质，认为没有造成损害的行为就不能构成侵权行为。[3] 再如，在对侵权行为的概念进行诠释的过程中，一些学者认为，侵权行为是行为人基于过错而实施的行为。[4] 侵权行为必定会给他人或国家、社会造成一定的损害，但造成损害并不是侵权行为的本质属性。在某些情况下，当事人实施的行为造成一定的损害，但由于行为人没有过错，因此也不构成侵权行为。这种观点在传统民法学界占据了主导地位，进而成为学界的通说，直接影响到我国法律的相关规定。

从《民法通则》规定的形式看，我国民法将过错作为侵权行为的必备要件。这意味着承认侵权行为是行为人基于过错而实施的行为。因此在过错的概念中，不仅包括了行为人主观状态的不正当性和应受谴责性，还包括了客观行为的违法性。[5] 在这种思想的影响下，侵权行为被定义为行为人由于过错侵害他人的财产、人身，依法应承担民事责任的行为，以及法律特别规定应对受害人承担民事责任的其他致害行为。[6]

这种理论上的固有思维模式在传统财产法领域也许不会显出特别的不足，但一旦财产权体系扩展到涵盖无形财产权，这一思维模式的缺陷就显现出来了。在知识产权侵权领域，由于权利本体与权利载体的非直接联系，再加之知识产权权利客体的无形性

[1] 阳平：《论侵害知识产权的民事责任——从知识产权特征出发的研究》，中国人民大学出版社2005年版，第47页。

[2] 王利明、杨立新：《侵权行为法》，法律出版社2002年版，第2页。

[3] 阳平：《论侵害知识产权的民事责任——从知识产权特征出发的研究》，中国人民大学出版社2005年版，第46页。

[4] 徐棣枫：《专利权的扩张与限制》，知识产权出版社2007年版，第40页。

[5] 《中华人民共和国民法通则》第106条第2、3款。

[6] 王利明、杨立新：《侵权行为法》，法律出版社1996年版，第1页。

和权利范围的无形性以及法律的拟制性，他人没有过错而无意闯入的可能性较之物权等权利要大得多，闯入者的侵害行为并非都可以直接作用于权利本体本身，因此造成侵害事实的情形却要较物权领域少得多。基于过错和损害事实为构成要件的侵权行为构成要件在知识产权侵权行为领域失去了适用的市场。

其实，考察世界各国关于侵权行为的立法可以发现，侵权行为的界定都毫无疑问着眼于侵权行为的赔偿责任，并无给予侵权行为一个理论上的定义之意。[1] 因此，以各国民法典为据阐述侵权行为时，难免有与侵权行为民事责任或侵权行为民事赔偿责任的定义混淆的嫌疑。著名侵权行为法学者冯·巴尔教授所著的《欧洲比较侵权行为法》汇集了西欧所有重要国家的侵权损害赔偿法律和欧盟这一领域法律的一体化进程，但是这本著作的全文涉及的侵权行为的“损害赔偿责任”，极少涉及诸如“停止侵害”、“排除危险”、“赔礼道歉”等等“民事责任”。在哪怕稍许触及“停止侵害”、“排除危险”之类的民事责任时，书中也往往要强调：有关问题仅仅在“损害赔偿法的调整范围内讨论”。[2]

依照以上分析，笔者认为，我国学者将损害因素以及行为人的主观过错作为考察行为人的行为是否构成侵权的一个重要指标的做法，使侵权行为的概念更加复杂化，偏离了侵权行为概念最初产生的原意，直接导致了关于侵权行为构成要件的复杂界定并因此与损害赔偿之债的成立要件相混淆，这一混淆在以有形财产为核心的传统民事侵权行为领域造成的影响还不甚突出，而在无形财权领域，就显出民事侵权行为理论的不足来。诚然，在许多情况下，侵权行为是行为人基于过错而实施的非法行为，但过错

---

[1] 张军：《知识产权侵权行为领域研究》，经济科学出版社2005年版，第43页。

[2] 郑成思：“侵权责任、损害赔偿责任与知识产权保护”，载《环球法律评论》2003年冬季号。

绝不是判断其是否属于侵权行为的必要条件。现行法律规定：在特定情况下，行为人没有过错而致人损害的，也构成侵权行为，承担民事赔偿责任。学者习惯将这种情况称之为特殊侵权行为的民事责任，但是这一规定仍旧局限于对受害人损失的填补的民事责任形式。但是，在知识产权领域，如果行为人主观上没有过错，侵犯他人合法权益，即使没有造成受害人损失，性质上也属于侵权行为，也应承担相应的民事责任，只不过这一民事责任的形式未必就是损害赔偿，这一点是毋庸置疑的。

同时，《民法通则》以民事责任这一法律后果出发对侵权行为概念的侧面描述，容易使人产生歧义。在知识产权侵权行为领域，这一问题显得更为明显，由于知识产权是一种无形财产权，其与一般民事权利最大的区别在于，知识产权的权利客体表现为一种无形的信息，知识产权的物化载体与其权利本体是相互分离的，对知识产权权利本身的侵害并不必然造成对知识产权物化载体的侵害，因而侵权行为的发生并不意味着损害事实的造成，这与传统民事侵权行为中物权等绝对权遭受侵害不同。

尽管我国《民法通则》将侵权行为的民事责任从损害赔偿责任扩大到各种民事责任，但仍没有脱离侵权行为的民事责任的范畴。在传统民法中，侵权行为的法律后果是产生侵权行为之债。如果我们依据这些立法规定去抽象它的意义，那必然是一个关于侵权行为民事赔偿责任或民事责任的定义，而非侵权行为的定义。而侵权行为与侵权行为民事责任的含义以及侵权行为赔偿责任的定义绝非同一概念。事实上，一些学者的有关知识产权侵权行为归责原则的讨论是将其限制在需要承担损害赔偿责任的那部分侵权行为的范围之内的。[1] 在这种情形下讨论知识产权侵权归责原则显然不具备完整性。

侵权行为与民事责任有关，二者联系的纽带便是归责原则，但责任形式与侵权行为不是同一个逻辑层次的问题。如果我们把确定侵权行为人的行为是否构成侵权作为第一层次要解决的问题的话，那么侵权行为人要负何种责任以及责任的范围有多大，实则是第二层次要解决的问题。对于侵权行为，行为人是否应承担民事责任以及承担何种形式的民事责任，这是侵权行为法的归责原则、民事责任形式及其适用所解决的问题，而不是侵权行为的概念所应解决的问题，将两种层次的问题混为一谈的结果是侵权行为概念的混淆和有关归责原则的本不存在歧义的争论。因此，有部分学者认为，应该抛开民事责任与归责原则给侵权行为下定义。[2] 笔者同意这一观点。

基于以上分析，笔者认为侵权行为是指行为人不法侵害他人合法权益的行为。从侵权行为的定义可知，侵权行为应该包含两个基本特征。

第一，侵权行为是一种不法行为，具有违法性。

违法表现为违反各种有效法律的强制性规定且没有法定的抗辩事由，或者说违法就是法律主体违反法律对其规定的基本义务。知识产权具有法定性的特征。在专利法领域，侵权行为的违法性表现在未经专利权人许可实施其专利技术，违背了义务人应

---

❶ 吴汉东："试论知识产权的物上请求权与侵权赔偿请求权——兼论《知识产权协议》第45条规定之实质精神"，载《法商研究》2001年第5期；张玉敏："侵害知识产权民事责任归责原则研究"，载《法学论坛》2003年第5期；蒋志培："TRIPs肯定的知识产权侵权赔偿的归责原则和赔偿原则"，载《法学论坛》2002年第4期；沈木珠等："WTO知识产权协议侵权归责原则"，载《现代法学》2001年第6期。

❷ 阳平：《论侵害知识产权的民事责任——从知识产权特征出发的研究》，中国人民大学出版社2005年版，第47页；张军：《知识产权侵权行为领域研究》，经济科学出版社2005年版，第119页；张广良：《知识产权侵权民事救济》，法律出版社2003年版，第27页。

承担的不作为义务，并且没有法定的抗辩事由，其行为就具有违法性。违法性是侵权行为的基本性质，这是在各国民法理论和民事法律规定中达成的共识。侵权行为这一概念本身，就体现了法律对侵权行为违法性的谴责。

第二，侵权行为是一种侵犯他人合法权益的行为。

侵犯他人合法权益就是侵犯了他人的、为法律所保护的权利和利益。至于该侵犯行为是否一定造成了权利人的利益损害并不影响其侵权行为的成立。其中，“合法权益”主要是指民事权利中的绝对权，包括物权、人身权、知识产权，以及法律所保护的利益即“法益”。至于相对权如债权是否属于侵权行为的对象，则要看各国对于侵害债权理论的认同及法律对此的态度。在我国，侵害债权于法律规定而言暂时未被认可，学理上承认特殊情况下的债权可以成为侵权行为的客体。

具体到知识产权领域，知识产权具有专有性，或称独占性（排他性），其专有性主要表现为权利主体有权依法独占、使用其享有知识产权的智力成果，并有权禁止他人未经其许可和没有法律依据而使用。因此，侵犯知识产权的行为也就相应地表现为未经知识产权人许可和法律的许可行使了知识产权人所享有的排他性权利的不法行为。在确定是否构成知识产权侵权行为的过程中，过错和实际损失不应当成为考虑的因素，但是一旦侵权构成之后，在确定是否该承担侵权损害赔偿责任时，则需要另做分析。

（2）侵权行为的构成。

笔者认为，侵权行为的构成与侵权责任的构成是两个既相互联系又具有区别的概念，侵权行为的构成要件和侵权责任的构成要件也是不同的。简言之，侵权行为的构成研究的是成立一项侵权行为所包括的构成条件，侵权责任构成要件则是指侵权行为构成后，据以承担责任的条件。理论上说，侵权行为的结果必然是承担侵权责任。不同的侵权责任具有不同的构成条件，而侵权行为则具有一致性的构成条件。大陆法系国家关于侵权行为的规定，其中一个显著的特点就是侧重于构成要件的规定。[1] 侵权行为的定义中对侵权行为内涵的界定，显然成为确定侵权行为构成要件的依据。在一定意义上，细化侵权行为的构成要件就是对于侵权行为内涵界定的具体化。

我国有的学者在研究知识产权侵权行为的构成要件问题上，认为知识产权是民法的特别法，应沿用民法上给侵权行为下定义时的同一理念，适用民法侵权行为的构成要件来分析知识产权侵权行为的构成要件。这恰恰是没有考虑到知识产权侵权行为的特殊性。[2]

(3) 侵权行为归责原则。

在传统民事侵权行为法上，归责原则主要解决的是侵权人在一定的主观状态下是否承担和如何承担赔偿责任的问题。这一认识在知识产权侵权行为领域（在人身权遭受侵害领域情况也类似）也存在一定的问题。随着社会经济状况的发展和人们精神需求的增加，人们对侵权行为人所提出的诉求不仅包括损害赔偿，在某些情况下甚至会选择赔偿之外的其他方式，而且既然侵权责任形式不限于损害赔偿，还包括停止侵权等其他责任形式，原有的以损害赔偿为核心的归责原则就失去了它适用的根基，而应添加其他归责原则。学界一致承认，对于损害赔偿之外的责任形式（如停止侵害民事责任的承担）与当事人的主观状态无关，也就是说，不管行为人有无过错，只要其行为被确定为是侵权行为就必须无条件地停止侵权行为，行为人不能因为自己没有过错就继续实施侵权行为。消除影响、恢复名誉、赔礼道歉主要针对的是人身方面的损害所应承担的责任，这些责任的承担应注重损害行

---

[1] 吴汉东："试论知识产权的物上请求权与侵权赔偿请求权——兼论《知识产权协议》第45条规定之实质精神"，载《法商研究》2001年第5期。

[2] 张军：《知识产权侵权行为领域研究》，经济科学出版社2005年版，第71页。

为而不管行为人的主观状态。

关于侵害知识产权的归责原则，我国法律未作出明确规定，学界对此主张不一。根据民法学者的通说，知识产权侵权行为属于一般侵权行为，在归责原则上适用过错责任原则，[1] 此即一元归责原则。在侵权行为法上，一般侵权行为是与特殊侵权行为相对应的一个概念，其含义是指行为人因过错而实施的、适用过错责任原则和侵权责任的一般构成要件的侵权行为。

但是，知识产权法学者并不同意这一观点，多数学者认为，应当采用二元归责原则，即在采用过错责任原则的基础上补充适用其他归责原则。[2] 其中有代表性的观点主要有两种。

一是以无过错责任原则为补充原则，具体办法是在侵权知识产权领域内，对于未经许可复制或作为直接传播的第一步适用无过错责任原则，对于其他侵犯知识产权的行为则采用过错责任原则。[3] 有学者进一步将这一观点概括为直接侵权行为适用无过错责任原则，间接侵权行为适用过错责任原则。[4] 这种观点遭到了部分学者的强烈反对，认为无过错责任原则的适用会导致拔高我国知识产权保护水平的后果，对我国的经济和文化发展不利。[5]

二是主张在适用过错责任原则的基础上补充适用过错推定原则。[6] 以上观点虽然未达成统一，但是至少有一点认识是共同

[1] 王利明、杨立新：《侵权行为法》，法律出版社1996年版，第127页；刘波林等："侵害著作权的过错责任"，载《著作权》1996年第4期。

[2] 吴汉东：《知识产权法》，法律出版社2006年版，第25页。

[3] 郑成思："侵害知识产权的无过错责任"，载《中国法学》1998年第1期。

[4] 孟祥娟：《版权侵权认定》，法律出版社2001年版，第74页。

[5] 张玉敏："侵害知识产权民事责任归责原则研究"，载《法学论坛》2003年第5期；沈木珠："中国知识产权保护与无过错责任原则之适用"，载《财经问题研究》2003年第3期。

[6] 吴汉东："知识产权保护论"，载《法学研究》2000年第1期；蒋志培："TRIPs肯定的知识产权侵权赔偿的归责原则和赔偿原则"，载《法律适用》2000年第10期。

的。即学界普遍接受侵犯知识产权的行为归属于一般侵权行为的大类之中。其依据是我国《民法通则》对侵权行为采取的是二元归责体系：一般侵权行为适用过错责任原则，法律有特别规定的情形方适用无过错责任原则。而且一般认为，侵害知识产权的行为不属于法律规定的特别情形，因此应当适用过错责任原则。再者，无过错责任原则是随着工业革命的完成而应运而生的，它的重要使命在于处理现代化社会大生产中诸如高度危险作业、环境污染等致人致害的损害赔偿责任问题，突破了过错行为人须为自己的行为负责的限制。无过错责任原则主要适用于社会必要经济活动所致的损害，与具有“反社会性的”侵犯他人知识产权的行为的性质不同。[1] 因此侵害知识产权的行为不属于特殊侵权行为，而应纳入一般侵权行为来对待，对其规制的目的不在于分担损失而在于追究行为人的侵权责任。

因此，民事侵权行为理论的归责原则在知识产权侵权行为领域的适用面临障碍，在知识产权学者与民法学者的争论中，知识产权侵权行为究竟适用何种归责原则至今仍无定论。

笔者认为，如果以现有的民事侵权行为理论为讨论基础，从广义范围上探讨知识产权侵权行为的归责（不限于损害赔偿责任）原则存在理论上的缺陷。这是由于知识产权是一个集体概念，其由一系列权利束组成，版权、专利权、商标权以及集成电路布图设计专有权、地理标志权和厂商名称权等都是这一权利集体中的成员，随着科技的发展和社会的进步，这一权利集体的成员还有扩展之势。因此，要想找寻出适合这一权利体系的统一的知识产权侵权归责原则是一件困难的事情。可以支持这一结论的最典型和直接的证据就是，在知识产权领域，知识产权的概念至今尚未有明确定论，且所谓的知识产权的特征并非是每一项知识产权的自有特征，目前，知识产权是具有一系列共同特征同时又

[1] 吴汉东：《知识产权法》，法律出版社2006年版，第27页。

兼具特性的权利体系。但是若是仅仅在传统民法基础上，以损害赔偿责任为基点来探讨侵犯知识产权的归责原则，问题要容易统一得多。若将知识产权侵权行为的归责原则限制在损害赔偿范围内，笔者倾向于同意过错责任原则为主、以过错推定原则为辅的二元归责原则。但若笼统的讨论知识产权侵权行为的归责原则，笔者认为，这是犯了概念混淆的错误，目前的有关知识产权侵权行为归责原则的争论没有将其中的“责”限制在损害赔偿责任范围以内，而包括停止侵权等其他责任形式，在此基础上有关侵权行为归责原则的讨论不在同一个平台上，因而是不可取的。

综上所述，传统侵权行为是以损害赔偿为核心建立起来的体系，这一体系从侵权行为的概念、侵权行为构成、侵权行为归责原则均从侵权行为法的补救功能出发，意图通过侵权行为法的矫正作用来弥补被侵权人的权益损失。但是，这一传统方式是在与以财产为核心的时代相适应的，在知识经济时代，无形财产权的重要性日益凸显，对无形财产权的侵害并不必然造成对权利人的利益损失，相应地，单一的以损害赔偿为主的侵权责任形式不能适应保护知识产权的需要。而且，如前所分析，传统侵权行为理论中，侵权行为的概念、侵权行为构成要件、侵权行为归责原则在知识产权侵权行为领域的适用上面临诸多困境，只有在此基础上有所突破，才能达到制止侵权，切实维护权利人私有权益的保障作用。

2. 知识产权侵权行为是一类异于传统侵权行为的新型侵权行为类型

知识产权侵权行为属于民事侵权行为的范畴，其侵权行为具有不法性和应受责难性。同时，侵犯知识产权的行为由于其侵害对象不同于其他民事权利，从而表现出自己独有的特征。

一是侵权形式的特殊性。在侵权行为中，对于财产权的侵犯往往是直接作用于客体的本身，与客体之间的联系是直接而紧密的。对于知识产权的侵犯则主要是剽窃、使用和篡改作者或创造者的思想内容及其表现形式，与知识产品的物化载体无关，而且并不排斥或影响权利人对其知识产品的继续使用。

二是侵权行为的技术性。侵犯知识产权的行为与具有智力创造性特征的知识产品利用行为相联系，具有相当程度的技术含量。涉及知识产品的侵权行为大都技术手段高明，较之一般财产权侵害有着更大的隐蔽性和欺骗性。

三是侵权范围的广泛性。由于知识产品的非物质性和公开性特征，对同一知识产品的数个甚至数十个侵权使用完全可能在不同地域同时发生，而合法使用与侵权使用在同一时空条件下发生的情况也屡见不鲜。在非法使用或利用知识产品的过程中，受侵害的对象往往还不是某一单项权利。

知识产权侵权行为的特殊性不仅表现在其侵权行为本身具有的异于传统民事侵权行为的特征，还表现在对传统侵权行为理论适用上的特殊性。

TRIPs 协议开宗明义地指出：知识产权属于私权。这一认识已经得到所有缔约国成员的认可。[1] 在理论上可以推论，在私法领域，有关规制知识产权侵权行为的法律规范的渊源理应包括民法和知识产权法。其中，民法是规制侵权行为的普通法，民法上的侵权行为理论对知识产权侵权行为的规制具有指导作用，知识产权法是规制知识产权侵权行为的特别法，在法律适用时采取特别法优于普通法的适用规则。只有当特别法中没有相应的规定时，才需要从普通法中寻找原则和依据。但是，在立法和理论研究以及司法实践中，我们都难以找到两种侵权行为相互依托的证据。

首先，从各国的立法上看，自知识产权制度在西方发达国家诞生之日起，无论是秉承大陆法系传统的国家，还是崇尚判例法

---

[1] The Legal Texts, *The Results of the Uruguay Round of Multilateral Trade Negotiations*, Cambridge University Press, 2000.

的英美法系国家，其国内的有关知识产权的法律规范都是成文法，且多以单独立法的方式出现在世人面前，成为民事立法上的一个特例。即使是在第二次立法的浪潮中，各国立法者也没有将各个知识产权法律完整整合而编入民法典，或虽付出努力却未有圆满结果。作为近代范式民法典的《法国民法典》和《德国民法典》，其编纂活动分别完成于19世纪初叶与末期，其民法典体系取材于罗马法的《法学阶梯》或《学说汇编》。这些国家的知识产权立法早在民法典编纂之前大体就绪，且这些新兴的财产权制度又多为英国的“舶来品”，因此近代欧洲大陆的范式民法典未能将知识产权制度纳入其体系之中，将知识产权制度纳入民法典的努力又不可谓成功。[1] 因此，民事基本法基本没有实现对知识产权制度的融合，更加没有包含知识产权侵权行为的规定。

造成这种情况的原因一方面在于，知识产权侵权行为的研究要远远落后于民事侵权行为的研究；另一方面在于，知识产权学者已经深刻地认识到，这是一类侵权行为与民事侵权行为所具有的重大差异，以至于民事侵权行为对其具有的指导和参照作用已经十分微弱。其实，对于知识产权侵权行为的性质和规制规则，民法学者也感到不太有把握。虽然有学者认为知识产权是侵权行为法调整的权利范围，对知识产权的保护主要是通过侵权法的保护来实现，且认为知识产权侵权行为应归类于一般侵权行为。[2] 但是，在民法学者的著述中，有关进一步研究知识产权侵权行为的论述几乎没有。有学者在其著作中说道：根据侵权行为法的内在体系，侵害知识产权的责任本应作为一项重要的制度在侵权行为法中加以阐述，但考虑到知识产权法已经单独成为一本，故在其著作中不再探讨[3]。笔者认为，这一理由不足为据。不知是巧

[1] 吴汉东：“国际化、现代化与法典化——中国知识产权制度的发展道路”，载《法商研究》2004年第3期。

[2] 王利明、杨立新：《侵权行为法》，法律出版社1996年版，第16页。

[3] 同上书，第130页。

合还是遗漏，这种回避知识产权侵权行为的情况不仅存在于该学者的著述中，还广泛存在于其他学者的有关侵权行为法的著作中，在所有的有关侵权行为的著述中，几乎无一例外的没有将知识产权侵权行为作为一种侵权行为加以研究和探讨，这一现象在前段时间内民法典草案学者建议稿中也有体现。几个学者建议稿的共同做法是将知识产权有关规定以及侵犯知识产权的行为交由知识产权特别法来规定。仅在草案的总则部分安排了数个宣示性的条文涉及知识产权这一民事权利，而在侵权行为法编中，仅仅规定了侵害他人知识产权所应承担的民事责任，至于侵权行为的构成要件，依据何种归责原则确定侵权行为人的责任范围等问题，草案中均未有论及。在民法学者广泛承认知识产权是一项重要的民事权利的前提下，遗漏之说似乎站不住脚。

无独有偶，在国外有关侵权行为的著述中，也少有论及知识产权侵权行为的。[1] 在大陆法系国家掀起的第二次民法典编纂浪潮中，这种忽视知识产权侵权行为的情况也颇为常见。[2] 知识产权法成为一个法典编纂难以妥善解决的问题，知识产权侵权行为的研究工作也自然地交由知识产权学者来完成了。

司法实践中的情况也比较相似。鉴于知识产权侵权行为与民事侵权行为适用程序和审理规则上的区别，多数国家采用了以设置专门的知识产权法院来受理知识产权侵权案件的方式，来分别处理知识产权侵权行为和民事侵权行为。近年来，主张改革我国知识产权司法制度的一项重要提议就是建立专门的知识产权法院，这都从侧面揭示了知识产权侵权行为与传统民事侵权行为的差异。

此外，知识产权侵权行为的表现形态也较民法上的一般侵权

---

[1] 尹田："论中国民法典总则的内容结构"，载《比较法研究》2007 年第 2 期。

[2] 胡开忠："知识产权法典化的现实与我国未来的立法选择"，载《法学》2003 年第 2 期。

行为丰富。知识产权侵权行为的类型中，既有直接侵权，又有间接侵权（辅助侵权），既有共同侵权，又有单方侵权，既有自己责任，又有雇主的替代责任，既有一般侵权行为，又有特殊侵权行为。

综上，笔者认为，这种传统侵权行为研究忽视知识产权侵权行为的现象绝不仅仅是因为知识产权法已经成为一部单行法。更深层次的原因也许在于，即使是造诣深厚的民法学者对知识产权侵权行为的本质特征及其构成要件等问题也有困惑之处。其实，只要我们以民法上的一般侵权行为和特殊侵权行为作为参照物，仔细比较其与知识产权侵权行为的区别就可以发现，知识产权侵权行为的特征与民事侵权行为显著不同，它既不同于一般侵权行为，也不同于特殊侵权行为；既包含一般侵权行为，又包含特殊侵权行为。因而是一类有待研究的全新的侵权行为类型。

二、专利侵权行为提出的挑战

知识产权侵权行为是一类异于传统民事侵权行为的新型侵权行为，知识产权法对其特殊性的回应体现为知识产权制度的自我政策性矫正，而对于根基深厚的民法理论而言，知识产权侵权行为实则对传统侵权行为理论造成了不小的冲击，这一冲击虽不能造成侵权行为法的又一次危机，但足以改变侵权行为法的传统观念，传统侵权行为理论在规制知识产权侵权行为过程中表现出明显的不足和缺陷。当侵权行为的对象为专利权这一特定类型的知识产权时，这种缺陷同样凸显无疑。在以后的发展中，传统侵权行为法是继续以原有体系包容知识产权侵权行为，还是以此为契机拓展其理论范围，是摆在侵权行为法学者面前的又一道甄待解决的难题。

1. 侵权行为一般条款在专利侵权行为领域的适用上存在错位

世界上各国有关侵权行为的立法模式可以大致分为两种，即大陆法系的侵权行为一般化的立法模式和英美法系的侵权行为类型化的立法模式，我国学者在研究中国侵权行为法立法模式的问题上，倾向于采取大陆法系为体、英美法系为用的模式。[1]

（1）侵权行为一般条款和一般侵权行为。

在大陆法系国家的民事立法中，对侵权行为的规定采用的是一般化的立法模式。立法在规定侵权行为的法律中，也就是在民法典的债法当中，专门规定了侵权行为法内容。而在侵权行为法的内容中，首先就要规定侵权行为一般条款，通过侵权行为的一般条款来确定一般侵权行为。[2]

这些侵权行为一般条款的典型表现，就是《法国民法典》第1382条的规定[3]以及《德国民法典》第823条的规定[4]。我国台湾地区“民法典”也是采用这种立法方式，例如第184条：“因故意或过失，不法侵害他人权利者，负损害赔偿责任。故意以背于善良风俗之方法，加损害于他人者，亦同。”“违反保护他人之法律，致生损害于他人，负赔偿责任。但能证明其行为无过失者，不在此限。”这些立法的基本做法就是规定侵权行为一般条款，通过对侵权行为的一般化来实现对绝大多数侵权行为法律关系的调整。

继法国和德国在民法典中规定侵权行为一般条款的立法模式以后，该模式成为许多国家民法典的基本立法模式。《欧洲统一侵权行为法典（草案）》和《埃塞俄比亚民法典》甚至采取了以

---

[1] 张新宝：“侵权责任法的法典化程度研究”，载《中国法学》2006年第2期。

[2] 杨立新：“论侵权行为一般化和类型化及其我国侵权行为法立法模式选择”，载《河南省政法管理干部学院学报》2003年第1期。

[3] 《法国民法典》第1382条规定：“任何行为使他人受到损害时，因自己的过错行为而致行为发生之人的该他人负赔偿的责任。”

[4] 《德国民法典》第823条规定：“（1）因故意或者过失不法侵害他人生命、身体、健康、自由、所有权或者其他权利者，对他人因此而产生的损害负赔偿义务。（2）违反以保护他人为目的的法律者，负相同的义务。如果根据法律的内容并无过失也可能违反此种法律的，仅在有过失的情况下，始负赔偿义务。”

一般侵权行为条款概括全部侵权行为的办法。[1] 我国学者在编纂民法典草案的侵权行为法编的过程中，也采纳了规定侵权行为一般条款的做法，其内容大致为："民事主体因过错侵害他人人身、财产权利，应当承担侵权责任。没有过错，但法律规定应当承担侵权责任的，应当承担侵权责任。民事主体因故意或重大过失侵害他人合法利益的，应当承担侵权责任。"[2] 这一条款的规定与大陆法系其他的民法典的规定是一致的。

虽然侵权行为一般条款的内容大都相同。然而，对于何谓侵权行为的一般条款，学者有不同的理解。有的学者认为，侵权行为一般条款就是在成文法中居于核心地位，成为一切侵权行为请求权的请求基础之基础的法律规范，是一国民法典调整的侵权行为的全部请求权的基础。在这个条文之外，不存在另外任何侵权行为请求权的基础，这个条文一统天下。[3] 另一种意见将侵权行为一般条款理解为所有侵权行为的全面概括，将侵权行为一般条款做了扩大解释。侵权行为一般条款就是规定一般侵权行为的条款。[4] 也有学者认为，侵权行为一般条款实际上是关于一般侵权行为的条款，是为自己的行为负责的侵权行为的条款，是为过错或者违法性行为所造成损害承担责任的侵权行为条款，而不是概括所有的侵权行为及其请求权的条款。[5]

综上，我国学者对侵权行为一般条款的理解有两种不同观点：一是认为侵权行为一般条款是概括一切侵权行为的条款，是所有的基于侵权行为的请求权的基础，我们称之为广义的侵权行

---

[1][5] 杨立新："论侵权行为一般化和类型化及其我国侵权行为法立法模式选择"，载《河南省政法管理干部学院学报》2003 年第 1 期。

[2] 王利明：《中国民法典学者建议稿及立法理由侵权行为编》，法律出版社 2005 年版，第 15 页。

[3] 张新宝："侵权行为法一般条款"，载《法学研究》2001 年第 4 期。

[4] ［德］克雷斯蒂马·冯·巴尔著，张新宝译：《欧洲比较侵权行为法》，法律出版社 2001 年版，第 16 页。

为条款；二是只作为一般侵权行为请求权基础的条款，我们称之为狭义的侵权行为条款。但无论是采取广义还是狭义的理解，一般侵权行为都自然涵括在这一条款之中，一般侵权行为的特征、构成要件以及责任承担规则都必须与这一基本条款一致。我们看到，按照民法理论，知识产权侵权行为被归类于一般侵权行为，因此它必须符合这一基本条款，否则，将失去请求权的基础，失去了请求权的基础，权利人的救济权将无从谈起。

按照大陆法系的侵权行为理论，一般侵权行为与特殊侵权行为是侵权行为的基本类型，一般侵权行为是相对于特殊侵权行为而言的，它是指行为人因过错而实施的、适用过错责任原则和侵权责任一般构成要件的侵权行为。以特殊侵权行为为参照系，一般侵权行为的核心特征可以归纳为三点：自己责任、过错责任和责任构成要件的一致性。[1] 其中自己责任是指侵权行为人基于自己过错而实施的侵权行为，应当承担自己行为的后果；过错责任是指一般侵权行为适用过错原则；责任构成要件的一致性是指一般侵权行为不仅以过错为责任的构成要件，而且应该以过错为最终的构成要件。换言之，只要是一般侵权行为中，都适用共同的责任构成要件，不存在仅适用于某种一般侵权行为的特殊责任构成要件。因此，法律对于一般侵权行为的构成要件只作概括性规定而不作出具体的列举。[2] 在现实生活中，大多数侵权行为属于一般侵权行为。

（2）侵权行为一般条款在知识产权侵权行为领域内的适用。

那么，知识产权侵权行为是否适用于侵权行为一般条款呢？易言之，知识产权侵权行为是否确实如理论上所认为的、可以被涵括在侵权行为一般条款之内呢？我们先从侵权行为一般条款所指向的一般侵权行为的特征入手进行比较分析。

---

❶ 王利明、杨立新：《侵权行为法》，法律出版社1996年版，第134页。

❷ 同上书，第135页。

首先，从行为特点来看，一般侵权行为以自己责任为基本原则，责任主体也就是行为主体，责任主体与行为主体是统一的，自然人方能成为实施侵权行为的行为人。换言之，只有能够辨认自己的行为目的、性质及其后果的能力的自然人方能成为侵权行为的主体。

但是在知识产权侵权行为领域，行为主体与责任主体往往是分离的，并且这种分离是知识产权侵权行为的常态，侵权行为的责任也不一定由行为人本身承担，相反，在大多数情况下，侵权责任要由他人来承担（替代责任），在专利侵权行为领域，这一表现尤为明显。[1]

如前所述，专利侵权行为是指侵犯专利权人依法享有的独占实施权的行为。侵权行为的客体为权利人对其专利技术享有的独占实施权；侵权行为的主要表现为未经专利权人许可，以生产经营为目的，实施了他人的专利技术，即以制造、使用、销售、许诺销售等方式实施了专利技术。在专利侵权行为中，自然人和法人都可以成为侵权行为的主体。不过，应该看到，在市场竞争日益激烈的今天，拥有大量专利权的往往是实力雄厚的企业，需要实施他人专利权从而获得非法利益的也往往是企业，因此，企业最有可能成为实施侵权行为的“人”。

在专利侵权行为领域，行为主体多为非自然人的情况还可以从专利法的具体规定上得到印证。我国《专利法》第 11 条规定了专利权的效力，第 57 条规定了专利侵权行为的专利被侵犯时的救济途径，这两条规定从侧面界定了专利侵权行为的概念。结合这两条规定，专利侵权行为就是未经专利权人许可，以生产经营为目的实施他人专利的行为构成了专利侵权行为。根据该条规定，只有商业实施能力的企业才有可能出于生产经营目的实施专

---

[1] Philip Grubb, *Patents for Chemicals, Pharmaceuticals and Biotechnology – Fundamentals of Global Law, Practice and Strategy*, Oxford University Press, (Nov. 1999).

利侵权行为，因而排除了自然人因非商业目的而自己使用等实施专利的情况。在我国，依法成立的企业可以采取个人独资企业、合伙企业和有限公司等多种责任形式，侵犯专利权的行为主体可以是非法人，也可以是法人。当侵权行为发生时，这些企业往往是侵权行为的实施人。另外，从专利法对实施许可制度的规定来看，实施侵权行为的“人”也大多是企业，世界上许多国家的专利法都规定了专利的强制许可，用以限制专利权人的独占权，督促其实施专利技术，从而造福社会，各国强制许可的制度大同小异。我国专利法主要规定了三种情形下的实施许可：商业许可、交叉许可和紧急状态许可。在这三种情形下，最有可能提出许可请求的往往是具有实施专利能力的企业，作为个人一般很难有经济实力和企业环境实施专利技术。

那么，当未获得许可的企业以商业目的实施他人的专利技术且无法定免责事由时，其行为就构成了侵犯专利权。此时，不论企业是采取全民所有制还是集体所有制，抑或是采取有限责任制或合伙等其他责任形式，虽然实施具体侵权行为的人可能是企业的员工，但只要该员工与企业存在特定的雇佣或隶属关系，且该员工的行为是基于完成企业分配的工作任务，由此侵权行为而造成的侵权责任应当由企业来承担。权利人只能将被控企业作为侵权人诉诸法院，请求获得救济。在这里，由于特定关系的存在，行为主体和责任主体发生了分离，产生了典型的替代责任，而替代责任恰恰是特殊侵权行为的特征，其特征与一般侵权行为的特征是相互对立的两种类型。

不仅是专利领域，在其他类型知识产权的侵权行为中，侵权行为主体与责任主体相分离的情况也是非常普遍的。[1] 这种情况与行为人本身作为侵权行为主体，依法对其自己行为的过错承担

---

[1] Alison, *the Prehistory and Development of Intellectual Property Systems*, London: Sweet & Maxwell, (Nov. 1997).

民事责任的法理相背。

其次，从归责原则角度看，过错原则只能作为知识产权侵权损害赔偿的归责原则，而不能作为侵权行为人承担其他种类的责任形式的归责原则。其原因有三：其一，我国知识产权法对侵害知识产权的行为作了列举性规定。通过分析这些规定可知，我国现行法只是对知识产权侵权损害赔偿采取的是过错责任原则，而没有明确承担其他侵权责任时的归责原则。如《著作权法》第46条所规定的10种侵害著作权的行为，这些行为侵犯的客体是著作权人依法享有的发表权、署名权、保护作品完整权、展览权、摄制权等，侵权表现为未经著作权人许可，应承担的民事责任形式为停止侵害、消除影响、赔偿损失等方式。从这些侵权行为的主要表现看，这些行为都是过错行为，而且，其中大多数行为只能是故意的。值得研究的是第46条第（11）项规定的“其他侵犯著作权以及与著作权有关的权益的行为”。这是一个开放性、概括性的规定，它除了可以随科技发展和作品利用形式的增多而解决新出现的问题外，另一个作用就是可以被解释适用于间接侵权的情况，如储存、运送侵权复制品，媒体发表侵权作品等情况。《著作权法》第47条规定了8种侵权行为，这些侵权行为与第46条所列举的侵权行为的不同在于，这些侵权行为不仅损害了著作权人的权利，还同时侵害了社会公益。这些侵权行为的表现形态是未经权利人许可，非法向社会发行、复制或传播他人享有著作权的作品，这种行为的主观恶意是十分明显的。鉴于著作权与其载体紧密相连且其公示程度远大于其他无形财产权，可以推知，行为人在实施侵权行为时，其主观对于被侵权产品的权利归属应当有所认知，在明晰权利归属的情况下实施的上述侵权行为，应当属于具有主观过错的情形。结合该条规定，实施侵犯著作权的行为，适用的是过错责任原则。

我国《商标法》第52条规定了5种侵犯商标专用权的行为。其中第（3）、（4）项只能是故意行为。第（1）项基本上属于故意行为，但不排除个别善意的情况，第56条第3款规定："销售不知道是侵犯注册商标专用权的商品，能证明该商品是自己合法取得的并说明提供者的，不承担赔偿责任"。据此，该条可以认为对这类行为法律所采取的是过错责任原则，只有行为人本身具有主观过错方承担损害赔偿责任，如若行为人主观上无过错（无辜侵权人），行为人的行为构成侵犯商标权，但应该承担除损害赔偿责任以外的其他民事责任。第（5）项是一个概括性规定，按照《商标法实施细则》第41条的规定，第（5）项规定的"给他人的注册商标专用权造成其他损害"的行为也都属于故意或过失行为。《专利法》规定了侵犯专利权的行为，第63条规定："为生产经营目的使用或者销售不知道是未经专利权人许可而制造并售出的专利产品或者依照专利方法直接获得的产品，能证明其产品合法来源的，不承担赔偿责任"。很显然，第63条采取的是考虑行为人主观过错的过错责任原则，[1] 行为人如能证明其产品的合法来源，即不承担赔偿责任，但应承担停止侵权等其他侵权责任。反之，如不能证明产品的合法来源，即认定其有过错，应承担赔偿责任。

其二，外国法的规定。按《美国专利法》，不但间接侵权人可以以善意、不知情作为抗辩理由，即使对于直接侵权人，专利权人要想获得赔偿，也必须在其专利产品上标明专利标记，或直接通知侵权人，即以侵权人知道其仿制的产品系专利产品作为损害赔偿的条件。[2]《美国商标法》明确规定，侵权人的"明知"（其行为的目的是引起混淆、误解或欺骗）是承担赔偿责任的必

---

[1] 有学者认为该条规定实质上是过错推定责任，笔者认为过错推定是确定过错的一种特殊方法，它在本质上仍属于过错责任，而不应将其作为一个独立的归责原则，而且，根据我国知识产权法律规定，有关承担损害赔偿责任的条款中，均是以侵权行为人是否有过错作为要件进行衡量，因此，其实质是损害赔偿的过错责任原则。

[2] ［美］阿瑟·R. 米勒、迈克尔·H. 戴维斯著，周林等译：《知识产权法概要》，中国社会科学出版社1998年版，第86页。

要条件，对于其他侵权行为，行为人只承担停止侵害的民事责任。[1] 美国侵权的赔偿责任比较复杂。在美国，对侵犯版权的赔偿责任有应考虑侵权意图和不考虑侵权意图两种意见，而且不考虑侵权意图的意见似乎占上风。但是，从反对的意见以及立法的发展趋势来看，侵权损害赔偿的原则向过错责任原则倾斜。在著名的 Acosta 一案中，法官 Hand 就表达了对让无辜的出版者承担赔偿责任的担心。[2] 他指出，如果不管出版者是如何无辜，也不管是在何种程度上对作品的使用，它都必须准备支付赔偿金，"那么我相信，对于知识的传播将不是一剂轻量级的抑制药。"[3]《美国版权法》第 504 条第 3 款关于法定赔偿额的规定，充分体现了过错在确定赔偿额中的重要作用。该条规定："当版权所有人举证证明，并且法庭也判定，侵权人是故意侵权，法庭可以依据其自由裁量权，将法定赔偿金增至不高于 5 万美元。当侵权者举证证明，并且法庭也判定，该侵权人没有意识到，而且也没有理由知道他或她的行为构成了侵犯版权，法庭可依据其自由裁量权，将法定赔偿金降低至不低于 100 美元。"[4] 1988 年，这个数字被改为不高于 10 万美元，不低于 200 美元。但是美国众议院有关 1976 年版权法的报告中说："当侵权者'没有意识到，而且也没有理由知道他或她的行为构成了侵犯版权'，允许将法定赔偿金降低至 100 美元，这一例外已足以排除偶尔的或个别的无辜侵权中的莫须有的责任。而且，它也足以区别诸如广播组织和新闻报纸出版者，因为他们在这类侵权诉讼中地位尤其脆弱。在另

---

[1] 《美国商标法》第 32 条。

[2] 张玉敏："侵害知识产权民事责任归责原则研究"，载《法学论坛》2003 年第 3 期。

[3] 李明德："美国版权法中的侵权与救济"，见《知识产权文丛（第 2 卷）》，中国政法大学出版社 1999 年版，第 137 页。

[4] Anthony D. Amato & Doris, *International Intellectual Property Anthology*, Anderson Publishing Co. , 1996.

一方面，通过确立一个现实的侵权责任的最低限度，这一规定也保留了它应有的威慑作用；它不允许侵权者仅仅因为原告未能反驳被告无辜的主张而逃脱责任。”[1] 从版权法的规定和众议院的报告可以看出，侵权人的过错在确定赔偿责任中具有重要的作用。虽然无辜的侵权者仍然要承担不低于100美元或200美元的赔偿责任，但是，这种责任实际上只具有象征性的意义，这种确定最低数额的做法实际上已经不是按照侵权法的“填平原则”进行的，因此，可以推论，在侵犯版权领域，侵权行为人的过错是确定损害赔偿的主要因素。

另外，美国对网络服务提供者侵权责任态度的变化，最有力地说明了立法政策对归责原则的影响。美国1995年的“白皮书”坚持严格责任，但是，1998年的《跨世纪数字化版权法》（DMCA）即改采过错责任。这种变化的原因主要有以下两点：一是严格责任超越了网络服务提供者的监控能力，即将实际上无法履行的义务强加到网络服务提供者的身上，因而是不合理的；二是严格责任过于沉重，有损网络服务业的健康发展，进而会损害整个网络事业的发展，而网络业的发展对于美国来说是十分重要的。因此，版权人的利益要服从社会公共利益，服从网络业发展的利益。

与美国法相似，《德国著作权法》所规定的侵犯著作权的行为都是故意或过失行为。而且权利人只对于故意或过失侵权行为人才能请求赔偿损失。[2]《德国商标和其他标志保护法》也明确规定，故意和过失侵权是承担损害赔偿责任的必要条件。[3]

---

[1] 张玉敏：“侵害知识产权民事责任归责原则研究”，载《法学论坛》2003年第3期。

[2] 吴汉东、曹新明：《西方诸国著作权制度研究》，中国政法大学出版社1998年版，第392页。

[3] Alison Firth, *The Prehistory and Development of Intellectual Property Systems*, London: Sweet & Maxwell, 1997.

《日本著作权法》规定，故意和过失侵害著作权或著作邻接权是承担损害赔偿责任的必要条件。在《日本专利法》中，也有类似的规定。

其三，TRIPs协议肯定的损害赔偿归责原则。由于知识产权侵权与法律保护均具有显著的国际性，这就要求我们在研究知识产权侵权归责原则、制定有关知识产权侵权行为法律规范时，应当注意对涉及知识产权的国际公约、条约和协议中相关规范的研究和借鉴。对我国已经或者即将加入的知识产权国际条约、协议等，则应当研究如何在国内知识产权法的具体规范中更科学、严谨和恰如其分的予以确认。

TRIPs协议是知识产权国际公约中一个极为重要的公约，它的历史意义不仅在于统一了知识产权保护水平，协调了知识产权保护标准和规则，还在于它是一个普适于各成员国之间的、具有执行保障的重要公约，对全球知识产权保护影响巨大。该协议第三部分专门规定了知识产权执法问题，其中又专条（第45条）规定了知识产权的损害赔偿。TRIPs协议在知识产权侵权损害赔偿归责原则上所持立场，对研究我国知识产权法相同问题，具有特殊重要的作用。

TRIPs协议第45条分为两款，第1款规定："司法部门应有权责令侵权者向权利所有人支付适当的损害赔偿费，以便补偿由于侵犯知识产权而给权利所有者造成的损害，其条件是侵权者知道或应该知道他从事了侵权活动"；第2款规定："司法部门应有权责令侵权者向权利所有者支付费用，其中可以包括适当的律师费。在适当的情况下，即使侵权者不知道或者没有正当的理由应该知道他从事了侵权活动，缔约方也可以授权司法部门，责令返还其所得利润或支付预先确定的损害赔偿费"。

根据该条第1款的规定，不法行为人承担损害赔偿的条件，是行为人在实施不法行为时，知道或者应当知道自己实施的行为属于侵犯他人知识产权的行为。这就是说，行为人实施不法行为时，主观上处于两种状态：第一种是“明知故犯”，知道必然或者可能发生侵权后果而仍旧实施，其主观对侵权后果抱追求、希望或者放任的态度；第二种是“疏忽”或者“懈怠”，即对自己行为的后果应当或者能够预见，但由于疏忽而没有预见，或者虽然已经预见到了，但轻信可以避免。从这两种状态看，侵权行为人要么是出于主观上的故意，要么是由于有过失。其核心都在于行为人有过错。应当指出，此种“应当知道”与“明知故犯”进而作虚假陈述否认自己明知的情形不同。虽然两者都依靠查证属实的证据予以认定，但前者是从行为人的注意义务入手，找出行为人主观上的疏忽或懈怠；后者则是运用证据揭露行为人侵权故意的真相。据此，构成知识产权侵权的条件之一在于行为人主观上要存在希望、放任造成侵权后果的故意，或者疏忽、懈怠过失的过错。这就是说，赔偿损失民事责任的承担，要求行为人主观上要有过错。如果行为人没有过错，就不承担损害赔偿的责任。由此看来，此款肯定了知识产权侵权损害赔偿的一个基本原则为过错责任原则，应当是不容置疑的。[1]

根据该条第2款的规定，有学者认为这是知识产权侵权行为适用无过错责任原则（即承担损害赔偿责任之责）的证据。笔者不同意这一观点。笔者坚持在侵权认定上采取无过错原则的观点，此处的“责”并不包含损害赔偿之责。而且，应当特别注意，该款规定中作了两个限定：（1）只有“在适当场合”才能实行；即使在“适当场合”，“可以”而不是“应当”按该规定实行。（2）导致返还利润的原因不一定就是侵权行为。因为根据我国《民法通则》的规定，返还所得利润当属返还不当得利的范围。不当得利的原因多种多样，得利人主观上不一定有过错。该条款将“所得利润”规定为“返还”，而不是规定为赔

[1] 蒋志培：“TRIPs肯定的知识产权侵权赔偿的归责原则和赔偿原则”，载《法律适用》2000年第10期。

偿，即是界定了返还利润的性质不是侵权或者不一定是侵权。但是行为人的所得利润是无法律根据所得，应当返还给权利人。这显然已超出了侵权之债的范围，进入了更广一些的其他债的民法领域。再次，支付法定赔偿额，应当由法律作出规定，如果法律未规定法定赔偿额，协议就不能要求进行法定赔偿。因此，通过对该款规定内容的具体分析不难看出，当行为人主观上不存在过错时，所负民事责任的性质、范畴及所依据的法律关系等是十分有限的，不能认为这是侵权行为适用无过错责任原则的依据。

最后，在知识产权侵权行为领域，不存在适用于所有侵权行为的共同的责任构成要件，而应该根据不同的责任形式和侵权行为形态适用不同的归责原则，传统侵权行为理论按照归责原则和责任构成要件划分侵权行为类型的做法在知识产权侵权行为领域无法适用。关于这一点，前文已经进行了分析。

那么，知识产权侵权行为与一般侵权行为存在如此本质上的差距，知识产权侵权行为的行为主体与责任主体相分离的特点与特殊侵权行为相同，它是否可以被归类于特殊侵权行为之中呢？

民法上的特殊侵权行为是指当事人基于与自己有关的行为、事件或者其他特别原因致人损害，依照民法上的特别规定或特别法的规定而应负民事责任的行为。[1] 特殊侵权行为的法律后果是承担特殊侵权责任，特殊侵权责任来源于古罗马法的准私犯和法国法的准侵权行为。1804 年《法国民法典》制定了准侵权行为的概括性条款。该规定的含义是按照过错责任原则，任何人只对自己的过错行为的损害后果负责，任何一个受害人只有证明其所受的损害是由加害人的过错行为造成的，才能够请求赔偿。同时法律又对一些不符合或不完全符合侵权行为要件的致害行为规定不是直接由行为承担责任，这种行为的责任并不符合侵权行为的一般要求，为加以区别，只好称之为准侵权行为。

[1] 王利明、杨立新：《侵权行为法》，法律出版社 1996 年版，第 17 页。

一般地，特殊侵权行为适用的归责原则有过错推定原则和无过错责任原则。至于何时适用何原则需要由法律的明确规定，特殊侵权责任的成立必须由法律的明确规定，而不能按照一般侵权行为的构成要件确定。而且，特殊侵权行为属于一类侵权行为，在特殊侵权行为的各种表现形态中，责任的构成要件不具有普遍性，每一种特殊侵权行为所要求的特别条件各有不同，抗辩事由也必须由法律作出明确规定。

我国法律没有对知识产权侵权行为的构成要件和归责原则适用无过错责任原则或公平责任原则作出明确的规定，根据我国学者的分类，特殊侵权行为大致有三种类型：致害主体特殊的特殊侵权行为、损害的业务活动特殊的特殊侵权行为和致害的物质因素或方式特殊的特殊侵权行为。[1] 特殊侵权行为是适用无过错责任原则和公平责任原则的一类侵权行为，适用该归责原则需要法律的明确规定，我国法律并无此规定。许多学者认为知识产权侵权行为不能被认为是属于法律特别规定的特殊侵权行为的类型。

我国学者在起草民法典草案时，考虑到了责任主体与行为主体分离的某些特殊情况，设计了部分特殊的侵权责任类型，这些特殊的侵权责任仍然适用过错责任原则，但是其构成要件方面表现出一些不同于一般侵权行为的特点，因此给予单列处理。这些特殊的侵权行为类型包括违反安全保障义务致人损害、专家责任、恶意诉讼与恶意告发的侵权责任、新闻侵权与网络侵权等，在这些侵权行为发生后，行为人承担一定程度的自己责任，同时还可以与其所属单位承担连带赔偿责任。[2] 这些侵权行为类型是属于一般侵权行为还是属于特殊侵权行为还有待研究。

即使是采取侵权行为类型化的英美法系国家，也没有在民法

---

[1] 王利明、杨立新：《侵权行为法》，法律出版社1996年版，第225页。

[2] 王利明：《中国民法典学者建议稿及立法理由侵权行为编》，法律出版社2005年版，第60页。

体系内规定侵犯知识产权的行为。英国判例法规定的侵权行为的基本类型有 7 种，包括非法侵入、恶意告发、欺诈与加害性欺骗、其他经济侵权、私人侵扰、公共侵扰、对名誉和各种人格权的保护等。[1] 这些类型中显然没有包括知识产权侵权行为。美国的侵权行为法同样是判例法，但不同的是，美国有整理出来的规范文本——《美国侵权行为法重述》，[2] 对美国的侵权行为法作出了完整的描述。根据该文本，美国侵权行为法上的侵权行为主要有虚假陈述、诽谤、侵害隐私权、过失、严格责任、干扰家庭关系等 13 种类型，这些类型中也没有包括知识产权侵权行为。由此可见，英美法系国家也是将知识产权侵权行为作为一类另类侵权行为单独交由特别法规定的。

综上，侵犯知识产权的侵权行为损害赔偿的归责原则部分符合一般侵权行为的特征，但其侵权行为的构成要件不具有一致性，因而与一般侵权行为相异，知识产权侵权行为的替代责任符合特殊侵权行为的特征，但其归责原则具有复杂性且法律并未对其侵权行为的构成要件和归责原则作出明确规定。因此，其结果是知识产权侵权行为既具备了特殊侵权行为的部分特征，也部分具备一般侵权行为的特征，因而无法适用侵权行为一般条款，其实质是一种全新的侵权行为类型。

2. 传统侵权行为理论对专利侵权行为的包容性不足

侵权行为法的体系是由侵权行为法的立法体系和法学体系组成的，是具有一定的系统性和逻辑性的结构。[3] 而立法体系与法学体系是紧密地联系在一起的。侵权行为法的立法体系由关于侵

---

[1] ［德］克雷斯蒂马·冯·巴尔著，张新宝译：《欧洲比较侵权行为法》，法律出版社 2002 年版，第 337 页。

[2] 杨立新："论侵权行为一般化和类型化及其我国侵权行为法立法模式选择"，载《河南省政法管理干部学院学报》2003 年第 1 期。

[3] 杨立新、张新宝、姚辉：《侵权法三人谈》，法律出版社 2007 年版，第 85 页。

权行为的归责原则、各种侵权行为的构成及其侵权行为形态、侵权行为责任的抗辩事由、侵权行为赔偿原则以及侵权行为的诉讼时效等内容构成。[1] 从本质上看，侵权行为法是解决侵权行为责任的法律，其核心在于归责原则体系，侵权行为法的全部规范都奠基于归责原则之上。[2] 由此，本书以归责原则作为讨论的核心内容，来论证传统侵权行为理论在包容知识产权（专利）侵权行为时的不足。

第一，知识产权侵权行为适用的归责原则不是统一的归责原则，而应区分不同的责任形式进行研究。

如果我们接受《民法通则》所规定的多元化责任形式，将民事责任理解为包括损害赔偿责任在内的多种责任形式，那么就必须根据不同的责任形式来具体讨论。诚然，知识产权的侵权损害赔偿是追究知识产权侵权行为最主要的民事责任形式之一，又是知识产权法的一项重要法律制度。而知识产权侵权损害赔偿的核心是对造成知识产权损害的行为人按照何种原则归责，或称按照何种原则追究其民事赔偿责任。在知识产权侵权行为领域论及过错责任原则时，只能是知识产权侵权损害赔偿的归责原则，而不能包括其他种类的民事责任的归责原则。当我们将过错责任原则扩及其他责任形式时，其缺陷是显而易见的。

第二，损害赔偿责任形式的单一性难以满足权利人多样化的救济请求。

传统大陆法特别是德国法都是将侵权法放到债权中，侵权行为产生的结果必然是损害赔偿之债，因此主要采取损害赔偿的方

---

[1] 杨立新："中国侵权行为法的百年历史及其在新世纪的发展"，载《国家检察官学院学报》2001 年第 2 期。

[2] 王利明：《侵权行为法归责原则研究》，中国政法大学出版社 1992 年版，第 20 页。

法对受害人予以救济。[1] 在有形财产领域，损害赔偿是对物权保护最有效的一种方式，也是最公平的一种方式。但它主要是在保护物权、财产权方面发挥功能，当侵权法的调整对象扩张到了对人格权、知识产权等权利的保护时，损害赔偿责任就难以适应侵权行为法调整对象扩大以后权利救济的需要。此时的补救方式也不限于损害赔偿，还包括了赔礼道歉、恢复名誉等等。对于人格权、知识产权保护，单纯采用损害赔偿责任，侵权法的救济作用就受到了极大限制，需要采取多种方式对人格权和知识产权的侵权进行保护，包括恢复名誉、停止侵害、赔礼道歉等。例如，在名誉权受到损害的情况下，最直接的损害后果首先是名誉受到毁损，社会评价降低，因为名誉受到毁损，才造成了财产的损失和精神的损害。所以，在名誉权受到侵害的情况下，对受害人最直接的补救方式是恢复名誉。只有采取恢复名誉的方式才能消除这种损害发生的根源，才能对受害人给予最直接、最有效的补救。而这种恢复名誉的方式不是损害赔偿能够代替的。消除影响在很多情况下也是一种十分有效的补救方式，在有些案件中，受害人并不需要得到多少赔偿，他只需要加害人消除由其侵权行为带来的不良影响。这些民事责任形式是无法用债的概念来概括的。一旦侵权的补救方式多元化后，侵权法也很难放在债法里，因为像赔礼道歉等本质上不是债而是一种责任，把侵权法还放在债法里，其理论根据显然是不足的。这是由于侵权法保护对象的扩张，对整个传统民法的体系形成的一个重大挑战。

综上，有关侵权行为的一些理论已经不能适应知识产权侵权行为领域。

我国民法理论界区分侵权行为与侵权责任这两个概念，但将

---

[1] Richard Steallman, *Why Software Should be Free in Intellectual Property Moral, Legal, and International Dilemmas*, Edited by Adam D. Moore, Published by Rowman & Littlefield Publishers, inc. 1997.

侵权行为的构成要件与侵权责任的构成要件不加区分，混为一谈。

事实上，侵权行为构成与侵权责任构成虽为同一概念，但称谓不同不是因为习惯上的原因，而是因为大陆法系立法及理论的影响。[1] 在大陆法系，侵权行为是债的产生原因之一，必然产生损害赔偿之债，其侵权责任是单一的，因此侵权行为构成要件与侵权责任构成要件是相同的，两个概念也就不加区分了。在知识产权侵权行为领域，情况将更为复杂。[2] 但在我国，侵权行为是承担民事责任的原因，民事责任有很多种，侵权行为构成后承担什么侵权责任是不确定的，还需要根据案件的具体情况才能确定承担哪种类型的民事责任。尤其是在知识产权侵权行为领域，这一问题表现得更为突出。传统侵权行为法的过错责任原则仅仅能在权利人请求侵权人承担损害赔偿责任时适用，而不能适用于其他形式的民事责任的归责，其包容性显见不足。

传统的侵权责任中，侵权行为的构成要件与侵权责任的构成要件是一致的。按照这一原理，在适用过错责任原则的一般侵权行为中，行为人的过错不仅是侵权行为的构成要件，也是侵权行为责任得以成立的最终要件，损害事实是侵权责任构成的前提。但是这一理论在专利法中开始动摇了。最为典型的是专利法中有关许诺销售侵权的规定。[3] 目前，在美国，除美国联邦巡回上诉法院之外，其他法院的判例普遍认为许诺销售行为没有给专利权人造成实际的损失。[4]

---

[1] 王利明：《民法·侵权行为法》，中国政法大学出版社 1993 年版，第 87 页。

[2] Cornish, *Intellectual Property: Patents, Copyrights, Trademarks & Allied Rights*, William Sweet & Maxwell, 2003.

[3] 郑成思："中国侵权行为法理论的误区与进步"，载《中国工商管理研究》2001 年第 2 期。

[4] Timothy R. Holbrook, Liability for the "threat of a sale": Assessing Patent Infringement for Offering to Sell an Invention and Implications for the on – Sale Patentability Bar and other Forma of Infringement, *Clara Law Review*, (2003).

在我国“许诺销售专利产品”是指明确表示愿意出售具有权利要求所述基数特征的产品的行为。许诺销售行为既可以面向特定对象，也可以面向不特定的公众；既可以采用口头形式，也可以采用书面形式；既可以通过展示或者演示的途径，也可以通过电话、电传、报刊、网络或者其他途径。例如，将专利产品陈列在商店中，列入拍卖清单，在报纸、电视、网络上做广告等行为，都明确表明了愿意销售该专利产品的愿望，都属于“许诺销售”行为。

TRIPs 协议第 28 条规定，禁止他人未经许可而许诺销售专利产品或者依照专利方法直接获得的产品，是专利权人享有的权利之一。[1] 我国原《专利法》没有赋予专利权人禁止许诺销售行为的权利。为了与 TRIPs 协议的规定相一致，为我国加入世界贸易组织创造条件，第二次修改《专利法》时在《专利法》第 11 条中增加了有关“许诺销售”的规定。根据这一规定，如果行为人未经许可而进行了许诺销售的行为且无法定免责事由的情形下，行为人的行为将构成侵权。在此时，行为人并没有实施具体的侵权行为，也不可能对权利人的权利造成损害，但是其行为已经构成侵权，应当承担相应的民事责任。这一结论与传统侵权行为的构成要件理论是有显著不同的。

三、新民事立法活动提供了拓展契机

近几十年来，在整个民法领域，侵权法发展是最为迅速的。表现在：侵权法的内容不断丰富，侵权法的边界一直在扩张，侵权法的理论也在不断深入，侵权法在法律体系中占据越来越重要的位置。有学者认为，侵权法是现代社会最富有生命力的法律。这种看法不无道理。侵权法的发展代表了未来民法发展的方向。

---

[1] Carlos M Correa, *Intellectual Property Rights*, *the WTO and Developing Countries*: *The TRIPs Agreement and Policy Options*, New York: Zed Books, (Summer, 2000).

进入21世纪以来，侵权行为法的发展呈现了一些新的趋势，对传统民事侵权行为理论体系提出了许多有待解决的问题。

1. 侵权法保障的权利范围不断扩张

侵权法最早主要是保护财产权，或者说主要就是物权。以后，由于知识产权的不断发展，知识产权被纳入到侵权法的保护对象中。从上个世纪的第二次世界大战以后，由于人格权概念的产生和发展，侵权的对象又扩张到人格权领域，如今在某些情况下，债权也成为侵权行为法规制的对象，这几乎是依照侵权行为法产生之初的民法观念不可想象的。[1] 与18世纪产生之初的社会物质条件相适应，侵权行为法主要以保护物权为目的，因此损害赔偿的方式成为侵权法的一个最主要的责任方式。这导致了许多学者至今还沉浸在把侵权行为称为损害赔偿之债的习惯思维之中，很大程度上是从损害赔偿是对侵权行为的受害人的主要的补救方式上考虑的。但是随着侵权法向人格权、知识产权的扩张，侵权法自身也发生了很多变化。

2. 侵权行为法的独立性日益增强

在这次民法典草案的编纂过程中，立法机关已经明确将侵权行为法脱离债法而独立成编。传统大陆法系特别是德国法都是将侵权法放到债权中，因此主要采取损害赔偿的方法，它是对物权保护最有效的一种方式，也是最公平的一种方式。其实质上说损害赔偿是反映交易的一种形式。从这个意义上说，损害赔偿在民法上是一种最公平的补救方式。但它主要是在保护物权、财产权方面发挥功能，对于人格权、知识产权，单纯采用损害赔偿，其作用就受到了极大限制，这就需要采取多种方式对人格权和知识产权的侵权进行保护，包括恢复名誉、停止侵害、赔礼道歉等。因为，在侵犯知识产权或人身权领域，与损害赔偿的救济方式相比，权利人可能更看重停止侵害、消除影响等责任形式。目前，

[1] 王利明："侵权行为法的发展趋势（上）"，载中国民商法律网。

侵权行为法已经脱离大陆法系既有的立法结构，在民法体系的架构上将侵权法从债法中独立出来，成为民法典分则体系里的一项与合同法、物权法等相平行的重要制度。侵权法和债法分立以后成为独立的一编，主要目的在于建立一个完整的侵权法制度体系，同时大大丰富侵权法的内容和规则，这对于保护公民和法人的合法权益，对法院公正裁判具有重大的意义。这种做法突破了德国、日本民法典的现有体系束缚，反映了中国国情的实际要求，体现了现代社会的文明和制度的进步。[1] 要从理论和实践上保证这种脱离工程的成功，必须切实扩充侵权行为法的理论体系，而不是名义上承认物上请求权的内容属于侵权请求权的范围，而实质上仍用以往的其他规则（如归责原则、侵权行为构成等）来一成不变的套用在这些新的侵权民事责任形式上。

3. 侵权行为的类型日趋多样化

过去侵权行为法的类型是很单一的，《法国民法典》之所以规定得很简略，是因为立法者认为，可以用第 1382 条这样一个侵权行为法一般条款来概括各种侵权行为类型。但是，现代侵权行为法中的一个重要的变化就是随着侵权法保障的范围的扩张，侵权行为的类型也在逐步地多样化。不仅一般侵权行为的类型不断扩张到侵害各种人身、财产权益的类型，而且各种特殊的侵权行为也大量涌现。随着现代市场经济的发展，许多产品因缺陷而致人损害，消费者常常处于难于举证的境地，这也促进了产品责任的发展。信息网络技术的发展导致各种利用网络从事的侵权行为也越来越频繁发生，对个人的隐私、名誉和知识产权都构成了越来越大的挑战与威胁。这些特殊的侵权行为，既是现代社会所面临的严峻的社会问题，也是当代侵权法调整与规范的重点。有学者认为，特殊侵权行为的类型化代表未来侵权法发展的趋势。

---

[1] 王利明：《民法典·侵权责任法研究》，人民法院出版社 2003 年版，第 157 页。

4. 他人责任的发展

德国法上曾经有违反保护他人的法律的责任，围绕这一责任出现了许多判例和理论，我国台湾地区民法大量借鉴了这些德国法的经验。在知识产权侵权行为领域，这种他人责任几乎已成常态。[1] 这种特殊的侵权责任形态是侵权行为法发展的一种新的形态，之所以新就在于它和传统的侵权责任不同，这种责任是一种为他人行为承担的责任，它突破了为自己行为负责的归责，从审判实践来看，已经出现了不少这样的案例。这些案例都涉及一个违反保护他人义务的责任问题，在侵权法上是否应确立这种责任，一些学者认为，侵权法引入这一概念会有一定的副作用，侵权法的基本原则是应该对自己的行为负责，如果引入违反保护他人的义务的责任，就要对他人的行为负责，这可能会使无辜的人承担责任，限制人们的行为自由。也有学者认为侵权法规定这一违反保护他人义务的责任是有必要的，确立这种责任也不违反过错责任原则，因为在违反保护他人义务的情况下，还是要坚持过错责任，同时它主要适用的情况是在找不到真正的行为人的情况下，由违反保护义务的人承担适当的责任，这有利于保护受害人的利益。但对于这种责任怎样界定它的构成要件，这在侵权法上是必须要解决的一个课题。

基于以上原因，侵权法的发展趋势、我国民法典的制定工作以及解决知识产权侵权行为的要求都促使侵权行为法进行新的变革，这些因素构成了促使侵权行为理论体系走向完善的内外动因。

---

[1] Mossoff, Adam, *Rethikng the Development of Patent: an Intellectual History*, 1550 ~ 1800, Hastings LJ., vol. 52 (August 2001).

第三节　侵权民事责任体系的重构

在分析侵权行为法中相关概念的过程中，我们可以清晰地看到存在于传统侵权行为法部分概念上的诸多不周延之处。笔者认为，造成这一现象的根本原因在于将定义侵权行为的起点界定在过错之上以及侵权民事责任形式的表面多样化而实质上的惟一性。因此，要实现侵权行为法理论体系的变革，首先要从侵权民事责任体系的重构入手，在实质上建立了多样化的民事责任体系的基础上，再具体分析不同责任形式的构成要件和归责原则。民事责任是侵权行为法的基石，侵权的民事责任形式的丰富必将带动侵权民事责任的归责原则、责任构成要件的变革。

笔者认为，既然侵权行为法学者并未反对以侵权请求权吸收物上请求权，我国《民法通则》多年来的立法和司法实践也实质上确立了包括损害赔偿在内的多种责任形式，将物上请求权转化为侵权责任形式不存在学者主观意识上的障碍，此外，以侵权请求权代替物上请求权具有理论和现实的可行性。

对这一观念的转化，已经有学者提出了自己的见解。近年来，在我国民法典编纂过程中，[1] 民法学界对民法典的体系及有关理论问题展开了热烈的讨论，有些问题争论很激烈。其中突出的问题之一是关于物权请求权和侵权行为的立法设计问题，争论的焦点是要不要建立新的请求权体系和新的民事责任体系。新的请求权体系是和新的民事责任体系相互关联的，因此讨论请求权就必然会涉及民事责任问题。

---

[1] 关于我国民法典编纂的背景，见《中国民法典草案建议稿》中梁慧星的序言。该建议稿由梁慧星主持的中国民法典立法研究课题组编写，由法律出版社于2003年5月出版。

一、物权请求权抑或侵权责任形式

关于物权请求权问题争论的焦点是：我国未来的民法典是否应当规定物权请求权制度。有学者主张不规定物权请求权，而以侵权责任形式对物权加以保护，因为《民法通则》已经将返还原物、妨害排除和妨害防止作为民事责任形式规定。在民法典中继续作为民事责任形式规定，不仅可以使民法典体系达到和谐一致，而且在实践上也有优越性。❶ 还有学者主张，物权请求权的体系是科学的，其内容与侵权责任形式具有很大的差异，无法做到以侵权责任形式替换物权请求权，应该在未来的民法典中依然保留物权请求权。❷

关于侵权行为问题争论的焦点是：未来我国民法典是否应当继受传统民法上侵权之债的概念和体系。许多民法学者认为不必继受，其理由是随着民事权利特别是人格权的发展，侵害民事权利的方式也增多了，与之相适应的是需要增加侵权责任形式。在民法典上规定了多种侵权责任形式之后，侵权行为之债就容纳不了多种侵权责任形式，应当将传统的侵权行为之债变革为侵权责任。这一思路并不是否定《德国民法典》体现的请求权理论，而是在继受的基础上对其加以发展和变革。这一观点被立法机关和多数侵权行为法学者所持，此次侵权行为法独立成编就直接反映了这一观点在众多不同意见中所占据的主流地位。

业已公布的《中华人民共和国物权法》规定的物权保护方法既不同于《德国民法典》的规定，也不同于《民法通则》的规定，此规定引起了民法学者对物权的民法保护方法问题的进一步争论。按照传统民事侵权行为法理论，物上请求权属于物权的保护方法。值得注意的是，虽然物上请求权理论为众多大陆法系

❶ 魏振瀛："论请求权的性质与体系"，载《中外法学》2001 年第 3 期。

❷ 崔建远："绝对权请求权或侵权责任方式?"，载《法学》2002 年第 11 期。

国家的学理所接受，但各国民法规定的物权的民法保护方法不同。根据《德国民法典》的规定，学者将物权的保护方法分为物权保护方法和债权保护方法。物权保护方法有物的返还请求权、妨害排除请求权和妨害防止请求权；债权保护方法有损害赔偿和返还不当得利。我国《民法通则》没有规定物权请求权，专章（第6章）规定了10种主要的民事责任形式，其中可适用于侵害物权的责任形式有：停止侵害、排除妨碍、消除危险、返还财产、恢复原状和赔偿损失。据此可以说，《民法通则》规定的物权保护方法是民事责任方法，也可以说是侵权责任形式。[1]另外，根据《民法通则》第92条的规定，返还不当得利也适用于对物权的保护。

关于物权的民法保护方法在未来我国民法典中如何规定，学者有不同的观点。有学者主张参照《德国民法典》，规定物权请求权，认为停止侵害等的性质属于物权请求权，不属于民事责任，未来我国民法典不应再将其作为侵权责任规定。有学者认为停止侵害、排除妨碍、消除危险、返还财产既是物权请求权的形式，也是侵权责任的形式，未来我国民法典既应将其作为物权请求权的形式，规定在物权编，又应同时将其作为侵权责任形式，规定在侵权行为编。对于这一分歧，有学者认为现在我国制定民法典的背景既不同于清末，也不同于1949年新中国成立初期，突出之点在于新中国成立以来主要是改革开放以来，我国已经初步建立了自己的民法体系，应当借鉴《德国民法典》和我国民

[1] 《民法通则》没有用物权的概念，用了“所有权和与所有权有关的财产权”，在民事权利一章除规定所有权之外，明文规定了“全民所有制企业对国家授予它经营管理的财产依法享有经营权”、“公民、集体依法对集体所有的或者国家所有由集体使用的土地的承包经营权”、“采矿权”等权利。据说，这些权利之所以未被称为物权，是由于当时人们对物权的概念比较生疏，不知道物权为何物。本书讲《民法通则》规定的“物权保护方法”是从学理上讲的。见魏振瀛：《物权的民法保护方法——是侵权责任，还是物权请求权?》，载中国民商法律网。

国时期民法典的体系，结合我国的立法与实践经验，制定符合我国国情的民法典。即应当维持《民法通则》规定的多种侵权责任形式，不规定物权请求权。[1] 以上三种观点各有道理，反映了不同的理论和思路。这个问题不仅是物权的民法保护方法，而且涉及未来我国民法典的体系，更进一步地，侵权责任形式的内容将直接关系到侵权责任体系的建构，进而影响到侵权行为法体系的完善，继而对知识产权侵权行为理论体系的建构造成实质的影响。

笔者同意第三种观点，即赞成在侵权行为法中从民事责任形式入手，理清这一概念与其他概念之间的逻辑关联，在此基础上重构侵权行为责任体系。而且，笔者认为，这种重构任务是可行的。

鉴于上述意见分歧的根源在于对法律责任与民事责任的认识不同，因此本书拟从民事责任的概念为讨论起点，沿着权利、义务、责任的逻辑顺序，分析从物权请求权到损害赔偿多种责任形式转变的可行性，论证建立侵权责任体系的理论依据，并具体分析物权请求权向侵权责任的转化过程。

二、从法律责任到民事责任

法律责任与权利、义务一样，作为重要而复杂的法律范畴，都难以用一个定义概括无遗。有学者认为，民事责任概念的分歧，直接关系到侵权责任概念的分歧，未来我国民法典体系安排上的某些分歧的根源在这里，《民法通则》与《德国民法典》所反映的理念有所不同也在这里。[2]因此，要阐明民事责任的概念与原理就需要首先考察法律责任的概念与原理。

1. 关于法律责任的三种学说

究竟什么是法律责任，迄今为止，在中国法学界乃至世界法

---

[1][2] 魏振瀛："论请求权的性质与体系——未来我国民法典中的请求权"，载《中外法学》2003年第4期。

学界还没有形成一致的观点，更没有统一的定义。权利、义务、责任都是基本的法律概念，包涵的内容丰富，而且随着社会的发展其内涵也在发展变化，学理上的研究随之逐步深入。对于什么是法律责任，法理学家有不同的观点，概括起来主要有三说。一是义务说。《布莱克法律词典》解释说，法律责任是“因某种行为而产生的受处罚的义务及对引起的损害予以赔偿或用别的方法予以补偿的义务”。前苏联学者和我国部分学者持此观点。二是制裁说。持此观点的最典型学者为英国学者奥斯丁，他认为：“法律命令的特有功能在于创造法律义务，命令与义务是相互联系的术语。负有做与不做的义务，或者遇有做与不做的义务，就是在不服从一个命令时，要对制裁负责或应受制裁。”❶ 三是后果说。前苏联学者萨莫先科认为：责任就是一个人必须承受他的行为给自己造成的不利后果。我国学者沈宗灵认为：法律责任是“指有违法行为或违约行为，也即未履行合同义务或法定义务，或仅因法律规定，而应承受的某种不利的法律后果。”❷

关于法律责任概念的上述三说反映的思路、强调的重点有所不同，各有道理。相较之下，笔者认为，第三说较为合理。其理由是：权利、义务、责任是法律的基石，法律的大厦是在这三块基石上建立起来的，法律的内容是在权利、义务、责任的基础上展开的，全部法律现象可以归结为权利、义务、责任，民法也不例外。严格区分义务和责任有重要的理论意义和实践意义。将责任与义务等同，或将责任看成是义务或第二义务，不仅模糊了义务与责任的界限，而且在有些情况下也难以理解，学者进一步举例说到：如果说刑事犯罪分子负死刑或徒刑是义务或第二义务，未免牵强。责任和义务不分不仅导致理论上的混乱，而且容易引

❶ ［奥］凯尔森著，沈宗灵译：《法与国家的一般理论》，中国大百科全书出版社1996年版，第73页。

❷ 沈宗灵：《法理学》，高等教育出版社1994年版，第404~405页。

起法律实践中公权力的任意干预。

2. 关于民事责任

民事责任概念与原理和法律责任概念与原理是相通的，但也有不同。关于民事责任的概念，学者有不同的观点，形成了多种定义，总体上看可分为担保说（实质上是义务说）和后果说。

大陆法系国家在法律观念上和立法上深受罗马法的影响，罗马法中义务和责任没有区分，在这方面德国民法理论和民事立法深受其影响。

从《德国民法典》各编关于责任的条文可以看出，《德国民法典》并没有将义务和责任“截然分开”。在《德国民法典》中没有使用“民事责任”这个概念，德国民法上的责任形式是指“损害赔偿”，民事责任仅仅是学理上用的概念，有学者指出：“凡因人为因素引起损害时，被害人得以民法或其他法律规定，向加害人请求损害赔偿，称为民事责任。”[1]《德国民法典》没有专章或专节规定民事责任，而是将损害赔偿义务或损害赔偿责任规定在各编的有关条文中，并将损害赔偿归之为损害赔偿之债，不履行损害赔偿债务的，承担损害赔偿责任。可见德国民法上责任均体现为违反债的责任，没有直接反映侵害物权和人身权的责任。这就是《德国民法典》的民事责任体系的概貌。

我国民国时期的民法典主要是参照了德国民法的学理和体系，关于义务和责任的关系、债务和责任的关系、责任的概念和学理解释，基本上与德国一样。有学者说：“责任者，则系义务不履行之担保”，并指出责任概念之演进：“早期以‘人’”（人格、身体）作为担保，是为人责。发展后以物（财产）作为担保，是为物责，从而产生债法上一项基本原则——‘债务人之所有财产，是为所有债权人之总担保’。而所谓物责，即以债务人

[1] 梅仲协：《民法要义》，中国政法大学出版社1998年版，第231页。

之财产，担保债权之实现”。[1] 担保的方式有：一般担保和特定担保。一般担保是指债务人之所有财产为所有债权人之总担保。特定担保分为人的担保和物的担保。人保（仍为物责）包括债务保证和人事保证。物的担保包括抵押权、质权和留置权。上述定义和解释是对以德国民法为代表的民事责任观念的高度概括，是对“担保说”的高度概括。

按照德国民法原理和立法，侵权行为是债的发生原因之一，侵权行为引起的损害赔偿和不履行合同等债务引起的损害赔偿，统称之为损害赔偿之债。“损害赔偿”是债务，也是责任。有学者说：“民事责任是通过赔偿义务来实现的。”因为债务和责任没有实质的区别，所以债务和责任可以互换位置。有学者说：“侵权行为的后果就是侵权责任成立，此处遵循着义务——责任的逻辑。侵权责任成立，使得受害人有权利请求责任人承担侵权责任。责任人有义务满足受害人的该项请求，向他承担侵权责任。此处的权利、义务发生在相对人之间，权利以请求为内容，符合债权、债务的质的规定性的要求，故这些权利义务关系就是债的关系。”[2]

《德国民法典》建立的关于民事责任的体系对后来学者的研究影响极大，同时也应看到，随着社会经济的发展，关于民事责任的观念和定义也在发展，有些国家的民法典关于责任的观念已经有所变化。早在20世纪70年代末80年代初，前苏联有些学者就改变了关于民事责任的传统观念，在民法教科书的债权法部分专章写“苏联民法中的责任”，而不称“违反债的责任”。有学者特别指出：“在苏联民法教科书中，把责任仅仅看做是违反债的责任的传统观念，根深蒂固。的确，法律责任经常是在违反

[1] 魏振瀛：“论债与责任的融合与分离——兼论民法典体系之革新”，载《中国法学》1998年第1期。

[2] 崔建远、韩世远：《债权保障法律制度研究》，清华大学出版社2004年版，第351页。

债的关系的情况下采用的。但是，不能由此得出结论，民法中的责任只是和违反债有关。在违反其他民事权利和义务的情况下，也适用民事法律责任。所以，正确的说法是苏联民法上的责任。”❶

1986 年颁布的《民法通则》专章（第 6 章）规定了民事责任。其中专节（第 4 节）规定了承担民事责任的方式，第 134 条第 1 款规定：“承担民事责任的方式主要有：（一）停止侵害；（二）排除妨碍；（三）消除危险；（四）返还财产；（五）恢复原状；（六）修理、重作、更换；（七）赔偿损失；（八）支付违约金；（九）消除影响、恢复名誉；（十）赔礼道歉。”第 2 款规定：“以上承担民事责任的方式，可以单独适用，也可以合并适用。”《民法通则》颁布后，有代表性的民法教材多专编或专章或专节阐述民事责任。关于民事责任的定义，多采后果说。有学者认为：“民事责任，亦即民事法律责任，是指民事主体违反民事义务而应承担的民事法律后果。”也有学者认为：“民事责任，是指民事主体因违反合同或不履行其他民事义务所应承担的民事法律后果。”❷ 也有学者认为：“民事责任是指民事主体违反合同义务或法定义务而应承担的法律后果。”❸ 也有学者采制裁说，认为民事责任“是由民法规定的对民事违法行为人所采取的一种以恢复被损害的权利为目的并与一定的民事制裁措施相联系的国家强制形式”。❹ 也有学者主张采担保说，不一而足。

笔者也赞成后果说，同意民事责任与民事制裁既有联系又有区别的观点，并赞成民事责任的承担方式有自动承担、请求承担和强制承担三种，即第一，责任人自动承担责任；第二，当责任

❶ 魏振瀛：“物权的民法保护方法——是侵权责任，还是物权请求权?”，载中国民商法律网。

❷ 王利明：《民法》，中国人民大学出版社 2000 年版，第 531 页。

❸ 魏振瀛：《民法》，北京大学出版社 2000 年版，第 43 页。

❹ 李由义：《民法学（第二版)》，北京大学出版社 1998 年版，第 627 页。

人拒绝自动承担责任时，权利人有权请求责任人承担责任；第三，当经权利人请求，责任人仍不承担责任时，权利人有权请求人民法院强制责任人承担责任。

需要指出的是，说民事责任是违反民事义务的后果，并不是说违反民事义务的后果都属于责任范畴。现在民法学论著中使用“救济”这一概念的比较多，在合同法、侵权行为法和知识产权法的论著中，有些用“责任”而不用“救济”的概念，有些则相反，用“救济”而不用“责任”的概念，有的二者兼用，因此有必要区分民事责任和民事救济这两个不同的概念。

民事责任与民事救济有共同点，共同点之一是前提相同，民事责任和民事救济都是以当事人一方的民事权益受到侵害或者有受到侵害的可能，否则就不发生民事救济问题。共同点之二是目的相同，民事责任和民事救济的目的都是保护民事权利。同时，民事责任和民事救济是有区别的，区别之一在于内涵不同。民事救济泛指民事权利受到侵害时的救助方法，包括民事责任，但不限于民事责任，除民事责任外，还包括权利人依法可以行使的权利，如普通法上的撤销合同，行使法定抵押权等。另外，民事救济还包括一些法律规定或由法院认定的关系的效力，例如民法中的自卫行为和自助行为等，对于这些，学理上可称之为权利的救济方法，但不是责任。民事责任和民事救济的区别之二在于实现方式不同。责任是指不履行义务或侵害他人权利应承担的法律后果，民事责任是以国家的强制力为后盾的，民事责任与民事制裁相联系，经权利人请求，责任人仍不承担责任的，可导致民事制裁。民事责任以外的民事救济的实现方式是权利人行使权利、拒绝履行、自力救济、当事人协商，以及由法律确认某种民事法律关系等，不通过国家的强制力实现。

三、多种民事责任形式的立法例

德国模式的民法典规定的侵权责任形式是“损害赔偿”，并将这种侵权责任归入损害赔偿之债。我国《民法通则》规定的侵权责任形式不限于损害赔偿，也不归入损害赔偿之债。规定的主要的民事责任形式有十种，其中有七种属于侵权责任，即停止侵害、排除妨碍、消除危险、返还财产、恢复原状、消除影响、恢复名誉、赔礼道歉。其中赔偿损失既可适用于侵权责任，也可适用于违约责任或违反其他债的责任。

《民法通则》规定的停止侵害、排除妨碍、消除危险、返还财产在《德国民法典》中相应的条文是基于所有权的“返还请求权”（第985条）、“除去侵害请求权和不作为请求权”（第1004条），加上他物权对这两条规定的适用，学者统称之为物上请求权或物权请求权。❶ 将德国民法上的物权请求权形式在《民法通则》中作为侵权责任形式规定，按照德国民法观念来看，可谓理论上的错误。《民法通则》将传统民法上的侵权责任形式损害赔偿变为多种侵权责任形式，按照传统侵权行为观念来看，可谓概念上的错误。

但是，如果不是以德国民法上的物权请求权的规定和其理论作为判断正确与错误的标准，如果不是以传统的侵权行为法立法和其理论作为判断正确与错误的标准，《民法通则》的规定就不但不是理论上的错误，相反，这些责任形式的规定，实际上改变了传统民法上的侵权行为和侵权责任的概念，创造性地将侵权责任形式从损害赔偿转化为多种责任形式，是立法上的一个极为显著的创新，它反映了民事责任理念的改变，而且直接涉及未来我国民法典体系，也直接关系到侵权责任体系以及侵权行为理论的扩展。

《民法通则》采取如此规定是有一定的理论依据的。

有学者认为，《民法通则》所根据的是有关法律责任的概念

❶ 阳平：《论侵害知识产权的民事责任——从知识产权特征出发的研究》，中国人民大学出版社2005年版，第16页。

与原理和民事责任的概念与原理上的后果说。[1] 根据后果说，民事责任是违反民事义务的后果，违反物权义务，侵害物权的后果是侵权责任。以物权为例，物权法律关系的义务人的义务是不作为，只要不侵害物权人的物权，就是尽了不作为义务。如果违反了不作为义务，侵害了他人的物权，就因当产生承担侵权责任的后果。

另外，从立法技术方面看，《民法通则》专章规定的民事责任，反映了我国新立法模式的形成。

1982 年《宪法》第 5 条规定："一切违反宪法和法律的行为，必须予以追究。任何组织或个人都不得有违反宪法和法律的特权。"宪法的这条规定为我国各种法律规定法律责任提供了指导原则。我国自 20 世纪 80 年代初期，在立法技术方面逐渐形成了一种立法模式，即在一些条款较多的法律中，将法律责任列为单独一章或一节。从我国逐渐形成的立法模式上看，《民法通则》专章规定民事责任，不是偶然的。

最后，从社会实际方面看，这种制度创新是适应我国改革开放和社会发展的需要的。

改革开放之前，我国长期实行在公有制基础上的高度集中的计划经济，在意识形态上"重公轻私"，在法律上"重刑轻民"，"文革"时期民事权利特别是人格权受到严重侵害。"文革"之后，实行改革开放政策，法律观念、民事权利观念增强，《民法通则》就是为了适应新时期新需要而起草和颁布的。《民法通则》规定了多种民事责任形式，不仅强调对财产权的保护，而且强调对人身权的保护，将消除影响、恢复名誉、赔礼道歉等非财产责任形式与财产责任形式并列，这是我国"文革"期间发生过的严重侵害人格权的教训的总结，也是适应现代社会发展潮流

[1] 魏振瀛："物权的民法保护方法——是侵权责任，还是物权请求权?"，载中国民商法律网。

的表现。有学者指出，如果说《民法通则》是中国的“民事权利宣言”，《民法通则》规定的多种民事责任形式则是实现“民事权利宣言”的法宝。❶

《民法通则》做如此制度设计，其优点是显见的。其一在于，这种立法方式突出了对人格权的保护，符合时代潮流，突破了传统民法的局限，超越了债的范畴，建立了消除影响、恢复名誉、赔礼道歉等责任形式，有利于对不断发展的人格权的保护。❷ 这些责任形式对于刚从“文化大革命”时期走出来的知识分子，有着特别的意义。

第二个优点在于，多元化的民事责任形式具有开放性，能够适应社会发展的需要。

传统民法的责任形式是损害赔偿。而《民法通则》规定了多种责任形式，适应了社会的实际需要。《民法通则》第 134 条规定的承担民事责任的方式主要有 10 种，就是说还会有其他责任形式，这样规定具有开放性。这里说的开放性不是任意性，民事责任形式必须由法律规定。这样规定为今后增加新的责任形式留下了空间，为民事特别法规定民事责任形式提供了法律依据。如果知识产权法将销毁侵权物规定为侵害知识产权的责任形式，就使民事基本法规定的责任形式与民事特别法规定的责任形式相呼应。这样规定也为法院创造性地适用法律提供了法律依据。法院可以根据实际需要，采取扩大解释的方式灵活地适用民事责任形式，为创立新的责任形式作好了准备，在条件成熟时就可能将其提升为新的民事责任形式。

第三个优点在于，《民法通则》中关于民事责任的表述用语通俗，含义清楚。

---

❶ 转引自魏振瀛：“物权的民法保护方法——是侵权责任，还是物权请求权?”，载中国民商法律网。

❷ 王利明：“人格权制度在中国民法典中的地位”，载《法学研究》2003 年第 2 期。

《民法通则》规定的多种责任形式，使用的是通俗的大众语言，其内涵容易理解，又不失科学性。即使有不同的理解，也容易达成共识，不像德国法上的妨害与损害那样不好区分和掌握。《民法通则》规定的责任形式各有不同的含义，便于法官理解和适用法律，便于人们理解和遵守法律。一部好的法典在语言方面，既应体现科学性，又应体现其实用性。著名的《瑞士民法典》的起草人欧根·胡贝尔主张："这部法典必须以民众的思想来说话。"[1]《民法通则》规定的民事责任形式和其在语言方面也有这样的优点。

《民法通则》有关民事责任形式的立法模式为我国以后的民事立法提供了重要的参照。我国近几年公开出版的三部民法典草案学者建议稿，对民事责任的安排方法虽各不相同，但大多都可以从中看见《民法通则》中民事责任形式的影子。

建议稿一为社科院版本，具体将"侵权行为"作为与"债权总则"、"合同"并列的独立的一编。在侵权行为编中将"侵权的民事责任"规定为一章（第 67 章），第 1 节"一般规定"，第 2 节"损害赔偿"，第 3 节"其他民事责任方式的适用"。第 3 节用四个条文分类规定了 8 种责任方式，即停止侵害、消除危险、排除妨害、返还财产、恢复原状、赔礼道歉、消除影响、恢复名誉。该建议稿在专章规定侵权责任的同时，在物权编（第 2 编）第 9 章第 3 节还规定了物权请求权。

建议稿二为法工委版本，没有采纳《民法通则》的责任立法模式，而是采取了请求权体例。具体是在"财产关系法"编（第 2 编）的第 8 分编（债法分则）中规定了"侵权行为之债"（第 3 题），其中第 4 章为"侵权责任确定"财产关系法编，第 5 分编物权法的第 2 章，专节（第 3 节）规定了物上请求权，内容

[1] 魏振瀛："物权的民法保护方法——是侵权责任，还是物权请求权?"，载中国民商法律网。

与侵权责任近似的有："返还请求权"、"排除妨害请求权"。

建议稿三为人民大学版本，将"侵权行为"规定为独立的一编（第8编）列为民法典的最后一编。该编第1章总则设有一般规定，其中第1841条的标题是"侵权责任的方式"，规定的责任方式有：（一）停止侵害；（二）排除妨碍；（三）消除危险；（四）返还财产；（五）恢复原状；（六）赔偿损失；（七）消除影响、恢复名誉；（八）赔礼道歉。这个规定的概念和排序与《民法通则》的规定相同。该建议稿在规定侵权责任的同时，在人格权编中设有人格权请求权，在物权编中规定了物权请求权。

三个学者建议稿的上述规定说明了两个问题：一是说明起草者对《民法通则》规定的民事责任很重视，都以不同的形式作了规定；二是三个建议稿对民事责任（包括侵权责任）的安排差异很大，反映了理论观点的重大分歧。相似的是，各建议稿基本上都承认侵权责任与物权请求权竞合，但对两者竞合情况下如何选择的问题未作规定。

应当注意的是，从出台的多个民法典草案中对侵权责任的表达看，有两个建议稿都采纳了侵权责任多样化形式的观点，延续了《民法通则》对侵权责任内容的扩充。这也可以看出，即使是侵权行为法学者，也至少从理论上突破了侵权行为之债为惟一责任形式的固有思维，转而以多种责任形式构筑侵权责任体系的思维模式了，这一转化为实质上丰富侵权行为理论扫除了障碍。

基于以上原因，有学者建议以侵权责任替代物权请求权，淳化侵权责任形式的适用。[1] 具体的立法模式是：不规定物权请求权，在民法典中将民事责任在三个部分规定：

（1）在民法典总则编简要规定民事权利、民事义务的同时，对民事责任作一般性规定；

---

[1] 魏振瀛："论请求权的性质与体系——未来我国民法典中的请求权"，载《中外法学》2003年第4期。

（2）将违反债的责任规定在债编内；

（3）侵害物权、人身权、知识产权等绝对权的责任，在侵权行为（侵权责任）编规定，不规定物权请求权及其他绝对权请求权。

笔者赞成这一观点，只有如此才能够一方面实现扩充侵权行为法理论的目标，解决侵权行为法体系内部的矛盾；另一方面为解决知识产权侵权行为的适用难题打下基础。

四、新的侵权民事责任体系的构成

从民事权利的分类看，以权利相互之间的关系为标准，民事权利可分为原权（又称原权利）与救济权。“因权利之侵害而生之原状回复请求权及损害填补之请求权谓之为救济权；与救济权相对待之原来之权利则谓之为原权。”据此分类，物权请求权的性质是救济权。物权请求权与债权请求权不同，债权既有原权利请求权，又有救济权请求权。物权是支配权，不是请求权。因此，只有当物权受到侵害时方能产生救济权。基于救济权而产生的请求权是救济权请求权，物权人行使其救济权请求权，就是要侵权人承担侵权责任。[1]

1. 新的责任体系的构成内容

《民法通则》第6章民事责任的规定，形成了民事责任体系，在此基础上，未来我国民法典可以考虑形成独特的民事责任体系或侵权责任体系。新的侵权责任体系应具有适应社会需要的丰富内容，且能将传统侵权行为法和《民法通则》的规定融合在一起，最终形成民法典规定的基本侵权责任形式和特别法规定的侵权责任形式构成侵权责任体系的二元结构。建构新的民事责任体系是有其必要性和可行性的。

首先，现代社会的发展需要多种民事责任形式。

[1] 魏振瀛：“论请求权的性质与体系（上）”，载《中外法学》2001年第3期。

由于现代社会经济、科学、文化的发展，民事权利特别是人格权和知识产权迅速的发展，“环境权”的观念日益浓厚，今后有可能在法律上形成环境权的概念，增加新的民事权利类型。由于科学技术日新月异，广播、电视、网络等传媒系统发达，录音、录像、夜间摄影机、针孔摄像机、多功能手机等高新技术的应用，侵害人格权和知识产权的方法及类型增多，侵害程度加重，影响面扩大。现代工业、交通的进步，给人们带来幸福，同时造成的高度危险和环境污染，侵害财产权和人身权的情况加剧。

在市场经济高度发展的情况下，采取不正当竞争和其他非法手段侵害他人权益的事件层出不穷。近现代民法的发展形成了多种民事权利体系，不同的民事权利的民事保护方法有共同点，也有不同点，为了充分保护各种民事权利，就需要有与其相适应的民事责任形式。

现代社会既不同于《法国民法典》颁布时的风车水磨时代，也不同于《德国民法典》不大重视人格权的时期。《德国民法典》以调整财产关系为中心，对人格权的保护不够，根本不涉及知识产权，损害赔偿的责任形式足以适应当时的需要。我们在21世纪的今天制定民法典，需要加强对人格权的保护，作为民事基本法的民法典不能不考虑对知识产权的保护，不能忽视环境污染对民事权益的侵害。在这种情况下，仅仅损害赔偿一种责任形式远远不能适应保护民事权益的需要。消除影响、恢复名誉、赔礼道歉等责任形式是不能用损害赔偿替代的，也不应对这些责任形式称之为损害赔偿。今后，随着民事权和民事权利意识的发展，还可能需要不能用损害赔偿替代的其他新的责任形式。

除人格权的民事保护方法有不同于财产权的民事保护方法的特点之外，知识产权的民事保护方法也有不同于物权和债权民事保护方法的特点。例如销毁侵权工具和侵权产品等就难以纳入其他民事责任形式。英国早在《安娜法》中就规定：“……如果书店、印刷者或其他任何人未经版权所有人的许可，印制、重印或者进口……任何书籍，侵权者应将上述书籍移交给版权所有人，后者应立即将这些书籍化为废纸……”世界贸易组织协定中《与贸易有关的知识产权协议》第46条规定，司法当局有权考虑受害人的请求或自行决定，责令销毁侵权商品，责令将主要用于制作侵权商品的原料与工具排除商业渠道。在我国知识产权审判中，受害人常诉请法院收缴侵权工具及销毁侵权产品。有学者认为：“对于侵权工具及侵权产品的处理从法理上讲双方当事人可以协商解决……收缴侵权工具及销毁侵权产品，本身具有更强的民事责任性质，应该作为民事责任方式而非行政责任或民事制裁措施来对待。”这类问题虽然有待进一步探讨，但是学者所提出的增加新的民事责任形式的观点应当肯定。“销毁侵权物”这类责任形式如果作为民法的基本责任形式，可能造成打击面过宽的副作用，可考虑在知识产权法中作为侵害知识产权的特定责任形式规定。

其次，有必要进一步明晰物权法与侵权行为法的界限。

物权请求权包括返还请求权、妨害除去请求权和妨害防止请求权等。由于近代工业和科学技术的发展，特别是由于环境的破坏和污染对物权和人格权的严重侵害，将妨害除去和妨害防止作为物权法的组成部分，已经显示出其局限性。在这方面日本的环境侵权方面的判例和学说的发展给出了进一步的佐证。有趣的是，《日本民法典》虽然借鉴《德国民法典》的体系，但是没有规定物权请求权（学者通说肯定物上请求权）。在环境法领域，对于妨害除去和妨害防止的法律对策，日本判例和学说在侵害排除的法律构成上颇费了一番工夫，在理论上存在着权利说和侵权行为说（生活利益说）之争。权利说中又分为物权请求权说、人格权说和环境权说。物权请求权说曾一度被作为日本判例、学说的通说。自1970年以后，该说受到激烈的批判，学者指出该说的主要缺陷是：第一，物权请求权的产生须以物权存在为前提，在环境侵权中，有些不存在物权，例如，通行人、来客、入院患者、在校学生等可能因无物权而难以获得救济；第二，公害、生活妨害的本质在于对人类自身健康乃至生活的侵害，而与居民或土地上所有物的所有者或享有物权者并无直接的关系，而物权请求权却以土地利用妨害为理论构成前提，与被害的实质不相符合，并且，有轻视人格利益重要性之嫌；第三，物权请求权说强调其法的安定性，但这只是物权请求权概念的安定性，与此相对，在个别生活妨害事件中，法院对是否承认侵害排除请求权进行利益衡量的场合极多。为此，物权请求权的外延仍存在不明确的地方。

不仅如此，在司法实务中，以物权请求权为侵害排除请求权的构成理论还面临不少难题。例如，因事业公共性而限制物权请求权时，是否应该承认受害人无过错补偿请求权；加害者为复数的场合，是否依据侵权行为法上的共同侵权行为理论展开共同物权请求权等。[1]

再者，建构新的民事责任体系并不需要过多的立法成本，而且类似的立法例在国内和国外均有先例。自我国《民法通则》颁布以来，虽然有些学者对这一制度设计提出了置疑，但这种置疑是以《德国民法典》构建的责任体系为观察视角而提出的，如果我们换个角度，以苏联民法理论为基础，考虑到中国的实际情况，这种制度设计未必就是一种错误，相反是一种新的创新。从《民法通则》实施多年来的情况看，这种责任体系设置并未在司法审判中遇见障碍，并未有任何一个司法解释针对这种责任形式进行过阐述，在民众之间也未遇见不解之处。由此可以推知，这种责任体系的设置即使不能断定为成功的立法例，也绝对不是一种失败的立法例。

---

[1] 罗丽：《中日环境侵权民事责任比较研究》，吉林大学出版社2004年版，第343～346页。

2. 变革后的侵权责任的概念与内涵

《民法通则》关于民事责任和侵权责任的规定，改变了民法法系上的侵权责任概念和内涵。侵权责任和侵权行为是既有联系又有不同的两个概念，侵权责任是指因侵权行为产生的责任。各国民法典关于侵权行为规定的称谓不同，其内容大同小异，没有根本的区别，但在称谓上反映的着重点是有区别的，有的重在行为，有的重在损害赔偿之债，有的重在责任。《民法通则》第6章第3节规定“侵权的民事责任”，第117条第1款规定：“侵占国家的、集体的财产或者他人财产的，应当返还财产，不能返还财产的，应当折价赔偿。”第2款规定：“损坏国家的、集体的财产或者他人的财产的，应当恢复原状或者折价赔偿。”第3款规定：“受害人因此遭受其他重大损失的，侵害人并应当赔偿损失。”

关于侵权行为的概念，学者的观点不同，比较典型的有四种学说，即过错行为说、违反法定义务说、责任说和不法侵害他人权益说。持不同学说的学者给侵权行为下定义就反映了其强调的重点不同，其共同点是都指向损害赔偿。

传统民法学上通常只讲侵权行为的概念，不大讲侵权责任的概念，有的学者在讲侵权行为时顺便提到有关侵权责任的问题。民事立法上明文规定侵权责任，并建立了侵权责任制度的是我国的《民法通则》。《民法通则》颁布后，在民法教科书中，有的直接讲侵权的民事责任或侵权责任，有的既讲侵权行为，又讲侵权责任。学者对侵权责任的概念有不同的描述。常见的表述是认为侵权的民事责任是“民事主体因实施侵权行为而应承担的民事法律后果”。❶

从《民法通则》的规定和学者根据《民法通则》对侵权行为和侵权责任所下的定义可以看出，至少从观念上，学者们已经

---

❶ 佟柔：《中国民法》，法律出版社1990年版，第562页。

改变了民法法系上侵权行为的传统概念，脱离了损害赔偿之债的影子，这样的改变在立法上可谓独此一家。

所以，变革以后的侵权责任中的“责”泛指那些因实施侵权行为而可以引起的民事法律后果（各种责任形式），绝不单指一个损害赔偿，相应地，当我们谈到侵权行为的时候，也绝不是仅指那些能够以侵权行为之债涵盖的侵权行为，而泛指那些违反法律的规定或不侵害他人义务的要求，实施的侵犯他人合法权益的行为。当然这种权益仍然以绝对权为主。

从法理学上讲，改变侵权行为的概念和其内涵，是个重大的变革，如果需要花费很高的成本则不应变革。根据我国已有的立法，参考外国的立法和学理，这种变革在立法技术上并不困难，不需要花费高成本，而且容易被公众接受。相反，如果废弃《民法通则》关于民事责任的规定，抛弃既有的司法实践经验，规定物权请求权，不仅不易被公众接受，还会产生一般法律工作者不易掌握的难题，花费的成本可能是很高的。事实上，《民法通则》的规定已经形成了具有中国特色的侵权责任体系。侵权行为法学者理应从根本上顺应这一责任体系，而不是固守表面的多种而实质一种责任形式的思维模式。

3. 物权请求权向侵权责任的转变

从物权请求权转变为侵权责任，比较复杂的是返还原物请求权的转变，其复杂点在于，德国民法上规定的返还原物请求权有随其产生的三个“从请求权”，即因占有物的毁损或者灭失产生的损害赔偿请求权、收益返还请求权和费用返还请求权。[1]根据我国法律规定，属于无权占有的包括因民事行为不成立、被撤销或者无效形成的无权占有，因误认他人的物为已物构成的无权占有等。这里应当说明的是，对这些无权占有在法律上认定为侵

[1] ［德］迪特尔·梅迪库斯著，邵建东译：《德国民法总论》，法律出版社2000年版，第70页。

权，是因为无权占有人在事实上侵害了物权人的权益，违反了不作为义务，要求占有人承担无过错责任，在法律上和道德上都没有谴责的意思。

对于妨害除去请求权和妨害防止请求权向侵权责任转变，在适用法律上比较简单。将妨害除去请求权和妨害防止请求权转变为侵权责任，不问侵害人有无过错，即作为无过失责任的一种类型，理论上不再赘述。

物权请求权向侵权责任的转变还涉及人格权请求权和知识产权请求权问题。从权利、义务、责任的原理看，不规定人格权请求权，也可以采取侵权责任的方案处理，这与不规定物权请求权的理由基本相同。这里需要进一步具体阐述的是关于人格权请求权是否适用诉讼时效的问题。人格权请求权是否适用诉讼时效，既有理论问题，也有立法政策问题。首先需要分析人格权请求权的内容。近期有学者从未来民事立法的立场，提出对消除影响、恢复名誉、赔礼道歉重新定位。主张把赔礼道歉视为损害赔偿的变态，将恢复名誉、消除影响规定为人格权请求权。[1] 这里需要指出的是，并不是绝对权请求权的所有内容都可以自然的转化为侵权责任，在转化时还需要具体问题具体分析。按照德国民法理论，消除影响和恢复名誉，显然不应纳入人格权请求权的范围。

近年来，知识产权请求权是一个热门的话题，有学者认为其不但在学理上存在，也得到了司法的确认，权利人据其提出的诉讼请求可以得到法院的当然支持。学者对于知识产权请求权的形式展开了进一步的讨论，涉及的内容主要有停止侵害请求权、妨害预防请求权、废弃请求权、获取信息请求权、赔礼道歉、消除影响请求权等六种。比较有异议的是废弃请求权和获取信息请求权，该两种请求权是学者解说 TRIPs 协议相关规定提出的观点。其中，“废弃请求权”是指知识产权人据以请求侵权人将侵权产

[1] 杨立新等：“论人格权请求权”，载《法学研究》2003 年第 6 期。

品、侵权行为产生的物以及用于制作侵权产品的原料和设备排除出商业渠道的权利。这里所说的“废弃”和有些学者讲的“收缴侵权工具及销毁侵权产品”类似，可简称废弃侵权物请求权。对于此，有学者赞成将废弃侵权物可作为一种侵害知识产权的责任形式。❶ 其理由是废弃侵权物是保护知识产权的重要形式，而且废弃侵权物的实现，可以通过当事人协商解决，也可以由受害人请求法院强制执行，因此可作为保护知识产权的一种侵权责任形式。

至于获取信息请求权，是指当发生知识产权侵权时，权利人借此可以要求侵权行为人将涉及侵权产品或服务、侵权行为所产生的物品、用于生产侵权产品的原料和设备的信息，以及有关侵权产品的生产和销售渠道、涉及侵权行为第三人的信息告知自己的权利。对这类情况，有学者是作为侵权责任考虑的。也有学者指出，世贸组织的 TRIPs 协议已将“向被侵权人公开侵权人的销售渠道”作为一种特殊的侵权责任。❷ 笔者认为，无论作为知识产权请求权形式还是作为知识产权侵权责任形式，都应当是可以强制执行的，要求侵权人公开侵权信息是否能强制执行？如果不能强制执行，可称之为一种救济措施，而不将其称之为民事责任。

综上，将停止侵害、排除妨碍、消除危险、返还财产作为物上请求权的类型，仍然按照《民法通则》的规定，将其作为侵权责任形式，不是人为地肢解完整的物权制度，把停止侵害、排除妨碍、消除危险、返还财产规定在侵权责任编，其中停止侵害、排除妨碍、消除危险，不仅适用于侵害物权，而且还可以适用于侵害人格权和侵害知识产权，这样可以简化立法。知识产权

❶ 魏振瀛：“物权的民法保护方法——是侵权责任，还是物权请求权?”，载中国民商法律网。

❷ 郑成思：“侵权责任、损害赔偿与知识产权保护”，载《环球法律评论》2003 年冬季号。

学界有学者提出："具体到'侵权法'的结构，似可以不以现有的法、德、意、荷、日乃至台湾地区的侵权赔偿责任的窄框架为蓝本，而延续我国已经在近20年中把（至少）9种侵权责任在一篇中加以规定的名实相符的'侵权法'（或侵权责任法）。与已有法不同的是：把无需要'四要件'的那部分侵害责任（如停止行为的责任）与必须有'四要件'的那部分侵害责任，明确区分清楚。这种修改并不大，但却是实质性的、极端重要的。以这样的框架起草'侵权法'可以省去物权篇（或者还有人格篇、知识产权篇）中'物权保护'中的除'确认权利'之外的绝大多数条文。因为它们都进入'侵权法'中无需'过错'等前提的那部分侵权责任中了。这种立法选择的优点是纹路清晰且避免重复。"❶ 这种观点与笔者的观点是相似的，在民法学界，也可以寻找到理论支撑，我国《民法通则》就是与该观点相似的一个立法例。

有学者对未来我国民法典中侵权责任形式体系安排提出了初步设想：即民法典的最后一编定为"侵权责任"，侵权责任编的最后一章定为"侵权的责任形式与适用范围"。❷

在该章第1节为一般规定，主要内容为列举侵权的责任形式以及侵权责任形式适用的一般规定。在这里，可以将侵权责任形式统一规定在内。

该章第2节为赔偿损失，主要内容包括一般规定，包括赔偿的原则、赔偿的方式、过失相抵、损益相抵、损失的分担等。

第3节为其他侵权责任形式的适用，主要内容有：各种侵权责任形式的适用范围以及是否适用诉讼时效的规定。

该学者的设计模式将侵权责任的规定引入到为不限于损害赔

❶ 郑成思："中国侵权行为法理论的误区与进步"，载《中国工商管理研究》2001年第2期。

❷ 魏振瀛："物权的民法保护方法——是侵权责任，还是物权请求权?"，载中国民商法律网。

偿的多种责任形式领域内，并将侵权责任形式单独列出，以其统领侵权责任体系，扩充了传统民事侵权行为理论的边界。同时，采取区分损害赔偿责任形式和其他侵权责任形式的适用范围和具体适用规则的办法，使得两种责任形式所适用的情形在侵权行为构成和归责原则上分属两个不同的体系，解决以损害赔偿责任涵盖其他侵权责任不足出现的侵权行为法体系内部的矛盾。而且，注意到了物权请求权的自我特性。

笔者对这一观点极为赞同。实际上，就连侵权行为法学者本身也承认停止侵权等物权请求权同时也属于一种责任形式，对这一责任形式的适用是不问行为人的主观过错的，只是一谈到归责原则和侵权行为构成要件，学者们又自然地以损害赔偿为核心来进行论述了。

由此，我们可以沿着权利、义务、责任的逻辑思维，在未来民法典和侵权责任编的制定中体现“权利、义务、责任”的思维模式，继受《民法通则》首创的多种民事责任并存的民事责任制度。具体可以将《民法通则》的规定稍作调整即可纳入民法典的有关部分，形成具有民事责任制度的科学的民法体系。在侵权行为法已经初步成形的今天，这种论述也许还不太晚。

延续这一思路，依照“权利—义务—责任”这样的逻辑进路，我们可以从侵权责任入手，实现重构我国侵权行为法理论体系的目标。

通过将请求权内化为民事责任形式，理清概念本身所应具有的含义以及相关概念之间的逻辑联系，为了更为清楚地表达不同概念之间的关系，我们可以用一个简单的框图来表达重构之后的侵权责任体系以及其与其他概念之间的逻辑联系。

因此，未来我国民法典应当借鉴《德国民法典》和我国民国时期的民法典，设立物权编和债权编，但是可以不规定物权请求权。将物权请求权转变为侵权责任，规定在民法典的侵权责任编中，理论上有根据，立法技术上行得通。将物权请求权转变为

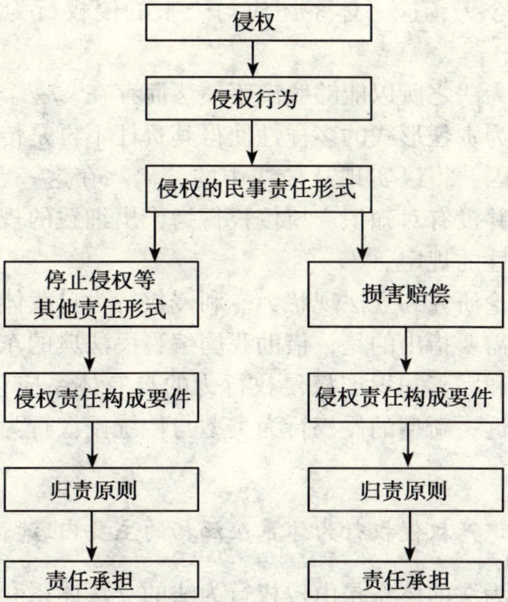

图 3－1　新构侵权责任体系的逻辑进路

侵权责任，不仅不会破坏物权与债权的科学体系，而且会使物权与债权的区分更加明晰，债与责任的区分更加明晰，并且可以使侵权行为法对知识产权侵权行为的指导作用更加有力。

第四节　专利侵权行为自有体系的建立

前已述及，知识产权侵权行为是一类异于传统侵权行为的新的侵权行为类型，具有自己的内在规律，需要单独考虑它的法律规制和理论研究问题。

各国立法者没有将知识产权侵权行为纳入本国的民法典或侵权法律规范之中，因此，知识产权侵权行为理论研究和立法体系完全具有自成体系的基础。这一体系应既遵照侵权行为法理论体系基本框架，同时，又具有自己的特色内容。在侵权行为法已经独立成编的今天，这一体系还应与未来的侵权行为法草案相互契合。

侵权行为法之所以能够脱离于债法而存在，一个重要的原因就是侵权行为责任形式的多样性使得其责任不再是传统意义上的债的发生原因，得以实现从债法中的分离。在这一新的体系内，侵权行为法并没有对知识产权侵权行为作出细致的规定，而仅仅作出了原则性的规定。[1]

这些理论研究和立法现状为专利侵权行为自我体系的建立留下了空间。需要指出的是，借助我国编纂民法典的东风，我们不仅可以研究和完善知识产权侵权行为的自有体系应包含的内容，还应该研究这一新型的侵权行为类型与传统侵权行为法理论之间的连接方式。

一、知识产权侵权行为体系应涵括的主要内容

侵权行为法的体系是由侵权行为法的立法体系和法学体系组成的，两者之间具有一定的系统性和逻辑性结构。[2] 据此，笔者认为，知识产权侵权行为的自有体系应该包括立法体系和法学体系两部分。

1. 知识产权侵权行为的立法体系

目前，有关知识产权侵权行为的立法大部分由知识产权单行法解决，《民法通则》以及民法典草案中的侵权行为法编均采取以少量条文作为链接点的方式，概括性地规定了知识产权侵权行为责任的有关问题，这些规定显然是不足的，剩下的不足部分可以采取两种方式，要么在未来的民法典中予以包含，要么在以后修改知识产权法时予以考虑。

---

[1] 如有学者建议稿规定：侵害他人知识产权、商业秘密的，应当承担停止侵害、赔礼道歉、赔偿损失等侵权责任。王利明：《中国民法典学者建议稿及立法理由侵权行为编》，法律出版社2005年版，第26页。

[2] 王利明、杨立新：《侵权行为法》，法律出版社1996年版，第6页。

如果采取第一种做法，就需要民法学者重新考虑草案中的侵权行为法编，将知识产权侵权行为的规则纳入到草案中，如明确侵权行为的构成要件、侵权责任的形式以及承担不同侵权责任的归责原则等。这一做法既可以宣示知识产权作为民事权利的私法地位，还可以奠定民法典侵权行为法编在规制知识产权侵权行为时的普通法地位，再加之草案已经搁浅，重新起草已成定局，因而是可以考虑的。

第二种做法是维持现有的《民法通则》以及民法典草案的做法，采取在适当情况下修改知识产权单行法或出台司法解释的方式解决知识产权侵权行为法律规范不明确的问题。知识产权法是深受技术变革和社会变革影响的法律制度，对其的频繁修订本身符合其发展规律，这一做法也可以逐步实现最终的立法目标。

2. 知识产权侵权行为的法学体系

侵权行为法的法学体系，是指以研究侵权行为法为内容的法学的内在结构。[1] 据此，知识产权侵权行为法学不仅要研究现行的知识产权侵权行为法律规范，还要研究知识产权侵权行为法的历史和未来发展趋势，侵权行为法律规范的内部关系和体系、归责原则以及在各项制度中的体现、损害赔偿在各类具体的侵权案件中的具体运用等，还应该研究我国知识产权侵权行为法的理论和司法实践，为司法审判人员正确适用法律提供理论支持，为侵权行为法的立法完善提出可行的建议。[2]

二、专利侵权行为体系的主要内容

基于以上研究内容的分析，笔者认为，我国专利侵权行为法学研究的体系可以包括以下内容。

---

[1] 杨立新：《侵权行为法专论》，高等教育出版社2005年版，第19页。

[2] 杨立新："中国侵权行为法的百年历史及其在新世纪的发展"，载《国家检察官学院学报》2001年第2期。

1. 专利侵权行为的构成要件与责任构成要件

这是专利侵权行为理论的基本问题。具体包括专利侵权行为的概念、侵权行为的构成要件、侵权行为责任的主要形式、不同责任形式的适用场合、侵权责任的构成要件等。有必要说明的是，在知识产权侵权行为的大框架下，不同类型的侵权行为，其所区分的“权”的内容是不同的。相应地，侵权行为的构成（或称为认定）条件、侵权责任形式、侵权责任的构成要件都存在差异，需要具体问题具体分析。

2. 专利侵权行为归责原则系统

专利侵权行为的归责原则不同于传统侵权行为理论上的归责原则，应该分不同情况来分析专利侵权行为的归责原则，而且也不应仍然局限在以归责原则（如无过错责任原则）的产生原因和立法宗旨来分析其在专利侵权行为领域内的适用。该部分研究应该归纳整理我国专利侵权行为归责原则的体系，区分无过错责任和过错责任原则的适用场合和调整范围，研究物权请求权体系与民事责任体系竞合的合理性及其解决方式。

3. 专利侵权行为的表现形态

研究专利侵权行为的具体分类和表现形式，包括专利侵权行为形态的划分标准和划分的意义，区分不同类型的专利侵权行为的表现形式和构成要件，分清各类侵权行为在构成要件和责任承担等方面的特点。

4. 专利侵权的损害赔偿责任与其他责任形式的适用

专利侵权的损害赔偿采取的是过错责任原则，但是损害赔偿的计算具有多种标准。这部分主要研究损害赔偿的原则、赔偿原则的适用条件和适用后果以及赔偿的计算标准等问题。此外，除损害赔偿责任之外的其他责任形式的适用标准也需要考虑。

5. 专利侵权行为的诉讼时效研究

知识产权是一类新型的财产性权利，属于绝对权的范畴，它与物权、人身权等对世权具有相似的、得以对抗不特定的义务人的效力，在时效方面的规则与物权具有相似性，区别在于物权的占用制度不适用于知识产权领域。

我国民法只规定了诉讼时效，而未规定取得时效。因此一般认为，在物权的保护领域不适用诉讼时效，权利人对其物的追索权基于物权的存在而存在，只有当物灭失后，权利人的物权请求权才归于消灭。而在债权领域，权利人行使权利应受时效的约束。同样，在专利侵权行为领域，专利权人拥有的请求权理应与专利权相伴相生。我国专利法没有规定专利权人基于其权利享有的物权请求权的时效，但规定了债权请求权的时效，债权请求权的时效与传统的诉讼时效制度还略有差异，这些都可以作为待研的问题。

6. 专利侵权的抗辩事由

在传统侵权行为领域，一定的侵权行为抗辩事由总是与侵权行为的类型相联系的，一般侵权行为的抗辩事由主要是他人的过错或其他不可抗拒的外来因素，特殊侵权行为的抗辩事由法律作出了明确规定，这些抗辩事由与行为人的主观意志无关。在专利侵权行为领域，侵权行为的抗辩事由既不在于行为人的主观意志，也不在于外界环境的不可抗拒因素，而在于社会公益或文化教育以及整个社会福利的增进，因此，专利侵权的抗辩事由具有完全不同于传统侵权行为的抗辩事由，需要对其进行研究，分析这些抗辩事由的规定及其构成和相应的免责后果。需要注意的是，对于不同类型的知识产权，其侵权行为的抗辩事由是不同的。

从各国知识产权立法和司法实践以及学者的理论研究看，有关知识产权侵权行为的规定都是针对具体的知识产权侵权行为类型进行的。[1] 因此，在展开上述研究的过程中，多数问题必须针对具体的知识产权种类而分别研究，至于在某一个待研究的问题上是否存在一个适用于所有知识产权侵权行为的共同规律，还有待继续研究。以上问题应该是知识产权侵权行为领域的待研问题，也是完善知识产权侵权行为研究的待研课题。

在本书中，受到笔者精力的限制和文章的篇幅限制，暂以具体的专利侵权行为作为研究对象，将其他工作留待以后研究，期望这些工作能够得到其他学者的共同关注。

---

[1] Cornish, William, *Intellectual Property: Patents, Copyrights, Trademarks & Allied Rights*, Sweet & Maxwell, 2003.; Lesser, L., the Problem with Patents, in *Industry Standard*, 23 (April 1999).

第四章　重构理论在专利侵权行为领域的具体适用

经过扩张之后的民事侵权行为理论可以满足指导专利侵权行为这一特殊侵权行为类型的要求。按照扩张后的民事侵权行为理论，在判断一项行为是否构成侵权时，应该沿着“权利—义务—责任”的逻辑思维分步骤进行考察。鉴于侵权行为法是由一系列概念和规则汇集起来的法律体系。因此，在考察的过程中，应以概念作为研究的基础。

一般而言，在知识产权领域，给某一概念下定义有两种模式：列举式和概括式。我国学者深受大陆法系学者的影响，倾向于采取用抽象的语言来概括和描述待定义概念的主要特征的模式给概念下定义，而英美法系国家的学者则习惯采取列举式，通过列举该定义所包含的具体形式，来昭示一个概念与另一个概念的区别。[1] 列举式和概况式各有优劣，本书在此对二者不作比较，而试图首先采用概括式的方法，来阐明侵权行为、专利侵权行为以及其他相关概念的含义。

第一节　专利侵权行为及其构成

要给出侵权行为的定义，我们首先需要解决权利的含义，在把握这一含义在专利领域内的具体特点的基础上，认真分析侵权行为到底侵犯的是什么“权”？然后据此得出专利侵权行为的基

❶ Alison, *The Prehistory and Development of Intellectual Property Systems*, London: Sweet & Maxwell,（Nov. 1997）.

本含义。

一、权利、侵权与专利权

何谓权利？这是一个始终困扰法理学学者的命题。在西方语言中，“权利”一词可以追溯到罗马拉丁语“jus”或者“ius”，但它只代表公平或正义的行为或情况，并非我们现在所说的权利。❶ 但是，“在中世纪临近结束之前的任何古代或中世纪的语言中，都没有可以恰当地译作我们所说的‘一种权利’的表达，更不用说英语了。在日语中，甚至到了19世纪中叶仍然是这个状况。从这一事实可以得出这样的推论：当时无人知道存在着这种权利”。❷ 换言之，近代以前的人们虽然享有权利，但并没有关于“权利”的概念或观念。我们现在所说的“权利”概念，是在15～17世纪之间逐渐形成的，它完全是近代西方文明的产物。

有学者认为，权利并不像有些学者所说的那样以法律为惟一的依据或先决条件，而是存在着以习惯为依据的权利、以道德为依据的权利以及以宗教为依据的权利等等。不过，在现代社会的绝大多数场合，人们所说的权利，主要是指以法律为依据的权利，即法律权利。

多年来，法理学者一直在努力使“权利”这一概念的内涵更清晰化，对权利的各种解释不下十余种。比较有影响的大致有以下四种：

(1) 资格说。该说认为，权利就是去行动的资格、占有的资格或享受的资格。当我们说某人对某事享有权利时，其含义往往是说某人被赋予了某种资格，没有资格就无所谓权利。正如麦

❶ 夏勇：《人权的概念起源》，中国政法大学出版社1992年版，第46页。

❷ [美] A. 麦金太尔著，龚群等译：《德性之后》，中国社会科学出版社1997年版，第88页。

克洛斯基所指出的："权利是去做、去享有、去完成的一种资格。权利就是有权行动、有权存在、有权享有、有权去要求。"❶

（2）利益说。权利乃法律所界定、承认和保障的利益。耶林以及其他许多具有利益法学倾向的学者持此说。反对者认为"利益"过于宽泛，有些权利并非利益，利益只是权利的一部分。

（3）自由说。权利乃受法律所保护和限定的自由。如"我有处分属于我的财产的权利"，其含义是指我可以自由处分我的财产，他人非依法不得干涉。反对者认为，自由只是权利的一种，即自由权；而权利不但包括个体行为的自由，还包括个人对他人作为或不作为的要求。

（4）可能性说。权利乃法律规定的权利人作出一定行为的可能性。该说的合理性在于揭示了法律权利并非现实的利益，从而区分了法律权利与实有权利之间的差异，更有利于人们为权利而斗争，其缺陷在于没能解释权利的目的或实质。

诚然，对权利的上述几种解释都多少包含着对权利的某些正确认识，或者说是有关权利的局部性认识，具有其实用性。但是，从法理学角度看，这些解释都只揭示了权利的一个侧面。我国学者认为：权利乃是要求他人为或不为一定行为的资格。也有学者认为，法律权利乃是法律所确认和保障的、主体以相对自由的作为或不作为方式可以获得的某种利益。

我们可以从以下几个方面来理解权利的含义：

其一，权利的前提是自主。在某些情况下，权利与自主不一定具有必然的联系。不过就一般情形而言，权利问题归根结底是个体自主地位的问题。"法律对权利的确认表明社会认可了个体在法律上是个独立的存在。因此，权利与个体自主地位相联系考察意味着自主的个体的存在是权利问题的首要前提。它包含了三

❶ 夏勇：《人权的概念起源》，中国政法大学出版社1992年版，第47页。

层含义，第一，人类的存在已经摆脱了对外界自然物的依附；第二，个体摆脱了对其他个体的依附；第三，个体也摆脱了对抽象的整体的依附，不再承认那种异己的整体力量的存在权威。其中第三层含义是最为主要的。”❶

其二，权利的基础是资格。在社会生活中，尽管权利和资格普遍存在于法律、道德和宗教等各种社会规范中，但惟有法律才能赋予人最有效和最权威的资格。

其三，权利的本质是利益和自由。在古代汉语中，权乃权衡，选择之一，利乃利益之谓。尽管古文中的权利与今天所说的权利不可混为一谈，但两者都隐含了利益和自由。一方面，法律设定权利通常是为了借助国家之力保护某种权益；当事人行使权利通常也是为了获得某种利益。另一方面，权利还意味着赋予权利人一种以自身意志进行选择的自由。通常情况下，一项权利就是一项自由，权利人可以按个人意志去行使或放弃该项权利，不受外来的干预或胁迫。在绝大多数情况下，利益和自由是一致的。即权利人可以一定的方式行使自己的自由，是为了实现某种利益。此外，法律常常为了某些特殊利益而限制权利人的选择自由。

其四，权利的内在结构一般由三要素组成。这三要素是：(1) 权利主体可以依法自主作出一定行为，称为自主行为权；(2) 权利主体可以依法要求他人履行与权利相关的义务，称为要求他人权；(3) 当权利受到侵犯时，权利主体可以请求国家机关予以保护，称为保护请求权。构成法律权利的三要素相互联系，不可分割。

其五，权利的功能主要在于促进个人利益和自由的实现，从而赋予个人以更大的生活主动性和创造性。这是权利的客观功能。当然，具有这种功能的权利是否值得确认与追求，在不同的

❶ 葛洪义：“法律、权利、权利本位”，载《社会科学》1997年第3期。

时代有不同的态度。

那么，专利权作为一种私权，是法律拟制的权利。在拟制这一项权利时，法律充分考虑了社会公众的利益与个人利益的平衡。从权利类型角度看，专利权属于知识产权的一种权利类型，主要出现在工业技术领域，因此，也常被称为工业产权。这种权利不同于版权，也不同于工业产权中的其他权利。不过作为知识产权，专利也是人的智力创造成果，权利人对这种成果享有排他的权利，其性质属于财产权。

按照各国专利法，专利权的定义有两种表达方式：（1）专利权是实施发明的独占权利；（2）专利权是阻止他人实施专利发明的权利。[1] 我国专利法采用第二种方式，因为实施发明的权利是不需要法律授予的。例如，一种产品，只要法律没有禁止，他人对该产品的制造和销售也不享有排他的权利，那么谁都可以制造和销售。反之，如果法律在规定专利权之外，同时明令禁止或者限制制造或者销售该产品，那么专利权人也要受到限制。

专利权的效力分为两个方面，一方面，除法律另有规定以外，专利权人有权阻止其他任何人实施其取得专利的发明创造（独占权）。专利权的这种效力意味着权利人能够保护他的产品在市场上的垄断地位，排除他人的竞争。另一方面，专利权人可以在不影响其自身利益的前提下，许可其他的人实施其发明创造的某些行为，从而获得经济利益。只有专利权人才有给予许可或者不给予他人许可的权利（通常情况下，不包括强制许可或其他例外情形）。这两方面的效力是相辅相成的，都是从权利人对其发明创造所享有的排他性法律地位派生出来的。

关于专利权的内容，学界有不同看法。有学者认为，专利权包括独占实施权、标记权、许可权、转让权等，这些都属于专利

[1] John W. Schlicher, Patent Law Legal and Economic Principles, in: *West Group*, (1999).

权的内容;❶ 也有学者认为，专利权仅指独占实施权，标记权、许可权和转让权虽属于专利权人，但这些权项不属于专利权的内容，只能属于专利权人拥有的除专利权以外的财产权，这些财产权是由专利权派生出来的。

笔者认为，对于这些除专利权以外的权益的性质，需要区分对待。其中，专利权人的标记权属于类似于著作权人的署名权，是具有人身属性的权益；专利权人的许可权和转让权不是一项单独的权利，而应属于专利权的权能范畴，其类似于所有权中的收益和处分权能。

由于专利权是一种财产权，为了发挥其利用价值，为专利权人创造经济财富，专利权人可以像对待普通财产权一样对待专利权，行使诸如转让、授权等权利。❷ 对于专利权人的标记权，情况稍微复杂一些。专利标记是指标明有关产品是受专利保护的标记，这种标记的目的是为了向人们昭示产品是受法律所保护的，宣示权利的存在，以减少不必要的侵权行为发生。我国法律规定，专利权人有权在其专利产品或该产品的包装上标明专利标记和专利号。因此，专利权人既可以在专利产品上标明标记，也可以不标明标记，从这个意义上讲，专利权人的标记权有点类似于版权领域的署名权。但是，鉴于专利制度与版权制度的立法宗旨存在差异，各国的专利法并没有将专利权与专利标记权等同对待。

二、专利侵权行为的概念及其构成

对于给专利侵权行为下定义的方法，各国法律存在不同做法。在知识产权领域，列举式是各国的知识产权法以及国际公约

❶ 汤宗舜:《专利法教程》，法律出版社 2003 年版，第 177 页。

❷ William H. Francis & Robert C. Collins, Cases and Materials on Patent Law Including Trade Secrets, Copyrights - Trademarks, in: *American Casebook Series*, (July 1996).

经常采用的定义方法，相对而言，概括式方法运用得不多。[1] 对于专利侵权行为的概念也是如此。从我国专利法和各国专利法以及国际公约的规定我们可以看出，各国专利法都无一例外地采纳了以直接列举直接侵权和间接侵权的方式来描述专利侵权行为的概念的做法。根据各国所列举的专利侵权行为类型，专利侵权行为不仅包括直接侵权行为还包括间接侵权行为。我国专利侵权行为仅指直接侵权行为（即由行为人直接实施的一类侵权行为），而没有包括间接侵权行为，实践中有关间接侵权行为的案例是参照民法上共同侵权行为处理的。由此，我国专利法上的侵权行为的概念要小于其他国家所定义的范围。

1. 界定专利侵权行为

我国《专利法》第11条和第57条具体列举了专利侵权的不同表现形式，即未经许可，以生产经营目的制造、使用、许诺销售、销售、进口其专利产品，或者使用其专利方法以及使用、许诺销售、销售、进口依照该专利方法直接获得的产品，将构成专利侵权。这些侵权行为方式都属于直接侵权。

《英国专利法》第60条规定了直接侵权行为和间接侵权行为。[2] 即在专利权有效期内未经专利权人同意从事了下列行为将构成侵犯专利权：

（1）当该发明是一项产品时，制造、处理、请求让他处理、使用或进口该项产品，或不论是否为了处理而保存该产品；

（2）当该发明是工艺时，在该国使用了该工艺……而他明知未经所有人同意，在该国使用该工艺会侵害该专利；

（3）当该发明是一项工艺，他处理了，请求让他处理、使

[1] 吴汉东：《知识产权法》，法律出版社2004年版，第4页。

[2] 这一规定最早源于一个典型的判例。在该案中既存在直接侵权，也存在间接侵权。此案的判决首次将间接侵权行为纳入专利侵权行为之中。具体解析参见：Arthur R. Miller & Michael H. Davis, *Intellectual Property Rights*, *Patents*, *Trademarks*, *and Copyright*, West Publishing Co. Second Edition, (Summer 1990).

用或进口任何从该工艺直接获得的任何产品，或者不论是否为了处理而保存此类产品。

《日本专利法》明文列举了直接侵权行为和间接侵权行为的主要表现形态。如第101条规定："下列行为，视为侵害专利权或者独占实施权的行为：（1）专利系就物品的发明而获得者，生产、转让、出借或者进口或者提供转让、出借仅供生产该物品所使用的物品的行为；（2）专利系就方法发明而获得者，以营业的形式，生产、转让、出借或者进口或者提供转让、出借仅供实施该发明所使用的物品的行为。"[1]

美国法律中有关专利侵权的规定包括直接侵权行为和间接侵权行为两种，并以明文列举了这些侵权行为的具体表现。[2]《法国知识产权法典》有关专利侵权行为的规定与以上国家的规定不同，该法仅笼统地规定了专利侵权行为而未区分直接侵权行为与间接侵权行为。此外，《德国专利法》以及《专利法条约》均以列举的方式说明了专利侵权行为的具体表现形态。[3]

在以上各国有关专利侵权行为的列举中，我们也可以清晰地看到，各国（除我国外）专利法所定义的专利侵权行为包括直接侵权行为和间接侵权行为两种。各国专利侵权行为的构成以行为人不法实施了有关侵权行为为基本条件，与行为人的主观过错无关，区别仅在于不同国家规定的侵权行为的表现形态不同。

随着专利保护制度的趋同化和一体化，各国专利制度的差异逐步减小。各国法律均认为：未经许可，实施他人专利的行为即

---

[1] 胡开忠：《知识产权法比较研究》，中国人民公安大学出版社2004年版，第366~367页。

[2] Russel & Hurdle, What is the Direct Product of a Patented? Pioneer Electronics v. Waner Music Manufacturing, 1995 EIPR 249.

[3] 尹新天：《专利权的保护》，知识产权出版社2005年版，第181页。

构成专利侵权。❶ 我国《专利法》第 11 条和第 57 条规定了专利权的内容与专利侵权行为的含义。

我国《专利法》第 11 条明确规定："发明和实用新型专利权被授予后，除本法另有规定的以外，任何单位或者个人未经专利权人许可，都不得实施其专利，即不得为生产经营目的制造、使用、许诺销售、销售、进口其专利产品，或者使用其专利方法以及使用、许诺销售、销售、进口依照该专利方法直接获得的产品。"

这一规定有两层含义：第一，发明专利和实用新型专利的权利的范围与外观设计专利权不同，发明专利和实用新型专利的专利权人有独占实施权；第二，产品专利的权利人与方法专利的权利人拥有的专利权内容不同。以产品专利为例，专利权的实质在于权利人享有的排他性的独占实施权，独占实施权的具体含义则包括生产经营目的制造、使用、许诺销售、销售、进口其专利产品；若以方法专利为例，则权利人享有的排他权范围包括排除他人未经许可的、以商业用途使用其专利方法以及使用、许诺销售、销售、进口依照该专利方法直接获得的产品的行为。

专利侵权行为即侵犯专利权的行为。正如侵权行为的概念一样，给专利侵权行为下一个妥当的定义也是十分困难的事情。如前所述，侵权行为是民法上一个重要的概念，其原始含义是指行为人不法侵害他人的合法权益的行为。其中的权益既包括权利也包括利益。那么何谓专利侵权行为？依照侵权行为的定义，我们可以给专利侵权行为下一个简单的定义：专利侵权行为是指行为人不法侵害了专利权人合法权益的行为。从内涵上看，这应该是广义上的专利侵权行为的概念。但是这一理论上的定义方法是否

❶ Stephen Stewart, *Two Hundred Years of English Copyright Law*, *Two Hundred Years of English and American Patent*, *Trademark and Copyright Law*, American Bar Association, 1999.

得到专利法的支持，我们还应该从专利法中寻找依据。

从理论上讲，侵犯专利权的行为，应该包括所有的侵害了专利权人利益的行为。那么，专利权人的权益又指哪些呢？从其他国家的立法情况和司法实践看，专利权人的权益范围是一个极具弹性的领域，需要借助于法官的判断。[1]

我国法律采取了不同方式分别对专利权人的专有权范围和著作权人的专有权范围作出了规定。具体而言，著作权法以明文规定著作权人享有的12项权利范围的方式，清晰地昭示了著作权人的专有权的具体形式和具体含义，而专利法则是通过描述何种行为构成侵权行为的方式从侧面表述了专利权的效力所在，亦即并未以明确的语言直接规定专利权的内容。[2] 通说认为，专利权人的权利包括独占权、许可实施权、转让权、标记权等四项权利内容。[3] 从效力方面看，专利权具有两个方面的效力：独占权和禁止权。[4] 值得注意的是，专利权本身并不等于专利权人的权利。

在专利法上，具有违法性的、侵犯专利权及其相关权益的行为既包括我国《专利法》第57条规定的"未经专利权人许可，实施其专利，即侵犯专利权……"的情形，也包括假冒他人专利的行为。我国《专利法实施细则》第84条以罗列的方式规定了

---

[1] Susan K. Sell, *Private Power*, *Public Law*: *The Globalization of Intellectual Property Rights*, Vand. L. J.,（Fall 2003）.

[2] 我国《著作权法》第10条和《专利法》第11条。

[3] 张平："技术创新与专利权制度"，见吴汉东：《知识产权法通识教材》，知识产权出版社2007年版，第101页。

[4] 汤宗舜：《专利法教程》，法律出版社2003年版，第164页。

四种假冒他人专利的行为。[1] 从这些行为的性质看都是属于侵犯了专利权人标记权的行为，属于广义上的侵权行为，但是我国专利法并没有将其划归到专利侵权行为的范围内。

我国《专利法》第 57 条明确了专利侵权的含义。按照第 57 条规定，“未经专利权人许可，实施其专利，即侵犯其专利权，引起纠纷的，由当事人协商解决；不愿协商或者协商不成的，专利权人或者利害关系人可以向人民法院起诉，……”这一规定意味着只要未经许可，实施专利权人的专利，即侵犯了专利权人的独占实施权，就构成专利侵权。

这样，我们就可以得出一个结论，即专利权中的“权”仅仅指专利权人享有的独占实施权，其具体内容依据不同的专利类型而略有差别，以产品发明专利为例，专利权人享有的独占实施权由制造、使用、销售、许诺销售、进口等五种权项组成。专利侵权行为的含义仅仅指他人未经许可且违反法律的强制性规定，以商业目的实施他人专利的行为。

结合以上法条，我们可以得出这样的结论：我国专利法所指的专利侵权行为属于狭义上的侵权行为，仅指侵犯专利权人独占实施权的行为，不包括侵犯他人标记权的行为，也不包括侵犯他人转让权等的行为，这里的“权”仅指专利权人的独占实施权，而不包括专利权人享有的其他权利，更不包括与专利权有关的其他利益。

至于侵犯专利权人标记权或者其他权益的行为，被划归到专利违法行为的范围之内。我国专利法所明确规定的专利违法行为

---

[1] 《专利法实施细则》第 84 条规定，下列行为属于假冒他人专利的行为：(1) 未经许可，在其制造或者销售的产品、产品的包装上标注他人的专利号；(2) 未经许可，在广告或者其他宣传材料中使用他人的专利号，使人将所涉及的技术误认为是他人的专利技术；(3) 未经许可，在合同中使用他人的专利号，使人将合同涉及的技术误认为是他人的专利技术；(4) 伪造或者变造他人的专利证书、专利文件或者专利申请文件。

包括两种：假冒专利行为和冒充专利的行为。❶ 这些专利违法行为，除了侵犯专利权人的利益外，还欺骗了公众，具有相当的社会危害性，而且后一种危害常常要甚于前一种危害，因此一般不将其作为专利侵权行为来讲，而是单列为一种违法行为。❷

综上所述，我们可以给出我国专利法所指的专利侵权行为的概念：专利侵权行为是指未经专利权人许可、侵犯专利权人独占实施权的行为。仅包括在专利法上所指的制造、销售等权利，至于专利权人享有的其他权益，与其他民事权利并无分别，一旦发生侵犯专利权以外的其他权利的行为（如标记权或转让权），侵权行为人的行为不构成侵犯专利权，但构成了广义上的侵权行为，此时，所侵犯的客体与一般财产权无异。

另外，侵犯专利权人独占实施权的行为因侵犯的专利种类的不同而表现不同。对于产品专利，实施他人专利权的行为表现为：以生产经营目的制造、使用、许诺销售、销售、进口其专利产品；对于方法专利则表现为：以生产经营目的使用其专利方法以及使用、许诺销售、销售、进口依照该专利方法直接获得的产品。在此，侵权行为人的过错以及是否承担损害赔偿责任都不是考虑的因素。

从学理上看，我国专利法上的专利侵权行为的概念还需要修正，因为专利侵权行为不仅表现为直接侵权行为，还表现为间接侵权行为。实践中已经出现间接侵权行为，对专利权人的利益和社会利益造成了不应有的损失，从保护专利权人利益的角度出发，专利侵权行为的概念应该涵盖直接侵权行为和间接侵权

---

❶ 《专利法》第85条。

❷ 关于这一点，我国的做法与其他国家不同，这种划分方法体现了公共政策的因素。但究其原因，可能还是因为我国学者对“tort”和“infringement”的区分造成的。国外文献参见：Arthur R. Miller & Michael H. Davis, *Intellectual Property Rights, Patents, Trademarks, and Copyright*, West Publishing Co. Second Edition,（Summer 1990）.

行为。

根据这一定义，专利侵权行为具有如下特征。

（1）侵权行为是未经专利权人许可的违法实施行为。专利权作为一种知识产权，具有独占性或专有性、垄断性的特点，所以他人要实施专利权人的专利，就必须经过专利权人的许可，签订许可使用合同，否则就是侵权。当然，并不是所有的未经专利权人许可实施其专利的行为都构成侵权。依照专利法规定，强制实施许可行为和指定许可行为不属于违法行为，不需要经过专利权人许可，但要给予专利权人一定的专利技术许可使用费。[1] 强制实施许可的范围包括发明和实用新型专利，是各国法律对专利权人的独占实施权予以限制的一种制度。依照我国专利法，强制许可包括三种情况：其一是商业许可；其二是紧急状态情况下的许可；其三是主从专利之间的交叉许可。指定许可又指推广应用制度，这是我国计划经济体制下的产物，主要是指国有企业事业单位、集体所有制单位和个人的发明专利，对国家利益或者公共利益具有重大意义的，由有关部门依法批准后，允许指定的单位实施的情形。鉴于我国的特殊情况，在专利法的第二次修改过程中，这一制度仍然予以保留。

（2）侵权行为是以商业为目的的违法行为。专利权人通过法定程序取得专利权的目的是借法律武器保护自己的发明创造，最终实现其物质利益。在工业产权领域，专利权人的物质利益是通过实施其专利来实现的，专利法赋予专利权人独占实施权是为了确保其物质利益的实现。只有出于商业目的且侵犯专利权人独占实施权的行为才会切断专利权人获利的源泉。在商业上，如果他人以生产经营为目的，即以营利为目的实施专利权人的专利，必然会与专利权人形成竞争，占领本来属于专利权人的市场，给

[1] 强制许可制度参见我国《专利法》第48～50条；指定许可制度参见我国《专利法》第14条。

专利权人带来损害。如果他人不是为营利目的而实施，就不会影响专利权人的利益实现，因而不构成侵权。另外，为了平衡社会公益，确保人们的行为自由以及一定程度上的合理避让，各国专利法都规定了专利侵权的例外，某些情况下即使是商业目的实施他人专利的行为，也被划归到合法行为之列。如临时通过中国领陆、领水、领空的外国运输工具，依照其所属国同中国签订的协议或者共同参加的国际条约，或者依照互惠原则，为运输工具自身需要而在其装置和设备中使用有关专利的，专利权人的专利产品销售后的实施专利的行为、非专利权人享有先用权的情形以及专为科学研究和试验而使用有关专利的行为，这些行为虽然也构成了以商业目的实施他人专利的行为，但都被列入法定的合法行为，从而都不构成侵权。❶

（3）侵权行为的实质是实施了他人专利或者妨碍了专利权人独占权的实现。专利实施行为是专利法中的一个重要概念——"实施其专利"。根据我国专利法，实施他人专利的行为依照专利权的种类不同而略有差异。

对于直接侵权行为而言，实施发明和实用新型专利的行为是指以生产经营目的制造、使用、许诺销售、销售、进口其专利产品，或者使用其专利方法以及使用、许诺销售、销售、进口依照该专利方法直接获得的产品。外观设计专利的实施行为则指为生产经营目的制造、销售、进口其外观设计专利产品。行为人实施他人专利所采用的技术，应该是和专利权人的技术相同或等同的技术，即该产品或者制造该产品的方法包含了他人专利的独立权利要求的所有必要组成部分。如果该产品仅仅与专利产品相似，

❶ 见《专利法》第63条规定，这一规定是与国际惯例相一致的，TRIPs协议中也有类似的规定，从而使各国的专利侵权行为的例外情形成为普遍适用于成员国的合法行为。国外文献参见。

实际上并不真正构成侵权。❶

对于间接侵权而言，行为人并未直接实施他人的专利技术，而是通过自己的行为妨碍专利权人独占实施权的实现，如生产专利产品的必备部件使他人实施专利技术的侵权行为得以成立。

（4）侵犯行为的客体是一项有效的专利。专利权是专利权人依法取得的对发明创造的独占实施权，具有时间性和地域性特征，只有在法律规定的有效期内和地域范围内才会受到法律保护，反之，他人的擅自实施行为才可能构成侵权。❷所以，在我国有效的专利是指专利权人所主张的专利是由国务院专利行政部门所依法授予的、保护期限尚未届满的专利，并且未被专利复审委员会或者人民法院作出无效宣告或者无效判决的有效专利。换言之，每个专利都有自己的“国籍”。中国专利只在中国境内有效。拥有一项中国专利的专利权人，只能够在中国境内制止其他人制造、使用或者销售专利产品，或者使用专利方法。但是，他不能够在其他国家制止其他人未经许可实施专利技术的行为。如果其他人在美国境内制造、使用、销售这种产品或者使用这种方法，这些行为不构成对中国专利的侵权。如果其他人在美国境内制造了这种产品，再运到中国销售，尽管在美国境内生产这种产品的行为是完全合法的，但是，他在中国境内销售这种产品的行为和买主在中国境内使用这种产品的行为，都分别构成了对中国专利的侵权。

同时，一项专利的有效性还受到时间的限制。我国《专利法》规定了专利的有效期，其中发明专利的有效期是自申请日起20年，实用新型和外观设计专利的有效期是自申请日起10年。这个有效期是基于一个假设，即专利权人根据《专利法》的规

❶ 张军：《知识产权侵权行为领域研究》，经济科学出版社2005年版，第129页。

❷ Renold S. Chisum, *Chisum on Patent*, Vol. 5, Chapter 16. (1997).

定按时向专利局缴纳专利维持费和年费。如果专利权人认为他的专利非但没有为他带来经济效益，支付专利维持费和年费反而成了一种经济负担，专利权人可以停止向专利局缴纳费用，这个专利就提前失效了。专利技术也就提前变成了公有技术。相应地，只有在专利有效期间内发生的非法实施行为，才能构成专利侵权。如果专利权的保护期已过，或者发明创造还未被授予专利权，或者专利权已被宣告无效，或者是一项外国专利，实施专利权的行为就不构成侵权。

（5）侵权行为人主观上无须有过错。[1] 这一观点已经有学者论述。[2] 侵权行为人的主观过错与是否构成专利侵权行为之间没有关联的原因在于专利法的规定和审判实务上以及学理上对侵权行为判断的内容中，都没有涉及侵权行为人的主观过错问题。

我国专利法对于专利侵权行为的概念的表述是采取了不问行为人主观过错的做法。《专利法》第57条明确规定，未经专利权人许可，实施其专利即构成专利侵权行为。在这里，是否构成专利侵权行为的依据是其行为的不法性以及非法实施行为。因此，控告他人侵权，不需要证明他人有故意或者过失。这一规定与其他国家的专利法以及国际公约的规定是一致的。[3]

此外，在审判实务中，专利侵权判断是依照下列步骤进行

---

[1] 有学者将知识产权侵权行为的构成不考虑行为人主观过错这一特点称为侵权构成的无过错责任原则。汤宗舜：《专利法教程》，法律出版社2003年版，第232页。笔者认为，这一说法虽然说明了侵权行为构成与侵权行为人的主观过错无关，与本书的说法在实质上是一致的，但是其表述不甚准确。前已说明，归责原则是建立在损害赔偿责任之上的确定侵权行为人承担责任范围的依据，而侵权行为的构成要件解决的是侵权行为具备的要素的问题，采用无过错责任原则的说法容易使人误与侵权行为归责的原则联系起来，从而产生歧义。

[2] 张平："技术创新与专利权制度"，见吴汉东：《知识产权法通识教材》，知识产权出版社2007年版，第117页；汤宗舜：《专利法教程》，法律出版社2003年版，第232页。

[3] Carlos M Correa, *Intellectual Property Rights, the WTO and Developing Countries: The TRIPs Agreement and Policy Options*, New York: Zed Books, (Summer 2000).

的：首先需要查明专利权的权利范围，分析其保护范围的构成要素（必要技术特征），划定专利权人的合法垄断区，再将被控侵权产品所确定的权利实现范围和具体构成要素与专利产品的技术特征进行比较，如果被控侵权产品与专利产品构成相同或相似，落入了专利产品的技术保护范围，就可以作出侵权构成的判断。如果被控侵权产品与专利产品不相同或不相似，则没有落入专利产品的技术保护范围，因而不构成侵权。再者，在各国专利法上，权利人的保护范围是依照权利要求书和相关的专利文件确定的，并不会因为行为人的主观过错而发生权利人保护范围的变化。因此在侵权判断的问题上，行为人的主观过错不应被纳入其中。

（6）侵权行为的成立不以实际的损害为前提。传统民法理论认为，没有损害就没有侵权，也就没有损害赔偿的必要，损害是构成侵权行为的必要条件之一。但是在知识产权侵权行为领域，侵权行为的成立不以行为造成实际的损害为条件，这一点，在专利侵权行为领域表现得最为明显。[1] 根据我国《专利法》以及 TRIPs 协议的规定，专利权人享有禁止他人实施其专利的权利，实施专利的行为不但可以是实际的生产行为（如制造、销售、进口等），还可以是行为人作出的预备实施行为（如许诺销售）。许诺销售专利产品是指明确表示愿意出售具有权利要求所述技术特征的行为。[2] 许诺销售行为既可以面向特定对象，也可以面向不特定的社会公众，既可以采用口头方式，也可以采用书面形式，既可以通过展示或者演示的途径，也可以通过电传、报刊、网络或者其他途径。如果他人未经权利人许可，从事了许诺

---

[1] K. J. Arrow, *Economic Welfare and the Allocation of Resources for Innovation*, *In the Rate and Direction of Inventive Activity*: *Economic and Social Factors*, *National Bureau of Economic Research*, Princeton University Press, (Fall 1962).

[2] 国家知识产权局条法司：《新专利法详解》，知识产权出版社 2001 年版，第 72 页。

销售行为，即使没有对专利权人造成实际的经济损失，其行为仍然构成侵权，需要承担停止侵权等民事责任。至于是否需要承担损害赔偿责任，那是第二个层面的问题，与侵权行为的构成没有直接的联系。

2. 专利侵权行为概念的例外——许诺销售行为

需要说明的是，有关许诺销售的侵权行为是不能沿用前面所概括的专利侵权行为的概念的。众所周知，许诺销售行为是我国专利法所明令禁止的专利侵权行为的一种，有关这一侵权行为的规定来源于 TRIPs 协议。[1] 按照专利侵权行为理论，许诺销售行为没有构成对专利权人独占实施权的实质侵犯，其许诺销售行为最多只是构成对专利权的威胁。但是，以美国为首的发达国家为了提高对知识产权的保护水准，将这一典型的未发侵权行为规定为侵犯专利权的类型之一，并将其纳入了 TRIPs 协议。通过 TRIPs 协议的效力，统一了各国专利保护的标准。因此，本书对专利侵权行为所下的定义，不能适用于许诺销售行为，特此说明。

3. 专利侵权行为构成要件

对于专利侵权行为的构成要件，学者有不同看法，主要有三种观点：第一种是将专利侵权行为的构成要件分为技术上的构成要件和形式上的构成要件。其中，以生产经营为目的未经专利权人许可实施其专利的行为被称为专利侵权行为的形式要件，被控侵权产品的技术特征落在专利权保护范围之内被称为侵权行为的技术要件。[2] 第二种观点认为专利侵权行为的构成应具备两个条件：一是必须有实施专利的行为；二是必须是违法的实施的行为。[3] 第三种观点认为，专利侵权行为的构成要件有四：侵权人

---

[1] Joseph Straus, *Implications of the TRIPs Agreement in the Field of Patent Law*, *From* GAT *to* WTO, IIC Studies Vol. 18, 1999.

[2] 尹新天：《专利权的保护》，知识产权出版社 2005 年版，第 24 页。

[3] 汤宗舜：《专利法教程》，法律出版社 2003 年版，第 230 页。

必须从事了侵犯专利权的行为、必须存在违法的侵害行为、侵害行为与专利权人的损害之间必须有因果关系以及侵权行为人必须有过错。[1] 第一种观点和第二种观点实质上是相似的。

近几年来，知识产权法律界一直在探讨知识产权“侵权行为构成”问题，以及知识产权侵权归责原则问题。在讨论中，不但涉及知识产权法及其理论问题，还涉及民法中侵权行为法的基本理论问题；不但涉及中国的侵权法及其理论，而且涉及德国、法国和英美法系的民事侵权法及其理论问题。

综观国际知识产权公约和各国知识产权立法有关知识产权侵权的规定，都能从大陆法系和英美法系主要国家的民事侵权理论中找到来源和根据。[2] 如理解和实施涉及《德国版权法》第 97 条和第 101 条关于侵权责任的规定，就要追溯和适用《德国民法典》第 823 条等的规定。[3] 因此，在研究知识产权国际保护和知识产权国际条约时，应当注意各主要国家相关的立法和司法背景；在借鉴各国知识产权立法和国际公约及其理论的同时，结合我国的民法、知识产权立法和司法实践及理论，完善和创设我国的知识产权基础理论。具体而言，在讨论知识产权侵权责任构成时，应当将侵权的认定与侵权责任的构成作为两个不同的问题区分开来，将侵权损害赔偿责任与侵权应承担的其他民事责任区分开来，并作为互有联系的几个问题分别进行研究，分别给它们以理论上的界定。

如前所述，知识产权侵权行为最本质的特征是行为人的行为损害了他人受国家法律保护的知识产权权益，其行为为法律所禁

---

[1] 胡开忠：《知识产权法比较研究》，中国人民公安大学出版社 2004 年版，第 368 页。

[2] Susan K, *Private Power or Public Law: The Globalization of Intellectual Property Rights*, Cambridge University Press, 2003.

[3] 蒋志培：《入世后我国知识产权法律保护研究》，中国人民大学出版社 2002 年版，第 46 页。

止。至于其行为是否造成损害后果、行为人主观过错以及行为与损害之间的因果关系等都是为侵权责任的构成要件，与侵权责任的追究密切相关，而对于侵权的认定并不必须具备。

基于此，侵权行为的认定（侵权行为的构成）以行为人是否侵犯了他人权利为观察点。在专利侵权行为领域，是指通过将权利人的保护范围和行为人的实施范围相比对，判断行为人的实施行为是否落在了专利权的保护范围之内，且这种实施行为没有法律上的授权和行为人的授权；而判断侵权责任的构成则需要根据责任的成立要求来进行判断，从保护权利人利益的角度，分析行为人的行为后果所导致的责任形式是什么？在使用归责原则进行确定责任承担时，也需要根据不同的责任形式判断行为人应承担的民事责任是损害赔偿还是其他责任形式，针对不同的民事责任形式，适用不同的归责原则。

笔者认为，根据专利侵权行为的概念与特征，专利侵权行为的构成要件应该有四：其一是行为的不法性，表现为未经权利人许可，且无法定的免责事由；二是行为人行使了知识产权权利人的专有权利即独占实施权或妨碍了专利权人独占实施权的实现，造成他人侵犯专用权的情况；三是行为的客体落在了专利权利要求所定义的保护范围；四是行为人的实施行为以生产经营为目的。即只有以营利为目的而实施的行为，才可能构成侵权，不以营利为目的的实施行为不构成侵犯专利权。至于行为人的主观意志和是否应当承担损害赔偿的侵权责任，不是侵权行为的构成要件所要解决的问题。

综上所述，专利权中的“权”是指专利权人拥有的独占实施权，与专利权有关的其他权益不属于专利权的范围，但属于更广义的财产权益范畴；专利侵权行为是指侵犯专利权人独占实施权的行为，而不包括侵犯专利权人其他权益的行为。专利侵权行为的构成不以行为人的主观过错和损害事实为前提条件。

4. 损害事实

损害事实不是承担侵权民事责任的必备要件，在讨论侵权责任的构成要件时，我们必须注意区分损害赔偿责任的构成要件和其他形式的民事责任构成要件。也就是说，只有在需要承担损害赔偿责任的知识产权侵权行为中，损害事实才是其责任的构成要件。侵害知识产权的损害是民事侵权损害的一类。所谓民法侵权行为法所称的损害，是一种静态的事实状态[1]，是指致害行为作用于财产或人身所造成的不利益。知识产权损害事实，是指一定的行为致使权利主体享有的知识产权受到侵害，造成财产或非财产的减少、灭失或损害的客观事实。[2] 损害事实是构成知识产权侵权损害赔偿责任的首要条件（而非民事责任的首要条件）。需要特别注意的是，侵权损害事实与侵权行为本身的认定有着密切的联系，但两者却是原因和结果两个不同层面的问题。

所谓知识产权损害事实至少应当包括两个方面的含义：

其一，是指知识产权侵权客体的范围。侵权客体的范围包括公民、法人或其他组织享有的知识产权及相关权益。知识产权又包括专利权、商标权、商业秘密专有权和著作权、邻接权等等。在某一类知识产权中又包含多种具体权利形式。如著作权包括著作权人身权和著作权财产权，著作权人身权又可以分为发表权、署名权、修改权和保护作品完整权，著作权财产权又可以分为复制权、表演权等。在知识产权保护的知识或者智慧财产领域中，应保护的对象大都已上升为权利，但不能排除权利以外的权利人的正当权益（如域名等具有财产利益但还未上升为权利的内容）。

其二，是指损害的客观事实，又称为知识产权的客观损害，

[1] 王利明、杨立新：《侵权行为法》，法律出版社1996年版，第758页。

[2] 蒋志培：《入世后我国知识产权法律保护研究》，中国人民大学出版社2002年版，第86页。

即造成知识或知识财产损害的客观事实，包括知识产权人因侵权所造成的有形财产的损失和对非财产的精神利益的损害。所谓客观损害，是指损害为不法行为造成的不依人们主观认识而独立存在的致害事实。由于知识产权作为侵权客体与一般财产具有不同的特点，其损害事实，无论是财产的损失或者非财产的精神利益的损害，都具有不同的表现形式。

只有在完整具备了以上两个方面内容的情况下，才构成侵权法意义上的侵犯知识产权的损害事实。

一般认为，知识产权侵权损害事实具有以下特征：

（1）其损害的对象为受知识产权保护的知识或智慧财产及精神利益。知识产权的客体为智力创造成果，其权利客体具有非物质性，但它又总是通过一定的物质载体表现出来。它同物质财产不同，知识财产价值的体现要经过实施、许可他人实施、转让等进入市场的行为过程。其损害的对象不仅包括知识财产权，还包括从事智力劳动者的精神利益。[1]

（2）其损害的表现形态为知识财产失去权利人的控制而被侵权人通过剽窃、假冒、篡改、未经许可使用等方式据为己有，导致权利人财产收益的减少或完全丧失，使权利人辛苦创造的知识财产贬值甚至一文不值。知识产权损害事实与一般财产的损坏灭失、人身的受伤致残等损害形态形成鲜明对照。

（3）其损害的双重性。由于以著作权、著作邻接权为代表的知识产权具有权利内容的双重性，既包括著作财产权，又包括著作人身权。在专利权、商标权、反不正当竞争纠纷中，也常常伴随着民事主体的名誉权、商誉权的损失。此种法人的名誉、商誉与民事主体的财产损失混同一体，具有双重性。[2]

---

[1] Edward D. Re & Joseph R. , *Remedies*, Foundation Press, (2000).

[2] 蒋志培：《入世后我国知识产权法律保护研究》，中国人民大学出版社2002年版，第88页。

（4）其损害后果的不易控制性。一般财产遭受损害的后果具有局限性、显著性，易于控制；即使有间接损害也在一定的范围内。知识财产受到损害则具有广泛性、隐蔽性，损害后果传播扩展迅速。权利人往往在事后通过市场等媒介或者经营反馈等方式方能发现自己受到侵权损害，但常常已经为时已晚。其损害后果的挽回不同于一般财产简便、迅速，有的损害甚至无挽回的可能性，有的损害要采取积极措施并支付金钱，将假冒、盗版品排除市场。这一切都表现了知识产权损害后的不可控性或者不易控制性。

具体到专利领域，对专利权的损害事实主要是指对专利权人财产权的损害。根据我国法律规定，专利权被授予后，除法律另有规定的以外，专利权人有权阻止他人未经专利权人许可，为前述用途进口其专利产品或者进口依照其专利方法直接获得的产品。其中专利权人自行制造、使用、销售其专利产品，或者使用其专利方法以及使用、销售依照该专利方法直接获得的产品，属于专利权人享有的专利实施权；许可他人行使上述权利，属于专利权人享有的专利实施许可权。

按照新修改的《专利法》第 11 条的规定，如果有单位或个人未经权利人许可为生产经营目的制造、使用、许诺销售、销售、进口其专利产品，或者使用其专利方法以及使用、许诺销售、销售、进口依照该专利方法直接获得的产品，就违反了《专利法》规定的法定义务，专利权人或利害关系人就享有了请求权，其不但可以直接与行为人交涉，还可以依法向人民法院提起诉讼，要求侵权行为人承担民事责任。换言之，对专利权的损害，是指侵害专利权人享有的专利实施权的侵害，至于对专利权以外的其他权益的侵害以及侵害这些权利而造成专利权人现有财产和财产收益的减少或丧失的事实应归类于一般的侵权行为。此时，侵权人所侵犯的不是专利权，而是专利权人的其他财产权。

第二节　专利侵权责任体系与归责原则

侵害知识产权的行为，同其他的侵权行为一样，在符合相应构成要件的情况下，会依法产生一定的法律效力。对于这种法律效力，可以从权利人的角度进行概括，理解为权利人可以行使的权利；也可以从行为人的角度进行概括，理解为行为人需要承担的民事责任。[1] 在这个意义上，权利和责任是同一问题的两个不同侧面。知识产权受到侵害时，法律需要为知识产权人提供补救措施，我们通常称其为对知识产权的保护，英美国家则称之为对权利人的法律救济。这种措施在世界各国的知识产权法律中都有着明确的规定，并包含了民事、行政和刑事等三种不同性质的救济内容。从本书的研究主题出发，论述所涉及的“责任”，一般指“民事责任”。

侵犯知识产权的民事责任，是指民事主体因实施知识产权法律所禁止的侵权行为而承担的民事法律后果，侵权的民事责任依侵权行为的发生为根据。有学者主张应将侵权行为的构成要件与侵权责任的构成要件区分开来，并认为由于混淆两者概念造成了侵权行为理论研究上的某种困惑和混乱。[2] 笔者同意这一观点，并认为责任体系与侵权行为构成之间的逻辑混乱也对知识产权侵权行为理论上的混乱有加剧作用。在分清了侵权行为的构成要件和侵权责任的构成要件的含义，明确了侵权行为并不仅仅意指可以引起损害赔偿的侵权行为，还包括虽不构成损害赔偿责任但应依法承担其他民事责任形式的情况下，这种思维上的混乱或可避免。

[1] 阳平：《论侵害知识产权的民事责任——从知识产权特征出发的研究》，中国人民大学出版社2005年版，第66页。

[2] 蒋志培：《入世后我国知识产权法律保护研究》，中国人民大学出版社2002年版，第79页。

因此，正如本书前面分析所重构的侵权责任体系所指出的，在遇见一个有关侵权行为的诉讼中，法官可以沿着这样的思路走下去：第一，是否有一项有效的权利存在；第二，权利的内容是什么；第三，他人行为是否与法律规定相反即是否存在侵权行为；第四，有关该类侵权行为可以适用的民事责任形式有哪些；第五，权利人提出的诉求是什么？从侵权行为人角度看，权利人提出的诉求就是侵权行为人应当承担的民事责任（违反义务的后果）；第六，什么样的侵权行为应当承担这种侵权责任？（侵权责任的构成要件）；第七，这种责任的归责原则是什么？因此，侵权行为既是一个法律问题，又是一个事实问题。

一、专利侵权责任体系

根据重构的侵权责任体系，民事侵权行为理论中，侵权责任的形式包括损害赔偿、停止侵害、消除影响等九种方式，这九种方式分为两类，一类属于可以用传统侵权行为法的损害赔偿责任来实现，其归责原则和侵权行为构成要件沿用传统理论；另外一类属于依照物权请求权转化而来的民事责任形式，它们的归责原则和侵权行为构成要件采用物权的基本原理。这样，在民事侵权行为领域，主要的民事责任方式就是停止侵害、排除妨碍、消除危险、返还原物、恢复原状、消除影响、恢复名誉、赔礼道歉和赔偿损失等九种方式。下面我们需要分析的是，这些责任方式中，哪些民事责任形式适合于专利侵权行为领域，其归责原则应该是什么？

在回答这个由我国国内法加以调整的问题上，我们有必要先看看国际上其他国家国内法的相关规定。

1. 侵权责任与救济方式的国际比较

在英国，知识产权人在权利受到侵害时，可以得到的救济主要有两类：对于未实际发生的侵权行为，可以申请禁制令（injunction）以制止其现实的发生；对于已经发生的侵权行为，知识产权人可以请求补偿自己因此遭受的损害，或者请求侵权人返还侵权行为所产生的利润。[1] 其中的禁制令，包括中间禁制令（interlocutory injunction）和最终禁制令（final injunction），都用以禁止诉讼当事人从事特定的行为。故意违反禁制令者将受到罚金、监禁等处罚。为确保禁制令得到执行，法律规定了没收措施，即可没收侵权制品及行为人从事侵权行为所用的器械，对没收所得，可以作销毁或罚没给受害的权利人等处分。损害赔偿金的适用，通常的主旨是向因为侵权行为而遭受损害的一方当事人提供补偿，置受害者于侵权行为发生之前的状态中。此外，利润的返还，是为知识产权人提供的一项重要救济。在英国，即使是衡平法院，也有权判决将侵权行为人因为从事侵害知识产权的行为而获得的利润返还给受害人。[2]

在美国，为侵害知识产权规定的民事责任主要包括禁制令和货币补偿的内容，具体措施和方法也因为知识产权种类的不同而有所差异。其中对著作权受到侵害提供的救济较为复杂。[3] 依照其著作权法的规定，对于著作权人可以提供的民事救济包括禁制令和货币补偿等方式。禁制令的救济是一种预防或制止侵权行为的合理方式，属于典型的衡平法上救济措施。侵害著作权的货币补偿，可以采用实际损害赔偿、利润返还、法定损害赔偿等三种方式。如果计算实际损害时没有虑及利润，则著作权人可以同时获得实际损害赔偿和利润赔偿。此外，侵权行为人还应当承担著作权人支出的律师费和诉讼费。对于侵害商标权的案件，依照《兰哈姆法》（Lanham Act），商标权受到侵害时，法定救济手段包括5项内容：（1）禁制令救济；（2）返还利润；（3）损害赔

---

[1] John burke, *Jowitt's Dictionary of English Law*, 2nd ed., Sweet & Maxwell, 1977, p. 972.

[2] 张广良：《知识产权侵权民事救济》，法律出版社2003年版，第145页。

[3] Cornish, William, *Intellectual Property: Patents, Copyrights, Trademarks & Allied Rights*, Sweet & Maxwell, 2003.

偿金，必要时可以为3倍赔偿金；（4）“特殊情况”下的律师费；（5）诉讼费用。该法还特别规定其中的3倍赔偿金，属于补偿（compensation）而不是罚款（penalty）。[1] 该法第35条第3款对假冒商标行为规定的法定赔偿金，使商标权利人能够获得不限于实际损失或侵权人利润的较高数额的赔偿。[2]《美国专利法》为专利权人提供的救济包括：（1）禁制令；（2）损害赔偿金，其数额须足以补偿权利人遭受的损害，并不得低于合理的许可使用费（reasonable royalty），必要时可以采取3倍赔偿金的形式；（3）“特殊情况”下的律师费；（4）诉讼费用。[3]

《日本专利法》为专利权受到侵害者提供的救济主要是：（1）停止侵害。专利权人或者独占实施权人对于侵害自己独占实施权者或有侵害之虞者，得请求停止或预防侵害。专利权人或独占实施权人在提出前款规定的请求时，可以要求废弃构成侵害行为的物品（在专利为生产物品的方法发明的情况下，包括侵害行为产生的物品），拆除供侵害行为所用的设备及采取其他预防侵害的必要措施。[4]（2）损害赔偿。《日本专利法》规定了损害赔偿的责任形式并对损害赔偿额的确定列出了多种具体适用的方法。《日本著作权法》对于著作权受到侵害者提供的救济则主要是停止侵害和赔偿损害两种形式，某些情况下，权利人如果因侵权行为而遭受了名誉等方面的损害，还可以提出恢复名誉的主张。[5]

1975年《日本商标法》关于注册商标的民事救济措施也主要确认了排除侵权请求权、预防侵权请求权、损害赔偿请求权、

[1] 17U. S. C. A. §503.

[2] 李明德：《美国知识产权法》，法律出版社2003年版，第329页。

[3] 365 U. S. 336，128 USPQ 354（1961）.

[4] 《日本专利法》第100条。

[5] 《日本著作权法》第115条。

不当得利返还请求权及特定情况下的恢复名誉请求权等项内容。[1]

我国台湾地区的"知识产权法"也规定了多种侵权救济手段。其中,"著作权法"规定的权利侵害之救济方式包括:停止侵害救济权、损害赔偿救济权和其他方式的救济形式。

其他国家和地区关于侵害知识产权的民事责任的规定也大致相当。比如《德国著作权法》第97条和第101条规定:有过错的,承担包括赔偿在内的侵权责任;没有过错的,不承担赔偿责任,但是要承担其他民事责任,如停止侵害、销毁侵权制品和让与侵权制品等责任。[2]

2. 我国专利民事责任体系的建立

我国知识产权法中对于侵害知识产权的行为规定的民事责任,同样大体包括停止侵权、赔偿损失等方式。这些民事责任的承担,在法律上也就是侵害知识产权这种法律事实所引起的法律效果,是侵害知识产权行为的效力所在。区别在于,针对侵犯的知识产权类型的不同,民事责任形式稍有区别。如赔礼道歉这种责任形式一般适用于侵犯著作权领域,在侵犯专利权的领域,其民事责任基本上为停止侵权、赔偿损失和排除妨害等。其中停止侵权和排除妨害的责任形式来源于请求权理论,其构成要件不同于损害赔偿责任的构成要件。

(1)停止侵权

在侵犯知识产权(专利权)的民事责任体系内,首当其冲的就是停止侵权。前面已经分析过,停止侵权这一责任形式系从物权请求权的理论转化而来的,我国《民法通则》首先开创了将其规定为民事责任形式的先河,侵权行为法学者虽然从表面上

---

[1] [日]纹谷畅男著,魏启学译:《商标法50讲》,法律出版社1987年版,第237页。

[2] [德]迪茨著,高琳等译,许超校:"著作权问答",见《知识产权研究(第4卷)》,中国方正出版社1997年版。

已经接受其为一种侵权的民事责任形式，但是学者们并没有对这一责任形式适用什么样的责任构成要件以及如何归责作出回答，在论述中，往往以绝对权的请求权理论来代替。实际上，停止侵权是一种独立的责任形式，权利人在行使这一权利时，并不必然需要借助请求权的逻辑思维习惯。

物权请求权源自物权保护之绝对性。在物权受到侵害时，需承认物权人享有的物权请求权，以排除外来干涉或侵害，确保物权的圆满状态。[1] 一般说来，物权请求权可以具体地分为4类：一是返还原物，即基于对标的物非法占有所生之返还请求权；二是排除妨害，即基于对权利行使的不法妨碍所生之妨害除去请求权；三是消除危险，即基于对权利安全的潜在威胁所生之妨害预防请求权；四是恢复原状，即基于对权利完整的损坏后果所生之状态恢复请求权。[2] 这些对物权请求权形态的划分，显然都以权利标的物限于客观物质实体作为预设的前提。知识产权与物权同属绝对权，因此知识产权同样具有类似于物权的物上请求权。不过，由于知识产权权利客体的无形性，其请求权的内容不包括返还原物请求权和恢复原状请求权。因此，知识产权请求权的内容一般分为两个方面：一是制止正在进行的侵权行为，消除现实的危险，防止侵权行为的发生；二是消除侵权人侵权或预备侵权造成权利危险的手段。

知识产权非物质的定在性，意味着知识产权的价值在于对创造性劳动成果的独占性使用，一旦非知识产权人没有法律或者权利人的授权而利用这种创造性劳动成果时，就可能构成对他人知识产权的侵害。而创造性劳动成果与一般物质实体的区别，就在于其非物质的特点以及权利客体与权利的物质载体之间的非直观

[1] 王泽鉴：《侵权行为法》，中国政法大学出版社2001年版，第62~63页。

[2] 吴汉东："试论知识产权的物上请求权与侵权赔偿请求权——兼论《知识产权协议》第45条规定之实质精神"，载《法商研究》2001年第5期。

联系。作为创造性劳动成果的知识虽然往往借助于物质载体而展现出来，但其最终发挥作用，却必须通过人脑或者说人的意识对该知识的理解和掌握。在这个意义上，侵害知识产权就是非法地了解并且利用了这些知识。利用知识的行为固然可以从客观上得到制止；但人脑对知识的掌握，却无法从客观上消除。无论是物权请求权或者其他的知识产权保护措施，都只能针对非法利用知识的行为起作用，而无法对他人大脑中已经掌握该知识的状态有所作为。同时，知识产权非物质的定在，也意味着受知识产权保护的知识可以无限量地同时再现于多个载体之上，即所谓知识产权保护对象的可复制性。[1] 侵害知识产权的行为人并不像侵害物权人一样意图将这些物质实体据为己有，而是希望通过销售非法的知识产权制品而获利。这种动机驱使的最终结果，就是侵权产品被广泛地传播到分散的消费者手中。一一追回侵权产品，不仅在操作上不经济，更由于受到该产品物权归属等因素的阻挠，而难以或者无法实现。所以从总体上可以说，知识产权非物质的定在性，决定着对知识产权的保护对象不发生有形形态的占有，所以没有返还原物的余地。同样的道理，由于侵害知识产权的目的在于通过利用创造性劳动成果获利，侵权产品的广泛传播和人脑意识对创造性劳动成果的掌握，都揭示了在侵害知识产权的案件中难以追求恢复原状的理想效果。

反过来看，既然知识产权的价值就是对受知识产权保护的知识的“使用”，与其他支配权一样，知识产权价值的实现只要权利人自己采取行动就可以达到目标，无需他人的协助，知识产权以外的其他人，都负有一种与知识产权相对的不作为的义务。[2] 只有在权利已经受到侵害或者有受到侵害的现实可能时，知识产

[1] 张玉敏：“知识产权的概念和法律特征”，载《现代法学》2001 年第 5 期。

[2] 阳平：《论侵害知识产权的民事责任——从知识产权特征出发的研究》，中国人民大学出版社 2005 年版，第 72 页。

权人才有资格、也有必要对侵权行为人主张权利。由于侵害知识产权的行为，表现为非法地积极利用受知识产权保护的知识。为此，知识产权人为保护自身权利而行使的请求权，首先就应体现制止侵权行为的必要，体现为对侵权行为人提出停止侵权行为的请求。反之，对于侵权行为人而言，即是被要求承担停止侵权的民事责任。

另一方面，知识产权的保护对象，与其他民事权利，尤其是物权的保护对象相比，具有突出的非物质的特点，是一种非实体的存在。侵害知识产权的行为，相应地并不以侵害物质实体作为手段和前提。不过，由知识与载体的相互关系所决定，无论是知识产权人财产利益的实现，还是侵害知识产权行为人所谋求的财产利益的实现，都必须借助于承载知识的物质实体的传播。因此，为了充分保护知识产权人利益，人们不得不更加注重采取停止侵权这种措施。知识产权诉讼中“行为保全”制度的建立，鲜明地体现了这种必要性；❶ 与这一暂时的行为保全相对应，诉讼终结时得出的停止侵权的结论同样具有首当其冲的作用。停止侵害等决定的作出，则意味着侵权行为人承担了以此为内容的民事责任。

此外，由于知识产权权利范围的无形性，在知识产权保护中，知识产权的圆满状态总是极为脆弱，而权利人最主要的救济方式是借助于要求侵权行为人停止侵权来实现对权利的直接意义上的保护。这种停止侵权，当属侵权行为人应当承担的侵权民事责任。

停止侵权民事责任的成立要件，与物权请求权的成立要件相仿，可以概括为两项：一是权利被侵害或者有被侵害的可能，可以是权利已经被侵害、权利正在被侵害或权利极有可能被侵害等

❶ Machlup, F., *An Economic Review of the Patent System*, Published by US Government Printing Office, Washington, D.C., 1958, p. 80.

情形之一；二是这种侵害具有违法性。所以，只要确定某一行为违反法律的强制性或禁止性规定，侵犯了他人的专有权利，权利人就可以行使不作为请求权，要求行为人排除或者防止侵害的发生。停止侵权的这种构成要件在实现对权利人的最基本保护中具有最直接的价值。这种价值，不仅在知识产权领域有鲜明的体现，即使在侵权民事责任的整体框架中，也是不应当忽视的。这种侵权民事责任的承担不问行为人的主观意志状态，也不问是否已经造成损害事实。也有学者认为，这样的责任构成要件可能对于侵权行为人太过于苛刻，而对于权利人过于宽容，最终会导致人们陷入无所适从的境地。笔者认为，这种担忧是不必要的，因为，即使是这样，也仅仅限制了人们行动方面的自由，使人人得以尊重他人的专利权，使行为人在法律否定的行为面前止步，此外，行为人并不会承担除停止行为之外的其他责任形式，没有为行为人增加其他财产上的负担。

正是由于停止侵权可以直接并最迅速地制止侵权行为，这一民事责任形式在侵犯知识产权的民事责任体系中居于重要的地位。据统计，自20世纪90年代中期以来，我国人民法院的知识产权审判工作进入了快速发展时期，每年受理审判的第一审知识产权案件约有5 000~6 000件。其中大部分侵权纠纷案件人民法院均适用了停止侵权等赔偿以外的民事责任形式。[1] 据北京市法院1996年收集整理的美国迪斯尼公司诉北京出版社、新华书店等34起著作权、专利权、商标权、商业秘密等知识产权侵权案例中，有29起被认定侵权，其中有25起适用了停止侵权、消除危险的民事责任形式，占29起被确认侵权案件的86%。又据上海市法院1998年收集整理的吴冠中诉上海朵云轩等著作权、专利权、商标权、商业秘密等13起侵权案件中，全部适用了停止

[1] 蒋志培：《入世后我国知识产权法律保护研究》，中国人民大学出版社2002年版，第46页。

侵权、消除危险等民事责任，支持了权利人除损害赔偿以外的停止侵权诉求。[1] 从上述案例裁判文书确认的停止侵权民事责任的表述方式分析，人民法院均实事求是地根据原告具体的请求，判决被告承担停止制造、销售、使用、出版发行、复制，去除、消除、销毁、不得买卖、不得利用原告有关信息资料等禁止或消除性的民事责任。在知识产权案件中，停止侵权等民事责任的适用较一般民商事案件所占比例要多得多。这又从另一个侧面反映了知识产权所保护的知识财产与一般财产的相异性。可见，停止侵权与侵权损害赔偿的民事责任形式相配合，使权利人的合法权益得到比较圆满的保护。

（2）消除危险与排除妨害

如前所述，我国《民法通则》已经将排除妨害和消除危险作为侵犯知识产权的民事责任形式加以规定，本书建立的民事责任体系中也包含这两种方式。从理论上说，这两种方式可以作为专利侵权责任的一种，但究竟它们可否实现，还需要进一步讨论。

由于权利客体的差异，物权请求权的内容与知识产权请求权略有不同。一般认为，知识产权请求权的内容一般分为两个方面：一是制止正在进行的侵权行为，消除现实的危险，防止侵权行为的发生；二是消除侵权人侵权或预备侵权造成权利危险的手段。请求权的这两个方面分别对应于两种民事责任形式。虽然消除危险和排除妨害都可以作为民事责任的形式，但是在侵犯知识产权领域，这两种责任方式是否可以作为民事责任形式还需具体分析。

一般而言，在知识产权侵权行为领域，为了确保权利的完整状态，为了使现实的正在进行的侵权行为停止下来或消除现实的侵权危险，权利人可以提起诉讼，请求不法行为人承担侵权责

[1] 宿迟等：《知识产权名案评析》，人民法院出版社2000年版，第254页。

任，如制止正在进行的假冒盗版行为或者制造专利产品的行为等；权利人也可以根据其合法享有的专有权，请求主管机关消除继续侵权或对权利造成侵权危险的手段，如销毁、封存、禁止制造为生产专利产品的专门工具、模具等。其特点在于，当权利人提出请求时，往往是和停止侵权诉求一起提出的，而且可以行使销毁、封存和禁止非法制造等权利的机关往往不是法院而更多情况下是知识产权行政管理机关。所以，这项民事责任该如何行使还有待进一步研究。

值得注意的是，对于以上两种请求，提起请求权的主体应当为知识产权人以及一定范围的利害关系人，知识产权人包括注册商标权人、专利权人、著作权人、商业秘密权利人（包括原始权利人和继受权利人）等，利害关系人包括知识产权独占和排他许可合同的受让人、依照法律规定正在发生继承但未完善相关手续的知识产权中财产权的继承人等。知识产权请求权的被请求人或义务主体是指正在实施侵权行为的侵权人或造成权利妨碍的其他行为人。从这个角度看，似乎使用请求权的思维更易于操作。

TRIPs 协议规定了知识产权权利人享有的请求主管机关在适当情形下，销毁、封存、禁止制造侵犯知识产权的产品和有关模具，还规定了在适当情形下，权利人可以请求侵权行为人返还不当得利，这一救济形式是否属于民事责任，学者们有不同看法。笔者认为，返还不当得利属于更为广义的民法范畴，不属于侵犯知识产权的民事责任形式。

（3）损害赔偿

按照我国民法和知识产权法的理论，知识产权侵权损害赔偿通常包含三层含义。

首先，它是一种权利人与加害人之间的权利义务关系，这种权利义务关系是由行为人的侵权行为所致。即公民、法人和其他民事主体依法享有的专有权利受到他人不法侵害，造成权利人财产损失或精神利益的损害，权利人享有请求赔偿的权利，加害人负有赔偿义务。这种在权利人与加害人之间的法律关系也被称作侵犯知识产权损害赔偿之债。[1]

其次，它是一种重要的知识产权法律制度，即知识产权损害赔偿制度。根据知识产权法律的规定，不论公民、法人等任何主体，凡侵犯了他人依法享有的知识产权，造成了损害，都应当予以赔偿。

再次，它是一种法律规定的民事责任形式。当不法行为人侵害了他人的知识产权并造成损害，即负有赔偿的义务。如果加害人不履行赔偿义务，权利人有权提起民事诉讼并通过法院的判决强制其承担赔偿损失的民事责任。赔偿损失是我国《民法通则》以及多部知识产权法规定的多种具体民事责任形式中最为常见的一种。

不法侵害公民、法人等民事主体的财产权和人身权同样构成侵权损害赔偿之债，同样应承担侵权损害赔偿的民事责任。但是，对财产权和人身权造成损害的侵权行为的表现形态，与侵害知识产权行为的表现形态完全不同。基于知识产权侵权行为和损害后果表现形态的不同，使得对知识产权侵权损害事实、损害赔偿范围的认定以及损害赔偿的计算，都与财产权和生命健康权等侵权损害赔偿存在种种不同的情况，这些区别又必然赋予知识产权侵权损害赔偿以特殊的含义。

侵害知识产权的损害赔偿请求权，与作为一般侵权民事责任内容的损害赔偿请求权具有同样的成立要件。通说认为，损害赔偿请求权的构成要件一般包括：侵权行为、侵权行为的违法性、侵权行为人主观上的过错、损害事实的发生及侵权行为与损害事实之间的因果关系（四要件说）。与停止侵权责任的构成要件相比照，可以鲜明地发现两者的异同。知识产权人主张的法律救

[1] 蒋志培：《入世后我国知识产权法律保护研究》，中国人民大学出版社2002年版，第150页。

济，无论是不作为停止侵权请求，还是损害赔偿请求，都需要具备的要件是：侵权行为、行为的违法性。但是损害赔偿请求权的成立，还有两项要求：一是要求权利人遭受了法律规定的严格意义上的损害以及这种损害与侵权行为之间的因果关系；二是要求侵权行为人在从事侵权行为时应具有主观上的过错，这就是所谓侵权责任的主观构成要件。其中对侵权行为人主观过错的要求，正是导致就侵害知识产权制度中归责原则产生诸多争议的原因。损害赔偿请求权在一般侵权制度以及侵害知识产权制度中具有的价值，可以说是不言自明的。此处不赘述。

（4）禁令

禁令是英美法系经常采取的救济手段，这一手段广泛运用于知识产权侵权以及其他民事侵权行为的案件中。

根据禁令发布的时间不同，我国有学者将禁令分为诉前禁令、诉中禁令和诉终禁令。❶ 其中，诉前禁令的性质属于诉前救济，是指权利人在向法院起诉之前，因情形紧迫而依照法律规定请求法律所给予的临时救济。我国新近颁布的司法解释对诉前禁令的适用条件作了规定，❷ 此处的情形紧迫是指知识产权人得知他人正在实施或者即将实施侵犯其专利权的行为，如不及时制止，将使其合法权益受到难以弥补的损害的情形。法院在依权利人申请采取此种救济措施以后，权利人应当在一定期限内向人民法院提起诉讼，否则法院将解除此种救济。诉中禁令的目的与诉前禁令相同，均为制止正要发生或正在发生的侵权行为，避免对权利人造成难以弥补的损害。但是在我国知识产权侵权诉讼领域，诉前禁令与诉中禁令适用的法律依据尚有不同。在专利侵权诉讼领域，法律对于诉前禁令作出了规定，但对于诉中禁令，相

❶ 张广良：《知识产权侵权民事救济》，法律出版社2003年版，第40～75页。

❷ 最高人民法院于2002年1月9日公布的《关于对诉前停止侵犯专利权行为适用法律问题的若干规定》。

关法律规定还有待明确。最高人民法院发布的《关于对诉前停止侵犯专利权行为适用法律问题的若干规定》第17条规定，似乎可以作为诉中禁令的法律依据。[1] 诉终救济是指权利人通过诉讼最终获得的救济，这一救济方式主要体现为民事责任。在法院对一个侵权案件作出判决时，如果被控侵权人确实构成了侵犯他人的知识产权，且具备停止侵权的民事责任构成条件，法院无疑可以作出停止侵权的判决，要求侵权行为人承担民事责任，但法院是否可以作出禁令，要求侵权行为人以后都不从事类似的侵权行为，司法界存在不同看法，在此不作讨论。与诉终救济相比，知识产权权利人获得的诉前和诉中救济都只是临时救济，而最终救济主要体现在法律判令侵权人承担的民事责任上。

从这些分析中我们可以看出，禁令是一种救济措施，其着眼点在于及时保护权利人的正当权利不受侵害或消除侵害的可能，它不属于民事责任形式的一种。

3. TRIPs 协议确定的专利侵权责任体系

TRIPs 协议是关于知识产权的一个综合性的多边条约，涉及内容之多、规定之复杂是在其之前缔结的所有知识产权国际公约无法比拟的，加之其特殊的诞生背景，使其成为惟一的一个兼具实体法内容和程序法内容的国际公约。同时，WTO 争端解决机制的引入使这一公约的执行力得到了空前加强，对知识产权国际保护体系产生了重大的影响。

在知识产权国际保护的基础理论方面，TRIPs 协议第一次明确了知识产权的性质。[2] 将知识产权界定为一种“私权”或“财产权”，在理论上澄清了3个问题：

其一，知识产权应受民法保护。既然知识产权是民事权利的

---

[1] 该条规定：专利权人或者利害关系人向人民法院提起专利侵权诉讼时，同时提出先行停止侵犯专利权行为请求的，人民法院可以先行作出裁定。

[2] 唐广良、董炳和：《知识产权的国际保护》，知识产权出版社2006年版，第238页。

一种，其保护也应与民事权利保护一样。❶ 就知识产权而言，其保护主要是通过制止其他人的侵权行为而实现的。由此决定了如何制止侵害知识产权的行为，侵权行为人应当承担的民事责任对知识产权的保护至关重要。由于知识产权侵权属于广义的民事侵权范畴，侵权行为的法律责任通常可以依照民法的一般规定和知识产权的特别规定。

其二，知识产权主要应由权利人通过民事程序请求保护。知识产权作为一种具体的民事权利，虽然其取得和维持需要借助一定的行政程序，但是知识产权的保护通常不能依靠行政程序而应依照民事程序，可以适用民事程序的相关规定。

其三，知识产权得由其权利人行使或处置。知识产权作为一项民事权利，其权利人有权按照其意愿处置其权利。在符合法律要求的前提下，知识产权人可以自行决定知识产权的利用、许可他人利用或者转让，其他人不应非法干预。

不过，由于知识产权所涉及的不仅是权利主体的个人利益，而且涉及其他人的利益和社会公共的利益，所以许多国家的法律对知识产权的行使与处置设定了许多条件和限制。TRIPs 协议明确了知识产权作为私权的性质，在某种意义上就是要强调对这种私权的处置不应受过多的不合理的限制。❷

另外，在世界范围内明确了知识产权保护的目的在于："知识产权的保护与权利行使，应有助于促进技术创新、技术转让与传播，有助于使技术知识的创造者与使用者互利，以有益的方式有助于社会及经济福利，以及有助于权利义务的平衡。"❸ 这一规定统一了各国对知识产权保护的认识，在整个 TRIPs 协议中，

❶ Robert L Ostergard, *The Development Dilemma*: *The Political Economy of Intellectual Property Rights in the International System*, New York: LFB Scholarly Pub., 2003.

❷ Carlos M Correa, *Intellectual Property Rights*, the WTO *and Developing Countries*: The TRIPs *Agreement and Policy Options*, New York: Zed Books, (Summer 2000).

❸ TRIPs 协议第 7 条。

知识产权保护的这一目的得到了贯彻。

TRIPs 协议对知识产权国际保护实务也产生了重大影响。这些影响体现在：通过协议的贯彻和实施，在有关的知识产权国际公约的基础上再次提高了知识产权的保护标准；加强了争端解决机制和对违反 TRIPs 协议的制裁；完善了知识产权国际保护体制等方面。

在这样一个兼具实体规定和程序规定的知识产权国际公约中，对于侵权责任的规定值得我们研究和借鉴。

在有关侵权责任形式的规定方面，TRIPs 协议避开了责任形式的直接表述，而是规定不同救济措施的适用标准，这是符合英美法系侵权行为法特点的。总体上看，TRIPs 协议是从两个方面来规定救济措施的适用条件的：

第一方面，从实施知识产权保护的措施和程序的角度规定了各成员在知识产权行政执法上应当履行的一般义务，从总体上提出了知识产权执法的要求，为制止侵权、及时采取救济措施提供了依据。相关内容主要体现在协议第三部分第 41 条，该条主要涉及四个方面。其中第 1 款规定：成员应当保证本部分所规定的实施程序在其法律之下可以被利用，以便于对知识产权侵权行为采取有效的行动，包括采取及时防止侵权的救济和制止进一步侵权的救济。协议同时要求，这些执法程序不应成为合法贸易的障碍，也不得被滥用。

第二方面，TRIPs 协议规定了行政和民事救济程序以及救济措施。单就救济措施而言，协议对可以采用的救济措施作了原则性的规定，这些救济措施主要包括：禁令、损害赔偿和其他救济手段。

禁令的适用条件规定在 TRIPs 协议第 44 条。根据该条第 1 款规定，成员司法当局应有权要求当事人停止侵权，但停止侵权的救济不适用于强制许可。[1] 结合 TRIPs 协议对行政执法的一般要求，我们可以看到，采取禁令这一救济措施的目的在于达到制止侵权、及时防止侵权的进一步发生的作用，从效果上而言，该禁令所追求的效果是促使侵权行为人停止侵权，避免损害的扩大；从侵权人角度而言，由于行为人违背了法律的强制性规定，因而需要承担停止侵权的民事责任，因此，停止侵权责任形式是一项可以得到 TRIPs 协议肯定的救济措施，也是侵权人实施侵权行为的必然后果。停止侵权可以作为一项单独的侵权责任形式存在。

损害赔偿的适用条件规定在 TRIPs 协议第 45 条。根据该条规定，对于明知或者有合理理由知道其行为后果而实施侵权行为的侵权人，司法当局应有权要求侵权行为人赔偿受害人的损失，包括律师费。对于不知或没有合理理由知道其行为后果而实施侵权行为的人，在适当情况下也可要求其返还所得利润或支付法定赔偿金，或者二者并处。从协议的措辞中，我们可以看出，损害赔偿这一救济措施既是当事人在其权利遭受侵害时可以获得救济的措施，也是侵权行为人因其侵权行为而必然要承受的民事责任。因此，损害赔偿这一责任形式既是 TRIPs 协议所肯定的救济措施，也可以解读为协议所肯定的民事责任形式。至于律师费以及何种条件下侵权人需要返还利润，或者何时支付法定赔偿金都是解决损害赔偿的范围的问题，这些问题的解决不影响损害赔偿作为一项单独的民事责任形式的成立。

TRIPs 协议第 46 条规定了其他的救济措施，对于这些措施是否属于侵权的民事责任形式需要具体分析。根据该条规定，司法当局为了保护权利人的合法利益，可以采取如将侵权物品排除出商业渠道、销毁侵权物品、去掉侵权商标等其他各种救济手

---

[1] TRIPs 协议第 44 条第 1 款。

段。[1] 从协议的文字表达上看，这些救济措施是当局不必给予侵权行为人任何补偿的情况下采取的救济措施，救济措施的适用并不要求一定存在提出诉求的权利人。司法机关在执行这些措施时，可以"责令"将主要用于侵权的材料和工具排除出商业渠道，而不一定只能根据权利人的请求，作出以上决定。[2] 因此，至少从文字上看，这些救济措施更多的类似于行政救济措施而非侵权的民事责任形式。在我国，知识产权保护采取的是行政和司法相互辅助的"双轨制"。行政机关可以依照职权独立地查处侵犯知识产权的行为，并作出责令侵权人销毁侵权物品或依职权主动销毁侵权物品、将侵权物品排除出商业渠道等决定。这些决定一般属于行政执法的范畴。至于知识产权权利人是否可以在司法程序中，提出这样的诉讼请求，尚不明确。

基于以上分析，在TRIPs协议规定的救济措施中，停止侵权和损害赔偿属于侵权的民事责任形式。根据协议的规定，这些救济措施应当不仅可以适用于侵犯版权领域，也可以适用于专利侵权领域以及侵犯其他知识产权的领域。

综合以上分析，笔者认为，在专利侵权行为领域，所谓专利侵权行为中所指的"权"仅指权利人的独占实施权，专利侵权行为是指不法行为人未经许可且无法定事由、以商业目的实施他人专利的行为，专利侵权行为的构成不需考虑行为人的主观过错和损害事实，专利侵权行为所适用的民事责任形式可以有停止侵权、损害赔偿等形式，其中停止侵权与损害赔偿是最为重要的两种形式，消除危险与排除妨害在适用时需要借助行政主管机关的行为，其究竟可否作为一种专利侵权行为领域的民事责任形式，还有待进一步研究。

---

[1] TRIPs 协议第 46 条。

[2] Susan K, *Private Power, Public Law: The Globalization of Intellectual Property Rights*, Cambridge University Press, 2003.

从某种角度看，似乎使用绝对权请求权的理论更易于操作。至于返还不当得利，笔者认为其不属于民事责任的范畴，而归属于更广义的民法范畴，在构筑侵权民事责任体系时，没有将其纳入其中。

二、归责原则

在专利侵权责任体系被确定为停止侵权和损害赔偿之后，专利侵权行为适用的归责原则就回到了学者们之前的争论。

对于应当承担停止侵权的民事责任而言，在要求侵权行为人承担侵权责任时不需要考虑行为人的主观过错和损害事实，只要行为人实施了侵犯他人专利权的行为，构成侵犯专利权，就应当承担停止侵权的民事责任，因此，此时可以适用无过错责任原则。需要反复注意的是，这里的责绝不能指损害赔偿之责。

对于应当承担损害赔偿的民事责任而言，在要求侵权行为人承担侵权责任时，就需要考虑侵权行为人的主观过错以及其由于侵权而造成的他人的损害事实。在这一点上，与原先的损害赔偿责任的适用条件是一致的，适用过错责任原则。至于过错推定原则，本身是过错责任原则的一种变形，其本质仍然属于过错责任原则。

这样，在侵犯知识产权领域，民事责任的归责原则呈现了二元归责的特点。在具体适用时，需要针对具体的民事责任形式适用不同的归责原则。

第三节 专利侵权行为理论的政策性矫正

现代法治的精神，在于对权利的合理确认和对权利的充分保障。侵权行为法是实现权利保障功能的重要法律，对维护权利人的民事权益乃至社会正常秩序都具有极为重要的调节作用。由此，在知识产权侵权行为领域，侵权行为的客体范围、侵权行为的构成以及侵权行为的抗辩事由等问题，历来是学者关注的焦点。对于理论体系还不甚完备的知识产权侵权行为理论研究，这一研究更具理论和实践意义。

TRIPs 协议开宗明义地指出：知识产权为私权，这一结论统一了各国对于知识产权性质的认识，也为知识产权适用私法的基本原则奠定了坚实的基础。同时，与一般的财产权不同，知识产权来源于文化、艺术以及科技领域，自其产生之日起就对国家的文化繁荣和科技发展起到了非常重要的作用。为了满足保护这一特殊权利的需要，均衡权利人与社会公众两方甚至多方的利益，各国政府又视知识产权法为政策工具，赋予了其调节功能，将本国的科技文化发展目标与法律的价值判断结合起来，共同实现着调节行为人的行为尺度的目标。具体到专利法，我们可以较为清晰地看到立法者在有关专利侵权行为界定与规制方面所作出的政策性矫正。

一、侵权行为客体的矫正

侵权行为的客体是指侵权行为所指向的对象。由于“侵权行为”概念所涵摄的客体范围在各国立法上均没有明确界定，学者主要是通过对各国立法、学说和判例中对于侵权行为类型的阐述来廓清其客体范围的。

1. 侵权行为客体范围溯源

“侵权行为”一词系外来词，在语源上为拉丁文的“delictum”。从文义解释角度看，“侵权行为”应是侵害“权利”的行为，但如果这样解释，在大陆法系各国的相关词语中，就没有能与“侵权行为”准确对应的词；英美法中被译作“侵权行为”一词的有二，一是“tort”，二是“infringement”，两者的含义略有不同，一般认为“tort”主要指需要承担损害赔偿责任的侵权

行为，而“infringement”泛指包含“tort”在内的侵权行为。❶

法国民法承袭了罗马法对侵权行为的表述。法国侵权责任法以“侵权行为与准侵权行为”为题集中规定在第3卷（取得财产的各种方法）第4编（非因合意而发生的义务）的第2章中，共计5个条文。第1382条是对侵权行为一般条款的表述，第1383~1386条是有关准侵权行为的规定。《法国民法典》第1382条的规定分析，侵权行为这一概念的适用范围非常广泛。凡过错致人损害的行为都是侵权行为，都应承担赔偿责任。相应地，侵权行为的客体范围也十分广泛，不仅包括绝对权，还包括当事人享有的、与绝对权有关的利益。侵权行为法将法律规定的权利以及还没有上升为权利而应当受到法律保护的利益都涵括在了侵权行为的客体范围之内。然而，何谓应受法律保护的利益（法益），德国民法学者没有给出明确的定义，依拉伦茨的解释，那些与人格密切联系的利益即是权利之外受法律保护的法益。❷

德国侵权行为法集中规定在《德国民法典》第2编第7章第25节（侵权行为）中，从第823条到第853条共计31个条文。❸其中《德国民法典》第823条作为侵权行为的一般条款，第826条是对特殊侵权行为的规定，主要涉及对绝对权的保护。从这些规定看，并非仅“权利”受到侵害才由侵权法救济，某些特定的利益受到侵害同样由侵权法救济。也就是说，在德国民法学者看来，侵权行为的客体范围不仅包括权利还包括权利人的特定利益。

继《德国民法典》之后，各国的侵权行为法均毫无例外地将权利人的合法权益划归到侵权行为的规制范围之内，据此，构成一项侵权行为的情况下，侵权行为的客体既可能是受法律保护

❶ 郑成思：“侵权责任、损害赔偿责任与知识产权保护”，载《环球法律评论》2003年冬季号。

❷ 陈朝壁：《罗马法原理》，商务印书馆1937年版，第149页。

❸ 张新宝：“侵权责任法的法典化程度研究”，载《中国法学》2006年第2期。

的绝对权，还有可能是当事人的合法利益。在大陆法系民法学者看来，并不是只有侵犯权利的行为才构成侵权行为，除了法律规定以外，对法益的侵害也是侵权行为。同样根据英美法系的法律规定，只要利益或权利受到侵害都可以提起侵权之诉，侵权行为几乎贯穿于所有法律领域，无所不在。❶

我国学者接受了这一观点，在接受大陆法系“侵权行为”的表述方式下，侵权行为所侵害的“权”不仅包括民事权利，而且包括受到法律保护的利益，侵权的“行为”不仅包括加害人的行为（作为或不作为），也包括“准行为”（他人之行为、动物致人损害等）。❷ 这一观点目前已成为通说。

将侵权行为的客体范围划定在权利和利益之内的观点也反映在了我国《民法通则》对侵权行为的有关规定中。一般认为，《民法通则》第106条是我国民法上的“侵权行为一般条款”，其涵盖了大多数的侵权行为形态，在该条第2款的规定中没有使用“人身权”和财产权的表述，而是使用了“人身”和“财产”之语。❸ 据此，我国立法并没有将侵权行为的客体范围限制在权利的狭窄范围之内，而实际上已经扩展到权利和权利以外的法益范畴。

近几十年来，随着社会法治程度的不断提高和人们权利意识的不断觉醒，在整个民法领域，侵权法发展十分迅速，侵权法的边界不断扩张，其保障的权利范围也在不断扩张。侵权法的保护对象从最早的财产权，到知识产权，乃至人格权领域，甚至传统上由合同法等规制的侵害债权的行为（如特定情形下的第三人侵害债权的情形），也有纳入到侵权行为法中的趋势。特别是近年来，我国侵权行为法的独立成编，更是将有关侵权行为的客体范

---

❶ 尹志强：“侵权行为概念分析”，载《比较法研究》2005年第4期。

❷ 张新宝：“侵权行为的一般条款”，载《法学研究》2001年第4期。

❸ 我国《民法通则》第106条第2款规定，公民、法人由于过错侵害国家、集体的财产，侵害他人财产、人身的，应当承担民事责任。

围的研究推向了更深的一个层次。从某种程度上看，侵权行为法甚至具备了确权的功能，一些原先没有上升为权利的法益（如隐私权）经由侵权行为法纳入侵权客体范围之后，日益引起人们的重视而上升为权利，这一规定表明，不仅现有法律规定的权利与利益已纳入了侵权行为的客体范畴，一些现有法律尚未规定的权益也有不断纳入侵权行为法调整范围的趋势。❶

虽然知识产权是非物质形态的私权，但其权利属性与一般的财产权无异，均属于民事权利的一种，知识产权侵权行为应接受侵权行为法一般原理的指导。在知识产权侵权行为的性质归属上，多数民法学者认为，其归类于一般侵权行为，适用一般侵权行为的责任构成要件和规则原则。❷ 据此，知识产权侵权行为领域本应延续已有的客体范围扩大的规律。但是，在知识产权侵权行为领域，侵权法所保护的权益不断扩展的趋势未能继续发展下去，相反，知识产权侵权行为的客体范围受到了明显的遏制。在专利侵权行为领域，这一受到遏制的趋势表现的尤为明显。

2. 专利侵权行为的客体范围

何谓“专利侵权行为”？专利侵权行为侵犯的客体是什么？各国法律并没有给出一个明确的定义，法律的规定也因“国”而异。要合理界定专利侵权行为的概念，首先应明晰专利权的内容。

与我国著作权法和商标法的立法方式不同，专利法没有以明文的方式列举权利人依法享有的权项范围，而是通过列举侵权行为具体形态的方式，从侧面表述了专利权的效力所在。根据《专利法》第 11 条规定，专利权人的权利包括独占权、许可实施权、转让权、标记权等四项。❸ 根据侵权行为一般原理，凡侵犯以上

---

❶ 王利明：“论侵权行为法的独立成篇”，载《现代法学》2003 年第 4 期。

❷ 杨立新：“中国侵权行为法理论体系的重新构造”，载《法律适用》2004 年第 7 期。

❸ 汤宗舜：《专利法教程》，法律出版社 2003 年版，第 164 页。

四种权利的行为都应统归于专利侵权行为的范畴。但是，《专利法》对以上四种权利客体采取了区别对待的做法。

根据我国《专利法》第 11 条第 1 款和第 57 条规定：未经许可实施他人专利的行为构成侵犯他人专利权，《专利法》第 11 条第 2 款具体列举了专利侵权的不同表现形式，即未经许可，以生产经营目的制造、使用、许诺销售、销售、进口其专利产品，或者使用其专利方法以及使用、许诺销售、销售、进口依照该专利方法直接获得的产品，将构成专利侵权。这些侵权行为方式都属于直接侵权。从列举的专利侵权行为的具体形态看，专利侵权行为是指未经许可侵犯专利权人独占实施权的行为。

而对于侵犯专利权人的许可实施权和转让权，专利法没有作出规定。实践中，对于侵犯专利权人许可权和转让权的无权许可人，法院一般按照无权处分的原理解决纠纷，而不将其纳入侵犯专利权的范畴。

除此之外，我国专利法在《专利法实施细则》中还列举了两类侵权行为形态，分别是该细则第 84 条规定的 4 种假冒他人专利行为和该细则第 85 条规定的 4 种冒充行为，该细则将这两类行为归类于专利违法行为。在假冒专利行为中，遭到侵犯的权利客体为标记权和与专利权有关的其他权益（如使用专利号的权益），而在冒充专利行为中，侵权行为人实施的是一种欺骗行为，从理论上看，该行为虽没有造成专利权人合法权益的损害，但有可能对社会公众利益造成损害。

从以上侵权行为所侵犯的客体角度看，这些行为均或多或少侵犯了权利人的权益，理应归属于专利侵权行为。但是专利法对此作出了不同的安排。从专利法的条文表述以及法律规范的位阶安排可知，专利法所确认的专利侵权行为仅指侵犯专利权人独占实施权的行为，将此类行为交由专利法来规制，由侵权人承担民事责任；而将侵犯专利权人的标记权以及相关权益的行为划分为专利违法行为，视为民事侵权行为接受侵权行为法和专利法的共同调整，由行为人承担行政责任或刑事责任；将侵犯专利权人许可权或转让权的行为划归合同法调整，其理由是这类行为通常发生在合同领域。[1]

由此，根据专利法，并不是所有与专利权有关的权益均受到侵权行为法的规制，显然只有权利才能成为侵权行为的客体，而且这一权利所指的对象仅仅是专利权人的独占实施权，而不包括专利权人享有的其他财产性权利，如标记权、转让权、许可权等。这一规定的直接结果是，专利法上的侵权行为概念所涵盖的范围远远小于其原本可能包括的范围，因此属于特指上的侵权行为。此“权”的具体内容依据不同的专利类型而略有差别，以产品发明专利为例，专利权人享有的独占实施权由制造、使用、销售、许诺销售、进口等五种权项组成。专利侵权行为的含义仅仅指他人未经许可且违反法律的强制性规定，以商业目的实施他人专利的行为。

专利法将专利侵权行为的客体仅仅规定在独占实施权的范围内，体现了国家政策的矫正。众所周知，专利法是促进科技创新之法，这决定了专利法必须在维护权利人的个人利益和促进技术的扩散以及发明创造的推广应用之间作出适度的调整，以维护权利人与社会科技进步之间的平衡。专利权人研制发明创造的根本目的在于获得经济效益，以弥补其从事艰辛劳动所耗费的精力与财力，并激励其继续投入发明创造，为社会创造更多的技术成果，而实施是专利权人实行其利益的最好手段，法律必须对侵犯专利权人独占实施权的行为给予否定性评价，从规范他人行为的角度树立整个社会尊重知识产权、维护权利人私利的风尚。

对于侵犯专利权人其他权利的行为，由于这些行为所侵犯的权利客体主要体现在技术转让领域和产品流通领域，这些行为虽然也会造成权利人的利益丧失，但更多的是侵犯了公众公益和社

[1] 江平：《侵权行为法研究》，中国民主法制出版社2004年版，第271页。

会正常的管理秩序，如果将其纳入民事侵权行为范畴而任由行为人自己处置，将严重影响社会公众的利益和社会主义市场经济秩序，进而破坏已有的法治秩序，最终妨碍整个社会的技术进步。为此，法律必须对此类行为进行规制，通过适度的公权干预来实现维护社会秩序和公众利益的目标，赋予政策以能动空间。为实现这一目标，专利法将侵犯专利权人独占实施权的行为交给了更为广阔的侵权行为领域，随时保证政府公权力的及时介入和调整，为法律留下了一定的政策矫正余地。

二、法定抗辩事由的矫正

在侵权行为法上，抗辩事由对于均衡侵权行为人和权利人之间的利益具有重要作用。一定的抗辩事由总是与一定的责任构成要件和归责原则相联系的，侵权行为法通过侵权行为构成要件、归责原则和抗辩事由等制度设计，实现了损失在权利人与加害人之间的合理分担。

按照侵权行为法一般原理，根据实施侵权行为的主体不同，可以将侵权行为划分为一般侵权行为和特殊侵权行为。其中，一般侵权行为是指行为人由于过错实施某行为致人损害时，适用民法上的一般责任条款的行为。[1] 特殊侵权行为是指当事人基于与自己有关的行为、事件或者其他特别原因致人损害，依照民法的特别规定或特别法的规定而应负民事责任的行为。一般侵权行为与特殊侵权行为在侵权行为的构成要件、归责原则和抗辩事由等方面都存在差异。通说认为，知识产权侵权行为属于一般侵权行为。[2]

从我国立法和司法实践来看，可以作为一般侵权行为的抗辩

[1] 张新宝："侵权行为法一般条款"，载《法学研究》2001 年第 4 期。

[2] 王利明：《中国民法典学者建议稿及立法理由侵权行为编》，法律出版社 2005 年版，第 5 页。

事由包括：正当防卫、紧急避险、依法执行公务、受害人同意、自助行为、受害人的故意或重大过失、第三人过错、不可抗力以及意外事故，等等。[1] 这些抗辩事由均着眼于考量侵权行为人的客观行为受到多大程度上的外界环境影响或者其他行为人主观因素的影响，从而为减轻侵害行为人的主观过错寻找减免责任的依据。

与传统民事权利相比，知识产权是一体两权的财产权形态，在侵害知识产权的行为中，知识产权人的财产权和人身权都有可能遭受侵害，以调整对财产权、人身权等绝对权的侵害及其救济为目标的侵权行为法势必将其纳入规制范围之内。据此，知识产权侵权行为的抗辩事由应该遵循一般侵权行为的规律，至少应将一般侵权行为适用的部分抗辩事由纳入到知识产权侵权行为的抗辩事由范围之内，确保知识产权侵权行为的一般侵权行为的属性。

但是我国知识产权法在设计适用于知识产权侵权行为的抗辩事由时，完全偏离了民法上一般侵权行为的常规，转而以法律规定的形式，明确规定了侵权行为的抗辩事由，只有在这些特定的情况下，侵权行为人才得以抗辩知识产权权利人的侵权之诉。具体到专利制度领域，我国专利法规定的抗辩事由主要指推广应用、强制许可、权利穷竭、先用权、临时过境和专为科学试验目的等六种情形。[2]

与一般侵权行为的抗辩事由所关注的角度不同，专利侵权行为的抗辩事由不涉及行为人的主观意志和外界的客观力量，抗辩权的产生既不与自然环境和外界因素有关，也不关涉第三人的主观过错，甚至与当事人的主观意志无关。在规定专利权的例外的情形中，仅有《专利法》第63条第2款谈及行为人的主观过错。

---

[1] 杨立新：《侵权行为法专论》，高等教育出版社2005年版，第126页。

[2] 《专利法》第14条、第63条。

根据该条，为生产经营目的使用或者销售不知道是未经专利权人许可而制造并售出的专利产品或者依照专利方法直接获得的产品，能证明其产品合法来源的，不承担赔偿责任。换言之，以生产经营目的实施了专利权人的专利但能证明其实施行为的来源合法的，不需要承担赔偿责任，但是仍然构成侵权，行为人将承担损害赔偿责任以外的其他侵权责任。

不独我国如此，各国知识产权法都以大致相似的条文，明文规定了知识产权侵权行为的抗辩事由，对知识产权这一私权的行使设定了若干限制，保障了权利人和社会公众的行为自由。与一般侵权行为的抗辩事由相比，知识产权法是通过考察行为人实施行为的动机是属于不法侵害他人商业利益还是社会生活所必要以及丰富和改善自我生活条件的目的为基准，来区分侵权行为和合法行为。

究其原因，知识产权侵权行为的抗辩事由与民法上一般侵权行为的抗辩事由存在重大区别的原因在于法律的立法宗旨的不同。知识产权法的各种抗辩事由着眼于保护社会公众接触现代技术和优秀文化成果的自由，着眼于整个社会福利的改善，因而体现了政府的政策性调适。通过政府强制性的明文规定，实现了法律价值的政策性矫正。法律的立法宗旨需要通过各项具体的法条予以贯彻，而法律的立法宗旨则是统治阶级意志的体现。立法者通过设计具体的法律条文达到均衡调整各方利益并实现其最终的立法目标。

三、归责原则的矫正

侵权法的归责原则在整个侵权法中居于核心地位。侵权行为的归责原则是确定行为人承担民事责任的根据和标准，也是贯穿于侵权行为法并对各个侵权行为的规则起着统率作用的立法指导方针。作为民事责任立法、司法和学术研究中一个基本而重要的问题，归责原则始终受到侵权行为法学者的关注和青睐。就立法而言，归责原则所体现的是立法者对相互冲突的民事利益的平衡和选择；就司法而言，归责原则关系到民事纠纷的正确解决和当事人权利的保护。无论是大陆法系国家的侵权法，还是英美法系的侵权法，要解决的核心问题就在于侵权行为的责任问题。一定的归责原则决定着侵权行为的分类，也决定着责任构成要件、举证责任的承担、免责条件、损害赔偿的原则和方法以及减轻责任的依据。

1. 一般侵权行为归责原则的适用困境

我国侵权行为法上的归责原则主要有过错责任原则、过错推定原则和公平原则等。这些归责原则分别解决不同侵权形态下侵权人的责任构成、损害赔偿原则等一系列问题，最终实现对受害人的合理程度的救济。因此，对于一类侵权行为而言，只可能存在一种适用的归责原则而不可能同时存在两种不同的归责原则。如对于一般侵权行为，侵权行为法采用的是过错责任原则。而对于特殊侵权行为，采用的是过错推定原则或公平责任原则。

众所周知，传统侵权行为是以损害赔偿为核心建立起来的体系，这一体系中的侵权行为的概念、侵权行为构成、侵权行为归责原则等均从侵权行为法的补救功能出发，意图通过侵权行为法的矫正作用弥补被侵权人的权益损失。这一传统方式是与以财产为核心的时代相适应的，在知识经济时代，无形财产权的重要性日益凸显，对无形财产权的侵害并不必然造成对权利人的利益损失，相应地，单一的以损害赔偿为主的侵权责任形式不能适应保护知识产权的需要。而且，知识产权虽与物权同属绝对权，但知识产权的特殊性是显而易见的，其权利客体表现为一种无形的信息，权利的物化载体与其权利本体相互分离。在一项侵犯知识产权的行为中，对知识产权权利本身的侵害并不必然造成对知识产权物化载体的侵害，因而侵权行为的发生并不意味着损害事实的造成，这与传统民事侵权行为中物权等绝对权遭受侵害不同。

基于此，对于专利侵权行为而言，归责原则的适用存在着复杂性，其复杂性体现在归责原则的构成方面。从我国《民法通则》和几部主要知识产权法的有关条文来看，过错责任原则是我国知识产权侵权“损害赔偿”的一般归责原则，当《民法通则》所规定的“责”不限于损害赔偿之责之后，一般侵权行为的单一归责原则在知识产权侵权行为领域就出现了适用的困境。

2. 知识产权侵权行为归责原则的研究历程

我国学者对于适用归责原则的理论研究是随着知识产权制度的逐步完善而不断深入的。❶ 这一研究大致可以划分为两个阶段，其一是主张一元归责原则阶段，其二是主张二元归责原则阶段。

主张一元归责原则的学者认为，按照《民法通则》规定，适用无过错责任须有法律的明文规定，我国法律并未规定侵害知识产权应适用无过错责任，因此应作为一般侵权行为适用过错责任原则。❷

但是，随着研究的深入，人们逐步认识到，随着国际互联网的发展，使得知识产权侵权行为国际化的趋势加剧。这些特点给知识产权侵权行为之防范、侵权责任构成之认定、侵权妨害后果之避免等方面带来相当大的困难。在知识产权侵权的归责原则上，过多地采用过错责任原则，即只有被控侵权人主观上存在过错，其行为才构成侵权、方承担侵权责任的原则，更不利于对知识产权权利人的保护。

针对新时期知识产权侵权行为的特点，学者们在改变过错责任原则这一单一归责原则的呼吁中，转而主张采取二元归责原则，即在采用过错责任原则的基础上补充适用其他归责原则。这一观点的提出把对知识产权侵权行为归责原则的研究带入了第二

❶ 张玉敏：“侵害知识产权民事责任归责原则研究”，载《法学论坛》2003 年第 5 期。

❷ 刘波林、王自强：“侵害著作权的过错责任”，载《著作权》1996 年第 4 期。

个阶段。

关于补充何种原则，学界提出了两种不同观点。

第一种观点是主张以过错责任为原则，以过错推定为补充。[1] 其理由是让侵权行为人对他不能预见、并不希望发生的损害事实承担责任，在大多数情况下是有失公允的，也是违背自然法则的。实行过错推定原则，可以使知识产权所有人免除举证责任而处于有利地位，有利于制裁那些虽无主观过错但缺乏反驳事由的侵权行为。

第二种观点是主张采用过错责任原则和无过错责任原则，其理由是侵犯知识产权的行为类型是不同的，归责原则也应不同。[2]

也有学者将归责原则与侵权行为类型和责任形式的关系如图4－1所示。[3]

物权保护方法－返还原物、恢复原物、停止侵害、排除妨害等－无过错责任

债权保护方法－赔偿损失
- 一般侵权行为－过错责任原则
- 特殊侵权行为－过错责任原则或严格责任原则

图4－1　归责原则与侵权行为类型和责任形式的关系

我们姑且不去分析知识产权侵权行为应补充何种归责原则，学者的论争至少说明，在知识产权侵权行为领域，单一的损害赔偿责任的过错责任原则已经被多重归责原则所替代。这一结论同样适用于专利侵权行为。

3. 专利侵权行为适用多重归责原则的理论与实践分析

专利侵权行为领域适用多重归责原则是有着深厚的理论和司法根据的。

---

[1] 吴汉东："知识产权保护论"，载《法学研究》2000年第1期。

[2] 郑成思：《知识产权论》，法律出版社1998年版，第256页。

[3] 张玉敏："侵害知识产权民事责任归责原则研究"，载《法学论坛》2003年第3期。

首先，当民事责任形式进入到包括但不限于损害赔偿责任的广阔空间以后，以损害赔偿责任为核心建立起来的过错责任原则的适用基础发生了变化。我国《民法通则》规定了10种一般的侵权责任形式，[1] 其中除了支付违约金和修理、更换、重作的责任形式属于典型的违约责任形式以外，其他8种形式都可能被适用于知识产权侵权行为领域。《民法通则》第118条专门规定了侵犯知识产权的民事责任，依据该条规定，专利权被侵犯的权利人有权提出停止侵害、消除影响和赔偿损失的请求。从侵权行为人角度看，这三种请求无疑属于侵权行为人因其侵权行为而应承担的民事责任，对于停止侵权或者消除影响的民事责任，法律不应为其设置过错责任原则，而应依据民事权利的绝对权属性，无条件的要求侵权行为人承担停止侵权等民事责任。在这里，过错责任原则已经不能统领各种构成要件不一的责任形式，因而失去了适用的空间。换言之，责任形式的不同，具体的归责原则也不相同，民事侵权行为理论中不存在可以普遍适用于各种责任形式的归责原则，知识产权法需要对仅存于传统侵害财产权领域的单一归责原则进行矫正。

其次，在知识产权领域，一方面，由于权利客体的无形性使得知识产权更具脆弱性，较易受到不当侵害；另一方面，权利人在知识产权侵权诉讼中所承担的过错举证责任较一般侵权行为更为艰巨。以专利侵权为例，专利权人获得专利权必须以公开自己的技术方案为代价，专利权人获权的同时就给予了处于相同领域的技术人员一个获知和实施其专利技术方案的机会，只有经专利权人许可的实施行为才是合法行为，其他以商业目的实施的、未经权利人许可的行为将构成侵犯专利权。由于专利技术的公开性

[1] 《民法通则》第134条规定，承担民事责任的方式主要有：停止侵害；排除妨害；消除危险；返还财产；恢复原状；修理、更换、重作；赔偿损失；支付违约金；消除影响、恢复名誉；赔礼道歉。

和实施行为地的隐秘性，并不是每一件专利侵权行为都可以及时地被专利权人所知，更加无法知悉甚至举证证明行为人实施侵权行为时的心理状态。由此，让较少有条件获取信息的被侵权人提供信息，既不现实，也不经济，且不公平。只有将举证责任置于占有或接近证据材料，有条件、有能力证明争议事实的侵权行为人，才符合程序经济和实体公平的要求。

再次，随着人们权利意识的觉醒，权利人并非总是主张损害赔偿而更多的是希望及时遏制侵权行为人的侵害行为，由此，停止侵权等责任形式得到了广泛的运用。在专利侵权领域，权利人更加希望采取及时的措施防止侵权产品进入商业流通渠道，因而倾向于更频繁地提出停止侵权请求。据悉，自20世纪90年代中期以来，我国人民法院的知识产权审判工作进入了快速发展时期，每年受理审判的第一审知识产权案件约有5 000~6 000件。其中大部分的专利侵权纠纷案件中，人民法院均适用了停止侵权等损害赔偿以外的民事责任形式。[1] 同时，为了保护知识产权权利人的合法权益免受不当侵害，各国纷纷采取“禁令”的方式制止已经发生或将要发生的侵权行为，要求侵权行为人承担停止侵害、排除妨碍以及消除危险等民事责任，在司法机关适用这些责任形式时，仅需确定权利人是否具有合法存在的权利以及行为人是否构成了侵犯他人知识产权，而无需适用过错责任原则，进一步查明行为人是否存在过错。

最后，知识产权侵权行为的形态要远比一般侵权行为形态复杂得多。以专利侵权行为为例，在专利侵权行为的各种表现形态中，既有直接侵权，又有间接侵权（辅助侵权），既有共同侵权，又有单方侵权，既有自己责任，又有雇主的替代责任，既有一般侵权行为，又有特殊侵权行为。单一形式的损害赔偿责任显

[1] 蒋志培：《入世后我国知识产权法律保护研究》，中国人民大学出版社2002年版，第46页。

然不能适应专利侵权行为的特殊性，相应地，侵权行为的归责原则对专利侵权行为的包容性极为有限。

基于以上原因，需要针对不同的侵权责任形式，具体分析适用于知识产权侵权行为的归责原则。知识产权学者对于侵犯知识产权行为所适用的归责原则的研究，均是建立在这一认识之上的。这一认识与民法学者对归责原则的研究中所理解的仅仅包括侵权损害赔偿之责是不同的。在知识产权的司法实践中，法官们的认识是十分清楚的。[1] 在法官们看来，把握侵权行为的认定和侵权责任的构成之间的联系与区别，是掌握和分析损害赔偿责任的构成和基于知识产权请求权的其他民事责任之间的联系和区别的关键。

这是因为归责原则中的“责”已经是扩大化的责，而不仅仅指损害赔偿之责。在司法实践中，当要求侵权行为人承担停止侵权或排除妨害等侵权责任时，必须首先要其证明其具有过错才需要承担责任是十分可笑的。对于损害赔偿以外的其他民事责任形式而言，并未造成侵权行为人财产利益上的损失，相反使其明白自己行为的性质，这是必要的，同时也是适当的。

这种侵权行为归责的复杂性导致了在知识产权侵权行为领域适用哪两种归责原则的争论。但是，不论是适用过错责任原则兼过错推定原则，还是适用过错责任原则和无过错责任原则，都改变了一类侵权行为只适用一种归责原则的格局，这种局面在传统侵权行为领域内是不可理解的。

在传统侵权行为法学者看来，知识产权侵权行为适用归责原则的特殊性是一个无法解决的难题，民法学者将知识产权侵权行为归类于一般侵权行为之后，在相关的论著中都有意无意地回避此问题。[2] 为了恢复传统侵权行为理论的原貌，固守传统侵权行

---

[1] 蒋志培：“TRIPs 肯定的知识产权侵权赔偿的归责原则和赔偿原则”，载《法律适用》2000 年第 10 期。

[2] 梁慧星：《中国民法典草案建议稿（附理由）——侵权行为编·继承编》，法律出版社 2004 年版，第 2 页。

为领域的框架，学者们试图从结合物权请求权和侵权行为法的双重角度来论证这一多重原则的合理性。

有学者认为，我国《民法通则》有关民事责任的规定存在致命的缺陷，请求停止侵害等物上请求权或知识产权请求权是基于物权或知识产权的效力本身产生的请求权，不属于民事责任，甚至认为《民法通则》将停止侵害等规定为民事责任是在没有规定物上请求权的背景下的权宜之计。❶ 笔者认为，这种观点是值得商榷的。

其一，除法律特别规定的情况（如违反善良风俗损害他人利益）外，从权利人的角度看，任何民事责任都是在其权利受到侵害时，基于其原权利而产生的一种救济权。如基于物权产生的返还原物请求权，基于知识产权产生的停止侵害请求权，而与此相对应的，是加害人的因其侵权行为而应承担的法律后果（民事责任）。

其二，责任是对义务的担保，是法律令违反义务者所承担的一种不利的法律后果。任何人都有不得侵害他人权利的义务，侵害他人之物权、知识产权等权利，即是对义务的违反，依法产生法律责任。因此，停止侵害等物权保护方法符合民事责任的本质特征，应属于民事责任。我国《民法通则》将这些救济措施规定为民事责任并无原则错误。

另外一些学者认为，停止侵害、消除危险等责任形式当属侵权的民事责任形式，对于不同的民事责任形式，其构成要件和归责原则是不同的。❷ 当权利人同时提出两项以上请求，要求行为人承担两项以上不同的责任形式时，法律应该区别对待不同情况，适用不同的归责原则。

---

❶ 崔建远："绝对权请求权或侵权责任方式?"，载《法学》2002 年第 11 期。

❷ 魏振瀛："论请求权的性质与体系——未来我国民法典中的请求权"，载《中外法学》2003 年第 4 期。

笔者赞同后者的观点。虽然权利保护的方法是各国立法与司法确认的权利保护制度，物权请求权和债权请求权的保护方法各具特色，法律赋予权利人以选择权。但是，毕竟权利人不可同时选择两者而只能选择其一，一旦选定之后，适用于该种侵权行为的归责原则就是惟一的，难以出现同一保护方法下的多重归责原则共同作用的情况。只有知识产权侵权行为领域，才会出现同一权利保护情形下的多重归责原则的适用问题。

综上，侵害专利权（知识产权）的民事责任的归责原则的讨论，必须针对具体的侵权行为类型和责任形式。换言之，只有针对某种侵权行为类型和责任形式的归责原则，没有适用于一切知识产权侵权民事责任的抽象的、统一的归责原则。

4. 知识产权侵权行为适用多重归责原则的国外例证

知识产权法对于侵权行为领域归责原则的矫正不独是我国才有的现象，姑且不论现代知识产权法的发展历程本身就是政策不断调适的过程，其他一些国家的知识产权法有关规则的变化也可以为这种政策矫正提供佐证。美国对网络服务提供者侵权责任态度的变化，最有力地说明了立法政策对归责原则的影响。美国1995年的“白皮书”坚持严格责任，但是，1998年的《跨世纪数字化版权法》（DMCA）即改采过错责任。这种变化的原因主要有以下两点：一是严格责任超越了网络服务提供者的监控能力，即将实际上无法履行的义务强加到网络服务提供者的身上，因而是不合理的；二是严格责任过于沉重，有损网络服务业的健康发展，进而会损害整个网络事业的发展，而网络业的发展对于美国来说是十分重要的。因此，版权人的利益要服从社会公共利益，服从网络业发展的利益。

在侵犯专利权的归责原则上，许多国家均采用二元归责原则。如对于专利直接侵权，加拿大、新加坡、新西兰等英联邦国家的法律在判断是否构成侵犯专利权的问题上，采用不问过错的做法，侵权人应承担停止侵权等侵权责任，而对专利间接侵权的构成要考虑行为人的主观过错。[1] 大陆法系国家的日本，在侵犯著作权的判定上，也采用了该原则。大陆法系国家的德国，在是否侵犯著作权、商标权及专利权的判断上采用不问过错的做法。[2] 英美法系的一些国家如美国等，在侵犯著作权或专利权的行为构成上也是采用这一做法。在国际公约方面，TRIPs 协议明确规定适用过错责任原则，这一规定仅是损害赔偿责任适用过错责任原则的例证，而不涉及其他侵权行为的归责原则选择。[3]

知识产权侵权行为领域归责原则的特殊性是立法机关针对知识产权的特殊性而作出的政策性调适。一方面，知识产权属于有限制的绝对权，其具有的非物质性的定在决定了其更易遭到“无辜”的侵害。传统侵权行为法着眼于侵权行为发生之后的补救，而忽视侵权行为发生之前或发生之时的及时制止，当损害赔偿这一责任形式日益显现出其规制侵权行为的不足时，需要补充多重责任形式来实现人们的不同需求。另一方面，适用多重归责原则并非传统侵权行为理论不能容忍，多重归责原则的适用是针对不同责任形式而言的，这种适用不会给行为人造成过多负担。但侵权行为人承担停止侵权的责任形式时，其承担的责任范围是有限且合理的；而且，只有在同一个侵权行为中采用不同的归责原则才能分层次处理专利侵权行为的复杂性，从而达到矫正利益均衡点的目的。

综上，为了更好地规制知识产权侵权行为（包括专利侵权行为），知识产权法作出了独特的制度设计，对侵权行为归责原则、侵权行为的客体范围和法定的抗辩事由等关涉社会成员行为自由

---

[1] Cornish, William, *Intellectual Property: Patents, Copyrights, Trademarks & Allied Rights*, Sweet & Maxwell, 2003.

[2] 鉴于我国民法学者在提及侵权行为的归责原则主要是损害赔偿责任为主要的责任形式，本书所提及的不问过错的做法并不等同于无过错责任原则。

[3] 吴汉东：“试论知识产权的物上请求权与侵权赔偿请求权——兼论《知识产权协议》第45条规定之实质精神”，载《法商研究》2001 年第 5 期。

的制度作出了有益和必要的政策矫正，使得利益的天平在知识产权权利人与社会公益之间达到了平衡，再次体现了知识产权法作为政策工具的特性。这种制度设计既保障了权利人私权的行使，又维护了社会文明的进步和经济的发展，且不会给侵权行为人带来额外的负担。在侵权行为法已经独立成编的今天，这种归责原则的多重性丰富了传统侵权行为理论，为传统侵权行为法的进一步发展作出了有益的尝试。

第五章　专利侵权行为的类型化研究

侵权行为类型化是与侵权行为一般化相对应的概念，英美法系侵权行为法的基本特点，就是侵权行为的类型化。[1] 即通过将侵权行为划分为若干类型，并对每一种侵权行为类型的具体表现形式予以列举的方式来规定和区分侵权行为。

第一节　侵权行为类型化一般原理

侵权行为的类型化就是对各类具体侵权行为的概括。在大陆法系国家，区分各类侵权行为类型在法律上对于明确各种侵权行为所应适用的归责原则、责任构成要件和免责事由等都具有重要的意义。[2] 而在英美法系国家，侵权行为类型化的划分往往没有这样的特殊要求。

一、英美法系侵权行为的基本分类

英美法系国家立法上对侵权行为予以类型化划分最为典型的是英国与美国。

英国的法律是判例法。在英国，侵权行为法和其他法律一样，都是由具体的判例构成，没有任何关于侵权行为一般化的规定。在这些判例中，体现了英国的侵权行为法的基本内容，规定

---

[1] 杨立新："论侵权行为一般化和类型化及其我国侵权行为法立法模式选择"，载《河南省政法管理干部学院学报》2003 年第 1 期。

[2] 王利明、杨立新：《侵权行为法》，法律出版社 1996 年版，第 127 页。

的侵权行为基本类型有7种，❶ 再加上一种无名的侵权行为，即弹性的侵权行为类型。❷ 这7种类型分别是：非法侵入、恶意告发、欺诈及加害性欺骗和冒充、其他经济侵权（对纯粹的经济利益的侵犯）、私人侵扰、公共侵扰、对名誉和各种人格权的保护等。在这7种侵权行为类型中，没有包含知识产权侵权行为。

美国的侵权行为法虽然同样也是判例法，但是与英国的侵权行为法不同的是，美国有整理出来的成文文本——《美国侵权行为法重述》。❸ 在《美国侵权行为法重述》中，对美国的侵权行为法作出了完整的描述，所采用的方法也是类型化的方法，其中没有对侵权行为一般化的规定，完全是类型化的立法模式。❹ 根据该法，侵权行为类型大致有13种，它们是：故意对他人的身体、土地及动产的伤害，过失，严格责任，虚假陈述诽谤，侵害的虚伪不实，侵害隐私权，干扰家庭关系，对优越的经济关系的干扰，以故意、过失以外的其他方式侵犯土地利益，干扰各种不同保护的利益，共同侵权，产品责任以及无正当理由的诉讼等。

相比较而言，美国立法上确认的侵权行为类型要远比英国法上的内容丰富，法律所列举的这些侵权行为的分类标准各不相同。❺ 其中有以侵犯的权利为分类依据的；有以归责原则为分类依据的；也有以侵权行为人的主观过错为分类依据的，这些侵权行为的不同表现形式共同阐释了侵权行为的丰富内涵。

---

❶ 张新宝："侵权行为法的一般条款"，中国人民大学民商事法律科学研究中心系列讲座第22讲。

❷ [德] 克雷斯蒂安·冯·巴尔著，张新宝译：《欧洲比较侵权行为法》，法律出版社2002年版，第337页。

❸ 《美国侵权行为法重述》制定后历经三次修改，本书讨论的美国法上的侵权行为类型以第三次修改文本为准。

❹ 杨立新："论侵权行为一般化和类型化及其我国侵权行为法立法模式选择"，载《河南省政法管理干部学院学报》2003年第1期。

❺ Lesser L. , the Problem with Patents, *Industry Standard*, 23, (1999) .

二、我国立法与学理上的侵权行为类型

大陆法系的立法模式为侵权行为一般化，虽然侵权行为类型化并不是英美法系国家立法的独有特点，但是即使在大陆法系国家的立法和司法实践中，也或多或少地需要对侵权行为予以类型化的补充。这是由于无论立法者多么审慎，对侵权行为的任何一般化的努力都是不完备的，总会有所遗漏，这就需要以侵权行为类型化的方式予以补充。

因此，无论是在立法还是在学术研究领域，侵权行为类型化是不可避免的。如大陆法系有关特殊侵权行为的规定，就是对侵权行为一般条款规定一般侵权行为的补充。这种补充形成了大陆法系侵权行为法对侵权行为种类的基本划分。同时，不仅一般侵权行为与特殊侵权行为是一种基本的类型化的划分方法，而且就是在一般侵权行为的内部，也还是有类型化的需要，即将侵权行为区分成为不同类型的侵权行为，以确定不同类型的侵权行为的构成要件、损害赔偿方法等。[1]

我国《民法通则》中规定了侵权行为的一般条款，[2] 同时规定了特殊侵权行为，形成一般侵权行为和特殊侵权行为的基本分类，其实质是通过侵权行为的类型化弥补侵权行为一般化立法的不足。民法典草案学者建议稿也采取了一般化立法为主，类型化模式为辅的综合模式。

法律可以对各种侵权行为类型作出分类规定，但这并不意味着各种侵权行为类型都由法律规定。在实践中，侵权行为是十分复杂的，依据不同的标准可以对侵权行为作出不同的分类。而且，各种分类在法律上都具有一定的意义。根据我国立法规定和

---

[1] 杨立新、张新宝、姚辉：《侵权法三人谈》，法律出版社2007年版，第20页。

[2] 《民法通则》第106条。

学理解释，侵权行为主要可以作以下分类。

1. 一般侵权行为和特殊侵权行为

这是根据侵权行为的构成要件和归责原则所作的划分，此种分类方法是我国现行民法的分类方式。根据我国《民法通则》的规定，侵害他人财产权（第117条）、侵害公民人身权（第119条）、侵害公民除生命健康权以外的人格权、法人人格权（第120条）和侵害知识产权（第118条）都属于一般侵权行为。而《民法通则》第121～127条主要是对特殊侵权行为的规定，此外在一些特别法中也有有关特殊侵权行为的规定。❶

2. 作为的侵权行为和不作为的侵权行为

作为的侵权行为是指违反对他人负有的不作为以外，以过错的作为损害他人权益的侵权行为。多数知识产权的侵权行为属于作为的侵权行为。不作为的侵权行为是指违反对他人负有的某种作为义务，以未实施或未正确实施义务所要求的行为而致使他人受损害的侵权行为。如地面施工人员未设置明显标志和采取安全措施而致人损害等。

3. 单独侵权行为和共同侵权行为

单独侵权行为是指侵权行为是由一人单独实施的侵权行为。共同侵权行为是指二人或二人以上由于共同的过错造成他人损害的行为。在共同侵权行为中，加害人是两个以上的行为人，共同加害人的行为所产生的损害结果是同一的，不可分割。

4. 侵害财产、侵害知识产权、侵害公民身体和侵害人格权的侵权行为

这是根据侵害的权利客体的不同将侵权行为所作的划分。其中，侵害财产的侵权行为包括侵害财产权以及财产利益的侵权行为；侵害人身的侵权行为是以自然人的人身为侵害客体的侵权行

❶ 例如，《食品卫生法》第39条，《药品管理法》第56条，《环境保护法》第32条等。

为，其表现形态是侵害生命权、身体权、健康权等的侵权行为；侵害人格权的侵权行为的具体表现是侵害一般人格权、名誉权、肖像权、姓名权、隐私权、人身自由权等精神性人格权的违法行为。

我国《民法通则》将侵权行为分为以上4种类型，其基本的立法意图在于区别侵权行为侵害的权利客体、赔偿方法和内容等方面。侵害财产权，适用的是财产损害赔偿；侵害知识产权，应当按照所侵害的知识产权的类型，决定损害赔偿的方法或承担其他责任形式；侵害自然人的人身，造成死亡或者人身伤害等，承担的是人身损害赔偿责任；侵害精神性人格权，承担的是精神损害赔偿责任。对侵权行为采用这样的分类方法进行分类，对于确定损害赔偿责任方式是有重要意义的，但是对确定责任的构成并没有原则性的意义。❶

5. 普通过错、共同过错和混合过错

这是按照行为主体的过错所进行的分类。其中，普通过错是与混合过错和共同过错相对应的过错责任形式，它是指某一个行为人因自己的过错而致受害人损害并应负责的侵权行为，是最为常见的侵权行为形态。共同过错是指共同侵权行为，混合过错是对损害的发生，加害人与受害人都存在过错。通说认为普通过错、共同过错和混合过错大都发生在一般侵权行为之中。❷

6. 自己责任、替代责任、危险责任、物件责任、事故责任和商业侵权

这是学者根据承担侵权责任主体的不同而对侵权行为所作的划分。❸ 其中，自己责任这一侵权行为类型所概括的是为自己的

❶ 杨立新："论侵权行为一般化和类型化及其我国侵权行为法立法模式选择"，载《河南省政法管理干部学院学报》2003年第1期。

❷ 王利明、杨立新：《侵权行为法》，法律出版社1996年版，第121页。

❸ 杨立新等："第八编 侵权行为"，见王利明：《中国民法典学者建议稿及立法理由侵权行为编》，法律出版社2005年版，第9页。

行为负责的侵权行为，也称为直接责任；替代责任本是特殊侵权行为的基本特征，广义的替代责任包括对他人的行为负责和对自己管领下的物件致害负责的侵权行为，狭义的替代责任仅指为他人的行为负责的侵权行为及其责任，该分类所指的替代责任是指狭义上的含义，不包括为自己管领下的物件致害负责的侵权行为；危险责任主要是指高空、高压、易燃、易爆以及高速运输工具等危险作业引发的责任，对于这一类侵权行为的归责原则一般认为是无过错责任原则；物件责任是指因物件造成损害的侵权责任；事故责任是一种新的责任类型，主要包括医疗事故责任、学生伤害事故责任、工伤事故责任等；商业侵权主要是指商业竞争领域的特殊的侵权行为类型，包括强制交易、违反禁业禁止规定以及证券侵权等类型。

第二节　知识产权领域侵权行为的主要类型

知识产权是民事主体依法享有的私权，任何人都负有不得侵犯其独占权的义务，一旦行为人违反法律规定的不作为义务，就有可能造成对知识产权的侵犯。在我国，知识产权侵权行为仅指侵犯知识产权权利人独占权的行为，而不包括与知识产权有关的其他权益。同时，知识产权又是一种新型的财产性权利，其权利的特殊性表现在它具有其他财产权不同的特点，如权利客体的非物质性、兼具人身权与财产权及权利的法定性等。由此，知识产权侵权行为表现出不同于传统侵权行为的特征。不过，从行为的性质看，侵犯知识产权的行为属于民事侵权行为范畴。传统侵权行为法的基本分类对知识产权侵权行为分类具有一定的指导作用。

在理论上，可以参照民事侵权行为的分类方法，依照不同的标准将知识产权侵权行为作如下分类。

一、侵犯专利权等各类知识产权的行为

这是根据侵权行为的客体所作的分类，也是对侵犯知识产权行为所作的最基本、最常见的分类。[1] 知识产权是有关无形财产权的集合体，在这一权利集合体下的各种权利各具特色，面貌不一。版权具有最完备的权利形态，集财产权与人身权于一身，权项丰富。专利权则专注于财产利益的实现，商标权不仅蕴含了权利人的财产性权利，还具有负载权利人商誉的功能。由此，以权利客体作为分类标准进行区别，有助于专门研究某一类型知识产权侵权行为的特性。

二、直接侵权行为（Direct Infringement）与间接侵权行为（Indirect Infringement）

这是以侵权人的行为方式及其在侵权中的作用所进行的划分。[2] 传统民法理论很少有直接侵权和间接侵权的区分，除一般侵权行为和特殊侵权行为的划分以外，仅有单独侵权和共同侵权行为的界定。在知识产权侵权行为领域尤其是专利侵权行为领域，划分直接侵权和间接侵权具有重大法律意义。

所谓直接侵权行为，是指行为人的行为直接造成对他人权利的侵害，中间没有其他人行为的介入，如未经许可翻译、改编、出版他人作品，盗用他人的技术秘密，假冒他人的注册商标等。在这种场合，权利人只要证明自己的权利存在，并且没有许可侵权人使用且被控侵权行为没有法定的免责事由，即可证明侵权行为成立。因为法律规定任何人未经许可不得使用他人受保护的知识产品，未获授权而使用本身就违反了法律规定的不作为义务，

[1] 张军：《知识产权侵权行为领域研究》，经济科学出版社2005年版，第56页。

[2] 243 U. S. 502（1917）.

在无法律规定的阻却违法事由的情形下，行为人的行为满足了知识产权侵权行为的构成要件，侵权行为成立。至于是否承担赔偿损失责任还需要考虑行为人的主观过错。

所谓间接侵权行为，是指在行为人的行为与侵权结果之间介入了其他人的行为。[1] 例如出版社出版了抄袭之作或侵犯他人翻译权的作品，零售商销售侵犯商标权或专利权的商品，媒体发布了有侵犯著作权或商标权内容的广告等。间接侵权的多数情况，行为人是有过错的而且这种过错也完全可以证明。例如，按照法律法规和行政规章的有关规定，出版社在出版作品时，必须与著作权人签订合同；出版演绎作品的，必须要求演绎作品的著作权人提交原始作品著作权人的使用授权书，出版社如未要求或未严格审查即为有过错；图书和音像制品的销售商不得销售侵犯著作权的图书和音像制品，销售商如果销售了侵权复制品又不能指出其销售商品的正当来源，即推定其有过错。销售侵犯专利权和商标权商品的情况亦照此办理，这在我国法律上有明确规定。

三、辅助侵权行为（Contributory Infringement）与替代侵权行为（Vicarious Infringement）

美国法将间接侵权行为又细分为两类：辅助侵权行为与替代侵权行为。[2] 我国专利法上未有此种划分。这种侵权行为划分的方法主要见于专利侵权行为领域。

辅助侵权行为起源于侵权行为法，是从参与他人侵权行为者应当承担责任的观念引申出来的，是谋划责任的衍生物。[3] 辅助侵权行为是指行为人出于明知，怂恿、唆使侵权行为或为侵权行为提供实质性帮助的行为。在辅助侵权行为中，行为人本身并未

---

[1] 间接侵权行为起源于美国司法实践，有关案例非常多，间接侵权行为的构成要件具体将在下章分析。

[2] 张广良：《知识产权侵权民事救济》，法律出版社2003年版，第30页。

[3] Sony Corp. of American v. Universal City Studio, Inc., 464 U.S. 417 (1984).

直接从事侵权行为，但其行为促使或引起他人的侵权行为，因而要承担相应的责任。辅助侵权行为发端于19世纪一个经典的案件。❶ 在这个案件中，原告发明了煤油灯的新型灯芯并申请了包括储油器、灯芯、灯管以及玻璃罩等在内的组合发明专利，被告生产了含有此种新型灯芯的煤油灯，但销售时不含玻璃罩；依照专利法的规定，被告的行为不构成侵犯专利权，但是法院在审理时认为，此种油灯的购买者为了便于使用都会自己配上玻璃罩，从而完成侵权行为，因此被告应对此承担侵权责任。这一判例后来被欧洲许多国家的司法实践所认可。各国司法界一致认为，直接侵权人对于侵权事实是否明知并不重要，只要侵权事实存在即构成侵权，但辅助侵权的认定必须以辅助侵权行为人对于侵权事实明知或应知为前提。❷《美国专利法》第271条规定了辅助侵犯专利权的行为。

辅助侵犯版权的行为以及辅助侵犯商标权的行为是美国根据专利法及其判例所确立起来的原则。通过一系列侵犯知识产权的案件，美国法确立的辅助侵权行为的构成要件有三：其一，行为人出于明知；其二，必须有直接侵权行为存在；其三，辅助侵权行为人为直接侵权行为提供了实质性的帮助。❸

替代侵权行为是从雇主雇员代理原则衍生出来的，依据该原则，雇主须对雇员的侵权行为承担责任。如果某雇主与直接侵权行为人之间存在雇主雇员关系，且该雇主虽未直接实施侵权行为，但对该行为具有直接的监控权力和能力并且从侵权行为人的行为中获得了直接的经济利益，则认定替代侵权行为成立，雇主

❶ 尹新天：《专利权的保护》，知识产权出版社2005年版，第510页。

❷ 乔生：《知识产权保护与限制衡平研究》，中国检察出版社2007年版，第190页。

❸ Columbia Pictures, Industries, Inc. v. Aveco, Inc., 800 F. 2d 59 (3rd Cir, 1986).

应对其雇员的侵权行为承担责任。[1] 在此种侵权行为中，责任人本身并未直接从事侵权行为，但对于他人的侵权行为有权利或有能力控制而不加以控制及阻止，任由侵权行为的发生，而且从他人的侵权行为中获得了经济利益，因此，可以认为侵权行为人的侵权行为是符合责任人的主观愿望的，至于责任人对他人实施侵权行为是否知情在所不问。替代侵权行为成立以后，在知识产权权利人与实施侵权行为人的雇主之间成立了侵权之债，由责任人代替侵权行为人承担侵权责任，因而被称为替代责任。当然，当雇主承担责任之后，可以要求侵权行为的实施人承担一定的责任，但这已经是另外一个层面的问题了。一般地，替代侵权行为的构成要件有二：责任人对直接侵权行为具有足够的监控权力与能力；责任人是从该侵权行为中获得直接经济利益的人。与辅助侵权行为不同，在替代侵权行为的构成要件中，不考虑行为人的主观意志因素，“明知”不是替代侵权行为的构成要件。

在高新技术快速发展的今天，确立辅助侵权行为和替代侵权行为的原则对于知识产权人利益的保护和社会公益的维护尤为重要。在互联网时代，辅助侵权行为更易发生，美国法院作出了一些有影响力的判决，在规制网络服务商侵权方面起到了重要的作用。我国目前也有类似的案例出现。[2]

如果说对于辅助侵权行为，我们还可以从民事基本法中寻找法律依据的话，那么对于知识产权领域的替代侵权行为，还缺乏明确的法律规定。替代侵权行为不仅可以存在于企业与其雇员之间，还可能存在于一些其他场合，如展会主办方与展销商以及市场提供方与市场经营方之间等。因此，有必要加以规范。

[1] 张广良：《知识产权侵权民事救济》，法律出版社2003年版，第33页。

[2] 中国《大学生》杂志诉北京京讯公众技术有限公司（首都在线）、李翔案，见胡鸿高等：《网络典型案例与法律法规汇编》，法律出版社2003年版，第17～24页。

IP

四、单方侵权行为与共同侵权行为

这是根据侵权行为人的数量所作的划分。这种类型划分主要是为了解决侵权责任的承担形式问题。单方侵权行为由侵权行为人自己承担独立的责任，而共同侵权行为的共同加害人则对受害人承担连带责任，以便有利于保护受害人损害赔偿请求权的实现。

单方侵权行为是指一人（包括自然人与法人）独自实施的侵权行为。如某人或某单位非法复制他人享有著作权的作品，为单方侵权行为，这是最为简单和常见的侵权行为。两个或两个以上的人（包括自然人与法人）的共同行为致使权利人受到同一损害的行为，为共同侵权行为（joint tort）。[1] 在知识产权侵权行为领域，共同侵权行为的构成要件与传统侵权行为所指的共同侵权行为构成要件之间有着显著的区别，由此造成的结果是，共同侵权行为的认定要远比传统民法领域复杂得多。

在知识产权侵权行为领域，成立共同侵权行为需要具备以下几个条件。

1. 侵权行为的主体为二人以上

共同侵权行为的主体可以是自然人，也可以是法人或其他社会组织，但数量必须在两个以上。这是对共同侵权行为主体的量的规定性。

2. 两个以上的人实施了共同的侵权行为

各共同侵权人都实施了侵权行为，知识产权侵权行为只可以是作为的方式而不可能是不作为，各侵害行为侵害的是同一对象。如果侵权人侵犯的是同一主体的不同知识产权，则不构成共

[1] 有学者认为辅助侵权行为属于共同侵权行为，也有学者将其认为是共同侵权行为的一个特例。笔者同意后一观点。其原因在于，辅助侵权行为人自身并未参与到直接侵权行为中，直接侵权行为人与辅助侵权行为人之间并未有侵权的共同故意。

同侵权行为。如侵权行为人分别侵犯了权利人的商标权或专利权，就属于两个独立的侵权行为，虽然都造成了权利人的经济损失，但其损害的对象是两个不同种类的知识产权。

3. 共同侵权行为的成立不要求共同侵权行为人具有共同的过错

一般而言，只有数个行为人之间存在共同致人损害的故意或者过失，才能使数个行为人的行为连结成共同行为。有时即使数人在主观上不存在共同的过错，但行为人之间的行为具有密切的关联性，基于民法理论对责任分配原则的需要也会认定他们之间属于共同侵权行为，只是这种情况需要法律的明确规定。

4. 共同侵权行为的损害结果具有单一性

共同加害行为所生的损害结果为一个统一的不可分割的整体。共同加害人的行为是相互联系的共同行为，其行为无论是否有分工，所造成的损害结果都是统一的，而不是把每个加害人个人的独立行为所引起的后果机械相加。如果没有共同的损害结果，则不构成共同侵权行为，尤其是共同过失的共同侵权行为更是如此。如对侵权产品的制造行为和销售行为都侵犯了权利人的专利权，但是二者是两个独立的侵权行为，其表现形态不同，不能认为构成共同侵权行为而追究侵权行为人的连带责任，而只能在各自侵权的范围内承担赔偿损害责任。

5. 数个共同侵权人的行为与损害结果之间具有因果关系

在共同侵权行为中，各个行为人的行为必须都与损害结果之间存在因果关系，否则就不成立共同侵权行为。需要注意的是，损害结果与侵权行为之间的因果关系不是知识产权侵权行为的构成要件，但在共同侵权行为中可以作为判断数个侵权行为之间是否成立共同侵权行为的条件。在判断共同侵权行为是否构成的问题上，应当包含两个步骤，即判断各自的侵权行为是否成立，如果成立，则在此基础上判断是否有两个侵权行为基于同一侵害目的、施加于同一个侵害对象上并造成同一损害的情况，如果该情况存在，则共同侵权行为成立。如一方看见侵权行为人在销售侵权产品，为扩大销售量而参与销售的情况。

6. 共同侵权人对外负连带责任

共同侵权行为的结果具有单一性，所以共同侵权人对外负连带责任。受害人有权请求加害人中的一人或者数人承担全部赔偿责任，任何加害人都有义务向受害人承担全部的赔偿责任，加害人中的一人或者数人全部清偿后，其他加害人的赔偿责任随之免除。当某一加害人对外承担的责任份额超过自己应当承担的份额时，可以对其他加害人进行追偿。

在司法实践中，可以将内外责任问题一并处理，确定各加害人应负的责任。加害人对受害人的连带责任是法定责任，不允许当事人约定。

共同侵权理论认定了各当事人之间的连带责任，这是对受害人承担的一种责任，至于各当事人的个体责任则应当依据每个侵权人在共同侵权中的作用分别认定。

总之，共同侵权行为的成立有严格的条件，必须根据侵权行为的性质进行具体分析。在我国，辅助侵权行为是作为共同侵权行为处理的，❶ 也有学者认为应该将其作为共同侵权行为的特例处理，因为此时辅助侵权行为人并未参与到直接侵权行为之中，直接侵权行为是由直接侵权行为人个人所完成的，不是直接侵权行为人与间接侵权行为人共同完成的。❷

第三节　专利侵权行为的基本类型

专利权是知识产权项下的一个重要的民事权利，在专利权的有效期内，任何人未经权利人的许可而利用专利权所覆盖的发明

❶ 程永顺：《专利侵权判定实务》，法律出版社2003年版，第156页。

❷ 张广良：《知识产权侵权民事救济》，法律出版社2003年版，第35页。

创造就构成侵权。其中的利用，可以是制造、使用、销售等专利法禁止的任何一种环节的行为，而且每一种单个的行为都有可能单独构成侵权。权利人在哪个环节上主张权利，包括侵权行为人在内的他人都无权干涉。

专利侵权行为是知识产权侵权行为的下位概念，属于知识产权侵权行为的一种类型。根据专利侵权行为的概念和构成要件，专利侵权行为可以划分为以下几种类型。

一、直接侵权行为与间接侵权行为

前面已经分析过，这是以侵权人的行为方式及其在侵权中的作用所进行的划分。这种划分对于专利侵权行为具有十分重要的意义。依照各国专利法的规定以及司法实践经验，直接侵权行为与间接侵权行为的构成要件是不同的，如有些国家的专利法认为，间接侵权行为的发生必须以存在直接侵权行为为前提。相应地，直接侵权行为与间接侵权行为承担的民事责任形式也有所区别。

在专利侵权行为领域，直接侵权行为是指在专利权有效的期间内，行为人未经许可行使了专利权人的排他性权利，即实施了侵害知识产权人独占实施权的违法行为，如在专利侵权案件中未经许可擅自制作、使用或销售他人专利产品的行为。根据《美国专利法》，直接侵权可以分为“字面侵权”和“等同侵权”两种阶段。[1] 所谓“字面侵权”（文义侵权）是就权利要求的文字来说的。如果权利要求中的每一个技术要素都清楚而具体地见于侵权产品或方法中，就属于“字面侵权”或“不折不扣的侵权”。所谓“不折不扣的侵权”是说侵权产品或方法清楚而具体地落入了专利权的保护范围之内。在很多情况下，被控侵权的产品或方法虽然没有不折不扣地落入原告权利要求的范围内，或者说虽

[1] 李明德：《美国知识产权法》，法律出版社2003年版，第60页。

然没有字面侵权发生，但如果该产品或方法与专利权覆盖的产品或方法相比，以实质上相同的方式实现相同的功能并达到了相同的效果，则属于“等同侵权”。[1] 我国专利法没有规定“等同侵权”，但司法解释已经规定了“等同侵权”。“字面侵权”与“等同侵权”之间的关系表现为：“字面侵权”要求非常严格，必须被控侵权产品符合申请专利范围的每一个限制条件，换言之，要求申请专利范围的每一个技术要素都在被控侵权产品中出现，有学者称该判断原则为全要件原则。[2] 只有在字面侵权不成立的情况下，才判断是否有“等同侵权”成立，判断的时间点在侵权行为发生时，在判断过程中需要涉及技术问题和法律问题，因此，在此类案件中，法院经常需要聘请技术专家参与，帮助法院作出判断。

间接侵权行为指第三人的行为诱导或促成了第二人的直接侵权。在发生间接侵权行为的案件中，行为人的行为并未直接构成侵权行为，但却帮助了他人侵权行为的发生，如销售一个整体受专利保护的设备的关键部件。[3] 法律规定并制裁间接侵权行为的目的是为了加大对知识产权权利人的保护，使间接侵权人不会从间接侵权行为中获得本属于知识产权人的利益。间接侵权行为主要发生在专利侵权案件中，因为专利侵权案件中涉及专利技术，而专利技术是新技术，甚至是高精尖技术，再加之社会分工越来越精细，从事侵权行为需要他人在技术上的合作或帮助，如生产侵权必须的配件等。目前，世界上许多国家的专利法都规定了直接侵权行为和间接侵权行为，如美国、英国、日本等。

---

[1] 339 U. S. 605,（1950）. 等同侵权原则的历史可以追溯到1818年美国最高法院对 Eens v. Eaton 一案的判决。

[2] 国家知识产权局知识产权发展研究中心编：《规制知识产权的权利行使》，知识产权出版社2004年版，第31页。

[3] Robert P. Merges, *Patent Law and Policy*, Michie Law Publisher, at 951（2rd ed, 1997）.

我国专利法仅规定了直接侵权行为而未规定间接侵权行为。在我国专利法第二次修订时，虽有学者呼吁应当增加间接侵权的条款以加强专利权的保护，但这一建议并未被采纳。不仅我国现行专利法没有此项规定，修改后的著作权法也没有类似规定，仅在商标法中列举了两种间接侵权行为，如在同一种或者类似商品上将与他人注册商标相同或者近似的标志作为商品名称或者商品装潢使用，误导公众的；故意为侵犯他人注册商标专用权行为提供仓储、运输、邮寄、隐匿等便利条件的行为。[1] 在处理有关专利间接侵权的司法实践中，法院只能援引我国民事基本法中有关共同侵权或辅助侵权的规定来确定侵权人的责任范围。例如，我国《民法通则》第130条规定，“二人以上共同侵权造成他人损害的，应当承担连带责任”；最高人民法院《关于贯彻执行〈民法通则〉若干问题的意见（试行）》（以下简称《民法通则意见》）第148条规定：“教唆、帮助他人实施侵权行为的人，为共同侵权人，应当承担连带民事责任。”

二、侵犯方法专利与产品专利的行为

这是根据专利的种类来进行的区分。科学技术本身是多种多样的，如果按照技术领域和科学技术本身的特点进行划分，可以划分成多种类型。但是，从专利法的规定出发，所有的专利技术只分成两大类型，即方法专利和产品专利。实用新型专利与外观设计专利只能是产品专利，发明专利既有可能是产品专利，也有可能是方法专利。

需要注意的是，首先，方法专利和产品专利的专利权保护范围是不同的。产品专利的保护客体是具体的、由人创造出来的物品，包括：（1）机器、装置、设备、部件用具、材料等；（2）由多个产品组成的系统，如地面发射装置、卫星接收装置等；

[1] 《商标法实施条例》第50条。

(3) 新物质本身，如化合物、组合物、从自然界首次提取分离出来的天然物质、DNA 序列或片段等。[1] 方法专利的保护客体是操作方式，由操作步骤组成，以达到某种技术或者社会效果，这些方法可以分为制造方法和操作使用方法两种类型，例如，对加工方法、制造工艺、测试方法等所作出的发明。[2] 多数情况下，方法专利也可能会涉及某些物品，如原材料、工具、专用设备等，但是方法专利旨在保护具体的操作方式，而不是物品本身。其次，方法专利权和产品专利权的法律效力也稍有不同。根据我国专利法的规定，对于产品专利而言，专利权人可以制止他人未经许可而进行的 5 种类型的实施行为，即制造、许诺销售、销售、使用以及进口其专利产品的行为。对于方法专利而言，由于其保护客体是具体的操作方法，属于一种行为的过程，谈不上制造、许诺销售、销售和进口，因而方法专利权人只能制止他人未经许可而进行的使用其方法的行为。

由此可见，不同类型的专利权所能获得的法律保护的力度和效率是有很大差别的，专利法对产品专利提供的保护远比方法专利的保护有力。[3] 为了缩小方法专利与产品专利法律保护力度的差异，为方法专利权人提供更为有效的法律保护，各国专利法又规定，对于一部分方法专利权（产品制造方法专利）的保护可以延及由该制造方法所直接获得的产品。换言之，制造方法专利的专利权人不但可以制止他人未经其许可而进行的使用其专利方法的行为，还可以制止他人未经许可而许诺销售、销售、进口依照该专利方法所直接获得的产品的行为。我国专利法在第二次修改时，增加了这一延长方法专利效力的规定。

另外，为了合理分担有关方法专利侵权案件中双方的举证责

---

[1] 尹新天：《专利权的保护》，知识产权出版社 2005 年版，第 133 页。

[2] 国家知识产权局条法司：《新专利法详解》，知识产权出版社 2001 年版，第 10 页。

[3] 同上书，第 64 页。

任，有效保护制造方法专利，我国专利法对有关制造新产品的方法专利的侵权诉讼中双方的举证责任实行了倒置。这是因为，在专利侵权纠纷中，提出指控的专利权人或利害关系人应当首先承担举证责任，贯彻“谁主张，谁举证”的民事诉讼基本原则，但是当专利侵权纠纷涉及一项产品制造方法专利时，由于制造方法只有在产品的制造过程中使用，要求权利人进入侵权行为人的生产现场取证调查是比较困难的。因此，专利法规定，在这样的侵权诉讼案件中，制造相同产品的单位和个人应当提供其产品方法不同于专利方法的证据，如果不能证明其产品是采用不同方法制造的，执法机关可以推定该产品是使用该专利方法制造的。❶这一规定是在我国第二次修改专利法时增加的。

世界上其他国家的专利法大都有类似的有关举证责任分担的规定，在 TRIPs 协议中，有关新产品制造方法专利的举证规则更为详尽。TRIPs 协议第 34 条给出了两种方案用以解决这类涉及制造方法专利侵权诉讼的举证规则，我国采取了该条中的第二种办法。❷

三、侵犯发明、实用新型等专利的行为

对技术领域的发明创造给予专利保护是各国专利法的共同做法。不过，由于各国经济和技术发展水平不同，各国专利法保护的发明创造种类有所不同，如发明专利、实用新型专利、增补专利、发明人证书、工业品外观设计专利等。我国专利法保护 3 种专利：发明专利、实用新型专利和外观设计专利。3 种专利的审批标准、保护范围不同，专利权的效力也有所不同。当发明专利是产品专利时，法律对它的保护效力与实用新型专利是一致的，

❶ 国家知识产权局条法司：《新专利法详解》，知识产权出版社 2001 年版，第 322 页。

❷ TRIPs 协议第 34 条（a）、（b）两款。

权利人享有制止他人未经许可实施其专利的权利；当发明专利是方法专利时，专利权人享有禁止他人未经许可使用其专利的权利以及使用、许诺销售、销售、进口依照该专利方法直接获得的产品的权利。外观设计专利权人有权制止他人未经许可、以生产经营为目的的制造、销售和进口专利产品的行为，但是对于他人未经许可的使用和许诺销售行为，外观设计专利权人无权制止。因此，在这三种专利之中，发明专利的效力要比实用新型专利和外观设计专利的效力强。

四、侵犯独占实施权不同表现形态的行为

这是以专利侵权行为的不同实施形态为依据所作的划分。依照我国专利法的规定，未经许可、以生产经营目的实施他人专利的行为将构成侵权，对于发明专利和实用新型专利，我国专利法规定了5种类型的实施专利的行为，即制造（仅当专利类型为产品专利时）、使用、许诺销售、销售和进口；[1] 对于外观设计专利，我国专利法规定了3种专利实施行为，即制造、销售和进口。下面以发明产品专利或实用新型专利为例，具体分析每一种侵权形态的具体表现。

1. 制造专利产品的行为

“制造专利产品”是指通过机械或者手工方式作出的具有权利要求所记载的全部技术特征的产品。在大批量制造这种产品的情况下，通常称为生产。[2]

具体分析起来，未经专利权人许可而制造专利产品的行为可以分成3种类型。一是制造者明知其制造的产品是受到一项有效

---

[1] 以上5种情况实施专利的行为是以产品专利为基准展开讨论的，如果是方法专利，实施其专利的行为种类为使用其专利方法，使用、许诺销售、销售和进口依照该方法直接获得的产品。

[2] 国家知识产权局条法司：《新专利法详解》，知识产权出版社2001年版，第46页。

专利保护的产品，但仍然进行其制造行为，这是故意侵权行为；二是制造者对自己行为的后果应当预见或能够预见而未作预见，或者虽有预见却轻信其不会发生，这是过失侵权行为，例如，在授予专利权之后，制造者在没有阅读专利说明书的情况下独立地开发并制造与专利产品相同的产品；三是既非故意，也非过失，但是仍会受到一定限制的制造行为，例如，在某项产品申请了发明专利但尚未公布的时间期间内，他人独立地制造了相同的产品，在专利申请公开之后，他就不能自由地继续其制造行为。总之，不论制造者的主观意愿如何，也不论制造者是否实际知晓专利权的存在，不经专利权人同意而制造专利产品都会构成侵犯专利权的行为。从这种意义上讲，专利法对专利产品的制造提供了“绝对”的保护。在实施产品专利的几种行为中，专利法对制造行为所提供的保护最为严格。其道理也很简单：侵犯一项产品专利权的首要条件是在专利权的有效地域范围内出现该产品，有了产品，才谈得上使用和销售。制造是使专利产品出现的最为主要的途径，要想为产品专利权提供有效的法律保护，就必须从产品的制造这一首要环节抓起。

依据美国法，未经许可的“制造”与“再造”行为都将构成侵权，对于一件已经合法售出的产品，对其的维修是否构成“再造”需要认真分析。如果行为人更换专利产品部分部件的行为属于“再造”，将构成侵犯专利权人的制造权；如果行为人的行为仅构成修理该专利产品，则属于合法的行为。[1]

2. 进口专利产品的行为

关于进口产品的行为是否构成侵犯专利权，涉及我国专利法的修改。1984 年制定专利法时，出于种种考虑，没有规定专利权人享有禁止他人未经许可而进口其专利产品的权利。有关“进口权”的规定是 1992 年第一次修改专利法时增加的，这是完善

[1] Goodyear Shoe Machinery Co. Jackson，112F. 146（1901）.

我国专利法的一项十分重要的措施。

3. 许诺销售专利产品的行为

“许诺销售专利产品”是指明确表示愿意出售具有权利要求所述技术特征的产品的行为。他人未经许可许诺销售有专利权的产品就有可能构成侵犯专利权。

我国1992年专利法并没有规定专利权人的这项权利，在加入WTO前夕，为了履行入世承诺，与TRIPs协议的规定相一致，为我国加入世界贸易组织创造条件，第二次修改专利法时在第11条中增加了有关“许诺销售”的规定。根据这一规定，发明和实用新型专利权人享有制止他人未经许可而进行许诺销售行为的权利，他人未经许可所实施的许诺销售专利产品的行为构成侵犯专利权。

4. 销售、使用专利产品

在我国，“销售专利产品”就是把具有权利要求所述技术特征的产品的所有权从一方（卖方）有偿转移给另一方（买方）。美国联邦上诉法院在1979年的一个判决中列举了普通法对销售的若干种定义。❶ 欧洲专利法大多没有采用“销售专利产品”的说法，而是用如“投入市场”“贩卖”等用语。❷

“使用专利产品”是指使用具有权利要求所述技术特征的产品。一种产品可以有一种或者多种用途，不论是利用它的哪一种用途，也不论是反复连续使用还是只用了一次，只要是为了生产经营目的而使用，都应当获得专利权人的许可。当然，如果某项专利的保护对象是某种产品的新用途，则只要没有将该产品用于专利的权利要求所要求保护的新用途，就不必获得专利权人的许可。

---

❶ Ecodyne Corp. v. Croll－Reynolda Engineering Co，45 uspq 2d 1979.

❷ Amiran Benyamini，*Patent Infringement in the Europen Community*，IIC Studies Vol. 13（1983）.

与专利法对专利产品的制造和进口行为提供的“绝对保护”相比，专利法对专利产品的销售和使用行为所提供的是“相对保护”。所谓相对保护，是指除制造者、进口者之外的其他人未经专利权人许可而进行销售或使用专利产品的行为时，若要其承担侵权的全部民事责任，必须满足一些其他条件，对于这些条件，笔者将在以后论述。按照我国专利法，未经许可实施他人专利方法的行为也有可能构成侵犯专利权，鉴于除了未经许可使用他人专利方法的侵权形态之外，其他侵权形态与产品专利类似，在此不作过多分析。

需要补充的是，以上各种分类的目的只在于区分具体的实施侵权行为的不同，对于责任的承担没有实质的影响。行为人实施以上任何一种行为都将构成侵犯他人专利权，都应承担由此而带来的民事侵权责任。

以上分类方法各有侧重，都从不同侧面反映了专利侵权行为的表现形态。

综上，根据构建的侵权民事责任体系，可以对专利侵权行为的构成进行理论验证。在专利侵权行为领域，在界定专利侵权行为的概念时，不需考虑过错因素和损害事实，其含义仅指未经专利权人许可且无法定免责事由，侵犯权利人的独占实施权而应负侵权民事责任的行为。[1] 换言之，任何人在未经专利权人许可的情况下，违反法律规定（无法定免责事由），实施了他人的专利，或诱助他人非法实施他人专利且实施行为的客体落入了权利人的保护范围的情况，都将构成对他人专利权的侵害，侵权人所实施的行为便是专利侵权行为。

在考察专利侵权行为的构成要件时，不应掺杂行为人的主观

---

[1] 本书的定义与王利明教授的定义相似。王利明教授的定义是：侵权行为是依照民法的规定应负侵权民事责任的行为。见王利明、杨立新：《侵权行为法》，法律出版社1996年版，第4页。

过错和损害事实。进一步地，在确定侵权行为人应当承担民事责任之后，再针对具体的民事责任形式，选择适用不同的归责原则。只有当侵权行为人应当承担的民事责任形式为损害赔偿时，才需考虑行为人的主观过错和损害事实，最后实现对权利人的合理救济。

第六章 我国专利侵权制度的设计

专利权是法律赋予权利人的一项有限制的合法垄断权，这种垄断权的取得是以发明人公布其技术方案为前提的。同时，专利权作为一种无形财产权，权利人的实质控制能力较传统物权要弱，技术方案的公布使专利权时刻面临着潜在的侵权危险。当专利侵权行为发生时，专利权人只能通过专利法的相关规定来保护自己的合法权益不受侵犯。因此，为了加强对专利权人合法利益的保护，专利法就要清晰对专利侵权行为的认定标准和完善救济制度，通过保障发明人的垄断权，以激励发明人的不断创新，从而实现专利法促进科学技术发展的社会目标。

在专利法设计的各项制度中，专利侵权行为的认定与救济是最受学者和实务界人士关注的焦点问题。要从整体上把握专利侵权行为的特点及其表现形态，首先要对专利侵权行为进行归类，然后分别把握每一类专利侵权行为的特征，从而分析其内在的规律，为设计适宜的法律救济手段提供参考。

考虑到直接侵权和间接侵权的划分是最为常见的分类方法，而且这种划分在侵权行为的构成以及责任承担方面都具有十分重要的作用，直接影响到专利侵权案件的审判，各国专利法对专利侵权行为的研究也多是从这个角度展开的。因此，本书将以直接侵权行为和间接侵权行为作为研究对象，在比较各国有关直接侵权行为和间接侵权行为的司法实践以及立法规定的基础上，对直接侵权行为与间接侵权行为的具体表现形态、侵权行为构成要件以及责任承担方式等方面的问题展开研究。

第一节 专利直接侵权制度的考察与评述

前已述及，自知识产权制度在西方发达国家诞生之日起，无论是秉承大陆法系传统的国家，还是崇尚判例法的英美法系国家，有关知识产权的法律规范都是成文法，且多以单独立法的方式出现在世人面前，成为民事立法上的一个有趣的现象。在这样的立法方式下，有关侵权行为的类型均由法律作出明确规定。

直接侵权行为是最为常见的侵权行为，大陆法系国家的专利法对直接侵犯专利权的行为多采取直接规定的方式予以明确。

在美国法中，直接侵权包括字面侵权和等同侵权两种。[1] 就字面侵权来说，不是说权利要求中有几个技术要素，则侵权产品或方法中也只有几个要素，侵权人往往会增加许多技术要素。因此，如果被告的产品或方法中的技术要素多于原告权利要求中的技术要素，此时，如果可以判断被告技术方案中所多余的要素与原告权利要求中的技术要素是公知常识的话，将发生字面侵权；假如被告的产品中的技术要素属于一种重大的改造，甚至是获得了专利权，未经许可的实施行为仍然构成对原告专利权的侵犯。这种情况下，产生的可能是交叉专利。如果被告的产品或方法中的技术要素少于原告权利要求中的技术要素，则不属于字面侵权。

《美国专利法》第 271 条（a）给直接侵权下了一个定义："任何人在专利有效期间内未经专利权人许可，在美国境内制造、使用或者销售专利发明的行为构成直接侵权。"[2] 依据美国法律规定，制造、使用或者销售三种行为之间是彼此独立的，只要行

[1] 李明德：《美国知识产权法》，法律出版社 2003 年版，第 153 页。

[2] 程永顺、罗李华：《专利侵权判定——中美法条案例比较研究》，专利文献出版社 1998 年版，第 76 页。

为人未经许可实施了其中任何一种行为，都可能构成侵权。❶ 直接侵权行为的表现形态为制造、使用或者销售了受专利法保护的专利产品，不包括许诺销售和进口行为。

同时，判断直接侵权行为的成立与行为人是否存在主观上的过错没有直接关系，只要行为人未经许可实施了以上 3 种行为，其行为就将构成直接侵权。由此可见，在侵权行为形态方面，美国专利法比我国专利法和 TRIPs 协议的规定形态要少；从侵权行为的构成要件来看，美国专利法有关直接侵权行为的规定比较严格，侵权行为的成立不以生产经营目的为限。在主观过错与侵权行为构成之间的关系方面，具体规定与我国的规定相同。这样，即使是个人自己使用的行为，只要其使用的专利是受法律保护的有效专利，且其使用行为未经权利人许可，都将构成直接侵权。例如，一家公司在制造或者销售某个产品之前做了详尽的专利检索，但是没有检索到某关键的一项专利；或者尽管检索到了这项专利，但是当时认为这个产品不在专利权利要求范围之内。在这两种情况下，尽管这家公司在主观上没有预见到它的行为会构成直接侵权，会给专利权人造成损害，但是它的行为仍然构成了直接侵权。

《英国专利法》第 60 条首先规定了直接侵权行为。根据该条规定，在专利权有效期内未经专利权人同意而从事了下列行为的，为专利侵权行为：（1）当该发明是一项产品时，制造、处理、请求让他处理、使用或进口该项产品，或不论是否为了处理而保存该产品；（2）当该发明是工艺时，在该国使用了该工艺……，而他明知未经所有人同意，在该国使用该工艺会侵害该专利；（3）当该发明是工艺时，他处理了，请求让他处理、使用或进口任何从该工艺直接获得的任何产品，或者不论是否为了

---

❶ 美国联邦上诉法院第一次对等同侵权进行表态是在发生于 1983 年的 Hughes Aircraft Company v . Unite States 案中，具体参见：219 USPQ 475。

处理而保存此类产品。

由以上规定可见，《英国专利法》有关直接侵权行为的规定与美国法的规定相类似。侵权行为的构成既不以生产经营目的为一般限制，也无需考虑行为人主观上的过错。两国专利法的区别在于侵权行为形态的不同，美国法上的直接侵权行为的形态主要是未经许可的制造、使用和销售行为；英国法上的直接侵权行为的形态表现为制造、使用、进口、处理和保存行为，当受保护的发明创造是技术工艺时，专利法的保护也延伸到了依照该工艺直接获得的产品，这一规定与 TRIPs 协议的相关规定是一致的。

《日本专利法》明文列举了直接侵权行为的主要表现形态，其规定的内容与我国法的内容相近。此外，《法国知识产权法典》《德国专利法》以及《专利法条约》都规定了直接侵犯专利权的情况，其内容基本相同。[1]

TRIPs 协议所指的专利仅指发明和实用新型，不包括外观设计专利。该协议没有明确列举给出专利侵权行为，也没有列举直接侵权行为和间接侵权行为的类型，只是以罗列的方式规定了专利权人享有的权利。[2] 依照该协议第 11 条，专利权人享有排他权，当专利的主题是产品时，权利人享有禁止他人未经许可的制造、使用、许诺销售、销售和进口产品的权利；当专利的主题是方法时，权利人有权禁止他人未经许可的使用行为以及使用、销售、许诺销售或为这些目的而进口依照该方法的产品的权利。由此反推，如果行为人未经许可，实施了以上行为，则侵犯了权利人的排他权，将构成对专利权的侵犯。从这些侵权行为的表现形态来看，TRIPs 协议规定的上述侵权情形都属于直接侵权行为，侵权行为的成立既不与行为人的主观过错相联系，也不以生产经

[1] 胡开忠：《知识产权法比较研究》，中国人民公安大学出版社 2004 年版，第 289 页。

[2] TRIPs 协议第二部分第五节“关于知识产权的备有、范围和使用的标准之专利”。

营目的为限制，因而其含义是宽泛的。[1]

我国专利法的规定与TRIPs协议的规定大致相同。《专利法》第11条和第57条列举了专利侵权的不同表现形式，这些表现形式都属于直接侵权行为。略有差异的是，我国专利法对侵权行为的构成设定了一定的限制条件。根据我国专利法，只有以生产经营为目的、未经许可实施专利的行为才有可能构成专利侵权。由此，我国专利法上的专利侵权行为的含义是相对狭窄的。

前文已经论述过，专利侵权行为的构成要件有三：行为的不法性、[2] 行为人侵犯或妨碍了专利权人的独占实施权以及行为的客体落在了权利保护范围之内。

从以上各国规定的直接侵权行为类型看，这些行为都具有行为的不法性、侵犯了专利权人独占实施权以及侵权客体属于被专利保护的产品这三个特征。由此说明，各国立法有关直接侵权行为的规定对本书专利侵权行为构成要件的分析提供了一定程度的印证。

鉴于各国专利侵权行为的具体表现形态不同，本书主要以我国专利法规定的专利侵权行为为研究对象，以其他国家的有关专利侵权行为的相关规定为参照，分析专利侵权行为的具体表现形态及其内在含义。

---

[1] *Intellectual Property, Biodiversity, and Sustainable Development: The TRIPs Agreement and the Issues to be Resolved*, by Martin Khor. London; New York: Zed Books; Penang, Malaysia: Third World Network, 2002.

[2] 在我国专利法上，专利侵权行为的不法性表现为未经专利权人许可，以生产经营为目的且无法定免责事由的实施专利的行为；在美国专利法和英国专利法上，专利侵权行为的不法性表现为未经权利人许可且无法定事由的专利实施行为以及促使他人侵犯专利实施权的行为；在日本专利法上，专利侵权行为的不法性表现为以营业的方式、未经许可实施他人专利的行为以及生产、转让、出借等为他人提供侵权便利的行为。

第二节　直接侵权行为的主要表现形态

如前所述，各国专利法规定和司法实践认定的直接侵权行为的类型有所不同。我国专利法规定的侵权行为为直接侵犯专利权的行为。根据我国专利法，当被侵犯的专利属于产品专利时，直接侵权行为的主要表现形态为未经许可的制造、使用、销售、许诺销售以及进口的行为；当被侵犯的专利属于方法专利时，直接侵权行为的主要表现形态为未经许可使用该专利方法，或者未经许可使用、许诺销售、销售、进口依照该方法直接获得的产品的行为。

一、侵犯产品专利的侵权行为

侵犯产品专利的侵权行为主要表现为以下形态。

1. 未经许可制造专利产品的行为

侵犯一项产品专利权的首要条件是在专利权的有效地域范围内出现该产品，制造行为是其他所有侵犯专利权的行为（如销售行为、使用行为）发生的前提和基础，有了产品，才谈得上使用和销售。制造是使专利产品出现的最为主要的途径，要想为产品专利权提供有效的法律保护，就必须从产品的制造这一首要环节抓起。

我国专利法和专利司法实践中，不断出现和运用“制造”一词，但对于什么样的行为构成制造，似乎还没有详细研究，这方面的判例也不多见。但是，人们普遍认为，只要侵权物出现了，无论是已经被销售、使用还是存放在仓库中，制造的行为都完成了，这点和美国的专利司法实践是一致的。[1]

“制造专利产品”是指通过机械或者手工方式作出的、具有

[1] 43 USPQ 2d 1620（1997）.

权利要求所记载的全部技术特征的产品。在大批量制造这种产品的情况下，这种行为通常被称为生产。❶

对于产品专利权来说，我国《专利法》第11条规定的未经许可而不得实施的5种行为中，“制造”行为占据最为重要的地位。尽管专利法将使用、许诺销售、销售、进口行为也称为实施专利的行为，但是从严格意义上说，真正运用获得专利权的发明创造，再现产品专利保护客体的行为只有制造行为。❷除制造者以外，他人使用、许诺销售、销售、进口专利产品，都不是直接再现产品专利权的保护客体，而是利用制造者再现保护客体的结果。由于存在这一差别，导致在法律保护上也存在差别。专利法对专利产品的制造提供了所谓的“绝对保护”，也就是制造者是否应当承担侵权责任与行为人主观上是否有过错无关；相比而言，专利法对专利产品的使用、许诺销售、销售、进口提供的是“相对保护”，即仅仅认定行为人未经许可而进行了这些行为尚不足以得出应当承担部分侵权责任或全部侵权责任的结论，还必须考虑专利法的另外限制条件。

具体分析起来，就行为人主观方面而言，未经专利权人许可而制造专利产品的行为可以分成3种类型：一是制造者明知其制造的产品是受到一项有效专利保护的产品，但仍然进行其制造行为，这是故意侵权行为；二是制造者对自己行为的后果应当预见或能够预见而未作预见，或者虽有预见却轻信其不会发生，这是过失侵权行为，例如，在授予专利权之后，制造者在没有阅读专利说明书公告的情况下独立地开发并制造与专利产品相同的产品；三是既非故意，也非过失，但是仍会受到一定限制的制造行为，例如，在某项产品申请了发明专利但尚未公布的时间期间

❶ 国家知识产权局条法司：《新专利法详解》，知识产权出版社2001年版，第66页。

❷ 尹新天：《专利权的保护》，知识产权出版社2005年版，第135页。

内，他人独立地制造了相同的产品，在专利申请公开之后，他就不能自由地继续其制造行为。

综上，未经许可制造专利产品是一个独立的侵权行为，侵权行为的成立与其他行为（如销售、使用等）无关。例如，如果某个人没有经过专利权人的许可制造了专利产品，尽管他并没有使用或者销售这个专利产品，但他的行为却构成了直接侵权。常见的一种情况是，有些公司在专利权人的专利快要过期的时候开始制造产品，并且把制造好的产品贮存在仓库里，准备等到专利权过期以后再卖。这种行为也被认为构成了制造专利产品，属于直接侵权。❶

总之，不论制造者的主观意愿如何，也不论制造者是否实际知晓专利权的存在，不经专利权人同意而制造专利产品都会构成侵犯专利权的行为，需要承担一定的责任。

按照有些国家的做法，制造专利产品的行为不仅包括制造全新产品的行为，也包括将已有产品的零部件拼凑起来，重新组装成专利产品的行为。❷ 例如，一项专利涉及一种锄草机，如果一家公司收集合法出售但已经损坏的专利锄草机，将其仍然可用的零部件组装起来，重新构成该种锄草机再予以销售，则构成了侵权行为。这种行为被称为"再造"行为。

一般来说，经专利权人同意而制造的专利产品售出以后，其购买者有权维护该产品，使之处于能够正常使用的状态。这种权利包括修理专利产品、更换损坏或失效的零部件等。但是，如果这种修理或者更换行为超过了一定的限度，变成重新制造或者组装专利产品，就会构成侵犯专利权的行为。但是如何合理地划分"修理"与"再造"之间的界限，是一件比较困难的事情。

究竟什么样的行为构成"制造"，美国的一系列判例给出了

---

❶ Renold S. Chisum, *Chisum on Patents*, vol. 5, Chapter 16.

❷ Chisum, *Chisum on Patent*, Mathew Bender & Company, 1967.

一些判断因素。美国最高法院在1902年的南方包装公司诉东川公司一案中首次对“制造专利产品的行为”作了解释。在那个案子里，原告享有一项用来剥虾壳机器的专利。被告在美国生产了这种机器的所有零件，并且完成了部分组装，被告把部分组装的机器和其余的零件分成几个箱子运到巴西。被告承认收件人可以在一个小时之内完成专利产品的全部组装。这个案件争议的焦点是，被告究竟是不是在美国境内制造了专利产品。❶

美国第五巡回法院提出，只要被告在美国境内生产了所有的零件，完成了大部分组装，这种行为就构成了《美国专利法》第271条（a）的“制造”，专利侵权成立。但是，美国最高法院推翻了美国第五巡回法院的判决。美国最高法院认为，这个案子中的原告拥有的是一项产品组合专利。产品组合专利的保护只限于完成组装以后处于可以运转状态的机器，产品专利的保护不能延伸到这个产品的零件上。在零件被组装成可以运转的机器以前，被告的行为不构成《美国专利法》第271条（a）所规定的“制造”。零件生产商只能够作为共同侵权人承担间接侵权的法律责任。在这个案件中，由于最后的组装、销售和使用都是在美国境外完成的，根据专利的地域性原则，法院判决直接侵权不成立。共同侵权是否成立有赖于直接侵权是否成立，由于直接侵权不成立，所以共同侵权也不成立，被告的行为不构成专利侵权。

不过，美国联邦巡回上诉法院在1984年卷纸机械公司诉马格纳绘图公司一案中，对“制造”这个词作了不同的解释。❷鉴于此，1984年，美国国会对专利法作了修改，在第271条增加了以下的条款：

“（f）（1）任何人未经许可从美国提供专利产品的全部或者

---

❶ 程永顺、罗李华：《专利侵权判定——中美法条案例比较研究》，专利文献出版社1998年版，第133页。

❷ John W. Schlicher, *Patent Law Legal and Economic Principles*, West Group, 1989.

大部分零件，积极导致他人在美国境外组装，如果组装在美国境内完成将会侵犯美国专利的话，那么这种行为就构成专利侵权。

(f)(2) 任何人未经许可从美国提供专利产品的一个零件，而且明知如果这个零件在美国境内被组装成某个产品的话，将会侵犯美国专利，而且这个零件除了被组装成这个产品以外没有其他的用途，这种行为就构成专利侵权。”

这个修正案的主要目的就是弥补美国专利法的一个漏洞，防止有人在美国境内生产专利产品的零件，在美国境外完成组装，窃取专利发明的成果。按照这个新的规定，似乎制造行为只覆盖了专利产品零件的生产，不包括用于使用专利方法的设备的零件的生产。❶

2. 未经许可使用他人专利产品的行为

“使用专利产品”是指利用具有权利要求所述技术特征的专利产品，使其技术功能得到了应用。❷ 对于产品专利和方法专利的使用来说，又有细微区别。对于产品专利，按照它的技术功能可以有一种或者几种使用方式，对“使用”行为而言，不论是用哪一种使用方式，也不论是反复连续使用还是只用一次，都构成“使用”。对于方法发明专利而言，“使用”是指为了实现专利说明书中所说的目的而使用专利权利要求范围以内的方法。只要被控侵权人的使用行为在专利权利要求范围以内，就构成了“使用”行为。❸ 使用者无论是未经许可自己制造专利产品，继而予以利用，还是购买他人未经许可而制造并售出的专利产品，然后加以利用，都构成侵犯专利权的使用行为。

关于“使用”的具体含义，我国学者有两种看法。一种观点认为，“一般产品专利并没有限定某种使用。如果一种产品按

---

❶ Lesser L., the Problem with Patents, *Industry Standard*, 23, (1999).

❷ 国家知识产权局条法司：《新专利法详解》，知识产权出版社2001年版，第72页。

❸ 程永顺：《专利侵权判定实务》，法律出版社2003年版，第77页。

照其技术功能有一种或多种用途，那么产品专利的效力可以及于各种用途。无论是专利说明书中说明的还是没有说明的，也无论在专利申请时是否预见到，不问是它的哪一种用途，也不问是反复连续使用还是只使用了一次，都构成使用”。[1] 这种观点类似于美国司法实践中的“所有用途原则”。

美国司法实践认为，侵权产品的使用方式不仅仅局限于专利说明书中所列举的那几种用途。专利法不要求、而且很多情况下专利权人也不可能一一列举出专利产品的所有用途。很多美国法院将专利的保护范围延伸到和专利发明有关的所有用途上。例如，某个人拥有一项关于拉链的专利，他在专利说明书里提到了这种新的拉链可以用在服装上。另一个人则把这种拉链用在活页夹上。尽管专利权人没有在说明书中对这个特定的用途加以说明，但是这个用途和专利发明的技术主题之间存在着一定的联系，这种使用构成专利侵权。这个原则在美国司法实践中被称为“所有用途原则”。但是，后来的一些判例对这一原则进行了修正，一些美国法院认为，在化学领域里，法院不能够自动适用所有用途原则，而必须根据具体案情作具体分析。

另外一种观点认为，当专利产品是一种前所未有的新产品，且仅仅采用该产品本身的结构特征就足以满足专利法规定的专利性条件时，申请人在权利要求书中应当尽可能只用结果特征来限定其专利保护范围。这时可以认为适用“所有用途原则”，即无论该产品被用于何种用途，不管专利申请人在提出申请时已经预见到还是未曾预见到，未经许可而使用该专利产品的行为都将构成侵犯专利权。但是，如果仅仅采用产品本身的结构特征还不足以满足专利法规定的专利条件时（如专利产品是一个用途发明或转用发明），在这种情况下，用途的限定实质上已经构成专利权是否成立的必要条件，忽略用途特征就会不适当地扩大专利权的

[1] 汤宗舜：《专利法教程》，法律出版社2003年版，第168页。

保护范围，损害公众的合法利益。由此，不能简单地认定行为人的任何使用行为都构成侵权。如果专利权利要求中明确限定要求保护的产品限于一种特定的用途，那么他人将其用于另外的不同用途将不构成侵犯专利权。❶

笔者认为，第二种观点更为合理。

使用产品专利的问题还涉及使用的方式。换言之，哪些方式构成使用专利产品？仅仅拥有、储备或者保存（keep）专利产品而没有实际予以利用，是否构成使用专利产品的行为？各国立法对这些问题的解答有所差异。

许多欧洲国家的专利法对此种方式规定了严格的限制。例如，英国专利法规定未经许可不得“保存”（keep）专利产品，德国专利法规定未经许可不得“拥有”（possession）专利产品，《欧共体专利公约》规定未经许可不得“储存”（stocking）专利产品。❷ 由此，未经许可的上述行为将构成侵权。我国专利法和TRIPs协议没有类似的规定，上述行为是否构成侵权还需要具体问题具体分析。

美国一些法院把“占有”和“使用”这两个概念区别处理。单纯占有和使用侵权产品还不足以构成专利侵权意义上的“使用”，但是如果把侵权产品用于商品展览或者备用，法院一般就认为这种行为构成了“使用”。例如，在20世纪30年代，美国政府从境外进口了一批武器，这批武器运到美国以后一直存放在仓库里备用，法院认为政府的这种行为构成了“使用”，专利侵权成立。❸

与专利法对专利产品的制造和进口行为提供的“绝对保护”相比，专利法对专利产品的销售和使用行为所提供的是“相对保

❶ 尹新天：《专利权的保护》，知识产权出版社2005年版，第166页。

❷ 同上书，第167页。

❸ 程永顺、罗李华：《专利侵权判定——中美法条案例比较研究》，专利文献出版社1998年版，第141页。

护”。所谓相对保护，是指除制造者、进口者之外的其他人未经专利权人许可而进行销售或使用专利产品时，若要其承担侵权的全部民事责任，必须满足如下两个条件。

第一，销售或使用的专利产品是未经专利权人许可而制造售出的。如果专利产品是专利权人自己制造、进口的，或者是经专利权人许可而制造、进口的，或者是依照专利方法直接获得的产品售出后，行为人再使用、许诺销售或者销售该产品的，则不视为侵犯专利权。❶

第二，销售者或使用者必须是故意侵权。《专利法》第63条第2款规定，为生产经营目的的使用或销售不知道是未经专利权人许可而制造并售出的专利产品或者依照专利方法直接获得的产品，能证明其产品合法来源的，不承担赔偿责任。但是应当承担除损害赔偿以外的其他民事责任。如果销售者或使用者是过失侵权，侵权行为人只能承担停止侵权等民事责任，而不承担损害赔偿的民事责任。在这里故意与过失的界线在于，行为人是否明知其产品是侵权产品而仍然实施销售或使用行为，如果行为人不知或不可能知道他所销售或使用的产品是侵权产品，其行为只能是出于过失。产品的来源是否合法是判断行为人是否存在主观过错的一个重要因素。

3. 未经许可销售专利产品的行为

通俗地说，“销售专利产品”就是把具有权利要求所述技术特征的产品的所有权从一方（卖方）有偿转移给另一方（买方）的一系列行为，❷ 这种行为仅指实际的销售行为，而不包含提供销售的表示。只有实际的销售行为发生了，侵权行为才成立，专

❶ 我国《专利法》第63条第1款。

❷ 国家知识产权局条法司：《新专利法详解》，知识产权出版社2001年版，第52页。

利权人的损失才能出现。[1] 销售专利产品的权利是专利权人享有的、独占销售其专利产品和禁止他人未经许可销售其专利产品的独占权。

如前所述，专利法对专利产品的销售和使用行为所提供的是“相对保护”，只有针对侵权产品，专利权人才享有制止他人进一步销售该专利产品的权利。对于专利权人制造或专利权人授权他人制造的合法专利产品，他人对其的再次销售行为无需得到专利权人的许可，其行为将不构成侵犯专利权。这一规则被称为专利权用尽原则。[2] 这一原则是专利制度的一个重要原则，为世界各国专利法所普遍采用。

由此，专利权人的销售禁止权（使用禁止权与许诺销售禁止权的情况与之相似）仅限于对侵权产品的禁止。市场上出现的专利产品，既可能是由专利权人制造的合法产品，也有可能是经专利权人许可制造或者进口的合法产品，还可能是由他人未经许可制造或进口的侵权产品。赋予专利权人以使用、许诺销售和销售的禁止权，才能在使用环节、许诺销售环节以及销售环节上设置道道屏障，使侵权产品制造者或进口者的目的难以实现。

4. 未经许可许诺销售专利产品的行为

许诺销售是英文“offering for sale”的译文，国外专利法和有关法律中没有对其进行解释。顾名思义，许诺销售是指承诺将来出售某种产品的行为。与要约和要约邀请的概念相比，许诺销售具有更为广泛的含义，有些不属于要约或要约邀请的行为，如对准备投产的产品的宣传性展示等，在一定的情况下也会构成专利法意义上的许诺销售行为。

许诺销售权是专利权人享有的许诺销售或禁止他人未经许可

---

[1] 程永顺、罗李华：《专利侵权判定——中美法条案例比较研究》，专利文献出版社1998年版，第74页。

[2] 国家知识产权局条法司：《新专利法详解》，知识产权出版社2001年版，第56页。

而许诺销售其专利产品的权利。任何人未经许可许诺销售其专利产品的行为都是侵权行为。赋予专利权人许诺销售权是 2002 年修改《专利法》时新增加的一项内容。该法第 11 条规定，任何单位或者个人未经专利权人的许可，不得为经营目的许诺销售专利产品或者依照专利方法直接获得的产品。

赋予专利权人许诺销售权的意义在于：第一，在实践中，一些企业自己制造侵权产品或者从他人那里购买侵权产品之后，为了销售这些产品，往往会在各种媒体上做广告，或者在一些展览会上展出。但这时还没有发生实际侵害专利权人权利的后果，所以即使专利权人发现这一情况后，也不能马上主张权利，只有等到侵权人实际销售该侵权产品以后，即实际给专利权人造成损失后，才能主张权利。这显然不利于及早制止侵权行为。第二，增加许诺销售权使我国《专利法》符合了 TRIPs 协议的要求，与大多数国家的基本规定一致。根据该协议第 28 条第 1 款的规定，如果专利的保护对象是产品，专利权人有权禁止第三方未经其同意制造、使用、许诺销售、销售，或者为这些目的而进口该产品；如果专利保护的对象是方法，专利权人有权禁止第三方未经其同意而使用该方法，或者许诺销售、销售、进口依照该方法所获得的产品。第三，强化了专利权的保护，同时也是对传统侵权行为理论的突破。因为传统侵权行为理论以损害事实为构成要件，许诺销售只是一种将来销售某种商品的承诺行为，并不是实际的销售行为，还没有发生实际损害，是一种“即发侵权”行为。许诺销售权的存在使权利人可以将侵权行为制止在“萌芽”状态，避免了损失的进一步扩大，对于及时制止侵权有着十分重要的作用。

专利权人的许诺销售权实质上更多地体现为许诺销售禁止权，即禁止他人未经许可而许诺销售其专利产品或者依照专利方法直接获得的产品的权利。[1] 因为许诺销售实质上就是关于产品的广告宣传行为，所有合法的产品制造商和销售商都有权对其制造的产品和经销的产品进行广告宣传，所以专利权人本来就享有许诺销售权而不是因为专利法增加了许诺销售权才享有，所以专利法赋予专利权人的许诺销售权实质上是一种许诺销售禁止权，用以禁止他人未经许可的许诺销售行为。

5. 未经专利权人许可的进口行为

使专利产品在专利权的有效地域内出现的另一条途径是进口专利产品。因此，产品专利的专利权人是否有权制止未经其许可而进口其专利产品的行为，对于该专利权人来说是十分重要的。如果仅仅禁止未经许可而制造专利产品的行为，却不禁止未经许可而进口专利产品的行为，就会给产品专利的保护留下一个漏洞。

进口权是专利权人享有的进口其专利产品和禁止他人未经许可进口其专利产品的权利。进口权包含两层意思：首先，专利权人可以自己进口其专利产品；其次，专利权人有权禁止他人进口其专利产品，不管这种产品是从哪一国运进来的，也不管这种产品在国外是否受专利法保护，只要行为人为营利目的而进口，就构成侵权。

由于进口行为与制造行为一样，都是使专利产品在其有效地域范围内出现的首要环节，因此进口行为构成侵犯产品专利权的行为也具有类似的特点。即是否构成侵权行为与行为人的主观意愿没有什么关系，不论进口者是否实际知道其进口的产品为专利产品，只要未经专利权人许可，就构成了侵犯专利权的行为。

实践中会遇到这样一个问题：同一专利权人就同一项发明创造在两个国家获得了专利权，专利权人或者专利权被许可人在其

[1] 张军：《知识产权侵权行为领域研究》，经济科学出版社2005年版，第83页。

中一个国家制造的专利产品售出后，购买者将其购买的专利产品进口到另一个国家（这被理论界称为“平行进口”），是否应当获得该专利权人的许可？

讨论平行进口问题必须首先明确一个前提条件，即专利产品的首次销售必须是合法行为，如果专利产品的首次销售是违法行为，则不仅该行为本身是侵权行为，其后的进口、使用和销售等行为都是违法行为，谈不上是否允许平行进口。

在是否允许平行进口行为的问题上，存在不同的观点。[1] 主张允许平行进口的观点认为，由于被平行进口的专利产品在出口国是专利权人自己或者经专利权人许可而制造并售出的产品，根据“权利用尽”原则，购买者有自由处置其购买产品的权利，专利权人无权再控制该产品的使用和销售，因此该产品进口到另一个国家无需获得专利权人的许可。这相当于扩大权利用尽原则的适用范围，因此也有人将允许平行进口称为专利权的“国际用尽”。与此类似的观点认为，如果专利权人或者被许可人在出口国出售其专利产品时没有附加明确的限制性条件，例如限制这些专利产品向某些国家的出口，则意味着“默示许可”购买者可以自由支配所购买的专利，其中包括出口，因此平行进口行为无需获得专利权人的许可。从允许平行进口行为的结论来看，上述两种观点是一致的；但是从其理论渊源来看，两者有很大的不同。反对平行进口的观点认为，专利权具有地域性，出口国和进口国的专利权是两项具有各自效力范围的专利权，在出口国的“权利用尽”或者“默示许可”仅对出口国的专利权产生影响，并不导致进口国专利权的“权利用尽”或者“默示许可”。从目前世界各国的实际做法来看，对平行进口问题的立场不尽一致。

在我国，按照《专利法》的规定，专利权人享有进口权，

---

[1] 国家知识产权局条法司：《新专利法详解》，知识产权出版社2001年版，第71页。

有权禁止他人未经许可进口专利产品的行为。《专利法》还规定，任何单位或者个人实施他人专利的，应当与专利权人订立书面许可合同，向专利权人支付使用费。[1] 由此，平行进口应当得到专利权人的书面许可，不存在默示许可的情况。

二、侵犯方法专利的侵权行为

方法专利只可能是发明专利。为生产经营目的实施方法专利，需要得到专利权人许可的行为包括：使用方法专利、使用依照该专利方法直接获得的产品、许诺销售依照该专利方法直接获得的产品、销售依照该专利方法直接获得的产品和进口依照该专利方法直接获得的产品5种情况。[2] 相应的，侵犯方法专利的行为表现为未经许可，以生产经营为目的实施上述行为的情况。如果为非生产经营目的而进行使用、进口行为，则不构成实施方法专利的行为。

1. 使用专利方法

专利方法是指享有专利权的发明专利中所载的技术方案，这些技术方案具有权利要求书中所记录的技术特征，为实现权利要求书中所说的目的而使用。[3] 一个技术方案是否构成专利法意义上的专利方法，必须依照有关方法发明专利的权利要求书的内容来确定，说明书和附图可以用来解释权利要求。对权利要求书中所记载的方法作某些变化，只要这些变化没有超出根据说明书对权利要求书所作解释的范围，那么这些变化被认为仍在专利保护范围之内。如果方法是制造某种产品的方法，只要具体的使用包含在专利权利要求范围内，并且依照该方法直接获得的产品是权利要求所叙述的产品，那么这种方法的使用就必须得到专利权人

---

[1] 《专利法》第12条。

[2] 《专利法》第11条第1款。

[3] 汤宗舜：《专利法教程》，法律出版社2003年版，第172页。

的许可。如果是依照其他方法制造的、与专利产品同样的产品，则这种方法的使用不在方法专利的保护范围之内。

2. 使用、许诺销售、销售、进口依照专利方法直接获得的产品

专利权的这一效力被称为方法的延伸保护。1992 年，我国第一次修改《专利法》时采取了一系列措施加强专利权的保护，其中之一就是将制造方法专利权的保护延伸到了用该方法直接获得的产品。[1]

然而，应当注意的是，并非对所有的方法专利都能够进行上述各种类型的实施行为。方法发明至少可以分为 3 种类型。第一类是制造加工方法，它作用于一定的物品上，目的在于使之在结构、形状或者物理化学特征上产生变化。第二类是作业方法，这种方法不以改变所涉及的物品的结构、特征或功能为目的，而是寻求产生某种技术上的效果，例如测量、检验、采掘、排列、运输、分析等。此外，诸如发电、供电、供热、制冷、通风、照明、辐射、通讯、广播、计算等用于实现能量转换或者达到某种非物质性技术效果的方法也属于这一类方法的范畴。第三类是使用方法，亦即用途发明，它是对某种已知物品的一种新的应用方式，目的是产生某种技术效果或者社会效果，而不是改变被使用的产品本身。

有必要指出的是，由于科学技术本身是多种多样、错综复杂的，要想对上述 3 种类型的方法发明作出严格的定义，将它们彼此区分开来是非常困难的，而且在第一次修改专利法之前，作这种严格的区分意义不大。因为，无论是对哪种类型的方法发明而言，专利法所保护的都是方法的使用，只有在第一次修改《专利法》后，法律将对制造方法专利权的保护延伸到依照该方法直接获得的产品之后，这种区分的必要性才显现出来，因为区分的结

[1] 尹新天：《专利权的保护》，知识产权出版社 2005 年版，第 172 页。

果直接关系到何种类型的方法发明能够适用《专利法》第 11 条规定的延伸保护。[1]

从这三种方法的类型看，只有第一类方法发明才能够享受第一次修改专利法时增加的“延伸保护”，也就是将方法专利权的保护延伸到依照该方法所直接获得的产品，因为只有这类方法发明才能产生专利法意义上的产品。对于第二种、第三种方法发明来说，实施专利的行为仅仅是“使用该方法”。[2]

为制造方法专利权提供延伸保护，首先需要解决的一个问题是何谓“直接”？换言之，对于能够获得延伸保护的方法专利来说，允许这种延伸拓展到多大范围和多远程度？

合理确定延伸保护的范围不是一件容易的事情。“直接获得”这一术语就是为此而提出的，它最早出现于法国和德国的专利法中，英国、丹麦、荷兰等国的专利法中虽然没有规定同样的限制，但是在其专利实践中也采用了类似的限制条件。[3]

对于“直接”一词的含义，存在着两种不同的解释立场。狭义解释立场认为，所谓“直接”获得的产品，是指实施授予专利的制造所最初获得的原始产品，[4] 也就是完成方法专利权利要求记载的最后一个步骤特征之后获得的那个产品，其后再进一步施加任何能够使原始产品发生变化的加工、处理、操作步骤，都将使得所获产品变成一个“非直接”的产品。[5]这种解释立场的最大优点在于提供了一种十分明确的判断标准，便于法院和公众进行判断，因而获得了不少支持。尤其是有关微生物的方法发

---

[1] 所谓延伸保护是指一项制造方法发明专利权被授予以后，任何单位或个人未经专利权人许可，除了不得为生产经营目的使用该专利方法之外，还不得为生产经营目的使用、许诺销售、销售或者进口依照该专利方法所直接获得的产品。

[2] 国家知识产权局条法司：《新专利法详解》，知识产权出版社 2001 年版，第 76 页。

[3][5] 尹新天：《专利权的保护》，知识产权出版社 2005 年版，第 175 页。

[4] Amiram Benyamimi, *Patent Infringement in the European Community*, IIC Studies Vol13, p. 160.

明，在欧洲占据主导地位的观点是：对产生具有繁殖能力的微生物的方法专利来说，专利法提供的延伸保护不应扩展到由该方法获得的原始微生物进一步产生的任何随后的繁殖物。广义解释立场认为，所谓“直接”获得的产品不仅包括实施一项专利方法获得的最初产品，在满足一定条件的情况下，还包括对最初产品作进一步加工、处理后所获得的产品。

第二个问题是何谓依照专利方法直接获得的产品？前已分析过，方法专利包括3种主要类型：制造加工类方法、作业类方法和使用类方法。一般地，作业类方法和使用类方法基本上可以排除在可以获得《专利法》第11条规定的延伸保护的范围之外。

相比较而言，制造加工类方法所获得的产品一般都可以认为是专利法意义上的依照该方法直接获得的产品。然而从一些西方国家的实践看来，人们对此的认识也不尽一致。

按照德国的判例，所谓用专利方法所直接获得的产品应该满足如下两个条件：第一，这样的产品应当限于物品；第二，标的物经过专利方法的处理加工之后，应当在结构上或物理化学特性上产生足够大的变化，使人以公众的眼光看来已经成为一种与处理之前的物品不相同的物品。采用上述条件体现了这样一种观点，即方法专利权的延伸保护应当受到一定的限制。但是，由于判断上的困难，有学者主张为了便于公众理解和掌握专利法的这一规定，不妨从原则上同意所有的制造、加工方法所获得的产品都可以获得专利法所规定的延伸保护。[1]

尽管各国对延伸保护的范围和定义已经进行了许多研究和探索，但是“直接获得的产品”的含义始终是一个较为困难的问题，一直受到人们的关注。[2] 显然，对“制造方法直接获得的产

---

[1] 尹新天：《专利权的保护》，知识产权出版社2005年版，第174页。

[2] Joseph Straus, *Implications of the TRIPs Agreement in the Field of Patent Law*, *From GATT to WTO*, IIC Study Vol. 18, p. 198.

品”的狭义解释立场和广义解释立场各有利弊。有学者认为，广义解释立场带来的弊病更加突出一些，因为采用广义解释立场进行判断的难度更大，其判断结果容易因人而异，不具有法律确定性，因而主张采用较为靠近狭义解释的立场。[1] 具体来说，对于制造方法专利的延伸保护一般应该涵盖完成该专利方法的最后一个步骤后所获得的最初产品，未经专利权人许可，任何人不得销售、许诺销售、使用、进口该最初产品；对于最初产品作任何进一步加工处理以获得最终产品的行为本身属于使用依照该专利方法直接获得的产品的行为，必须获得专利权人的许可，未经许可的使用、销售、许诺销售的行为将构成侵犯专利权；如果经过加工处理后所获得的最终产品与最初产品相比存在实质意义上的物理或化学变化，则不再属于依照该专利方法所直接获得的产品，任何人都可以自由地对其实施许诺销售、销售、使用和进口行为，专利权人无权干预。

毋庸讳言，在判断什么是“具有实质意义上的变化”，实践中仍然存在一些困难有待进一步研究。

第三节　专利间接侵权制度的考察与评述

专利间接侵权制度是美国专利法上一套独特的权利保护制度，源于1871年的司法判例，立法价值取向在于为专利权的保护寻求最大化，将专利权的保护范围扩及非专利产品。为专利权人设置禁止间接侵权行为的保护制度，在实体法的意义上拓展了传统理论中专利权的保护范围；在程序法的意义上，大大节约了专利权人的维权成本。由于我国所加入的有关知识产权国际公约并未规定专利间接侵权制度，因此无论是理论界还是立法界对该问题作出反应的并不多。但随着相关案例的出现，司法实务界对

[1] 尹新天：《专利权的保护》，知识产权出版社2005年版，第183页。

此已经有了相当的研究并积累了一定的经验。在我国专利法第二次修改过程中，国家知识产权局曾为增加专利间接侵权规定作出努力，但最终未能成功。随着美国经济技术、跨国贸易的发展和强大专利技术的辐射作用，这一套独特的法律制度渐渐被许多国家和国际组织所采用，成为当今国际专利保护体系中颇为成熟的法律运作机制。

专利间接侵权制度的建立是以司法实践为基础的。在19世纪末期，许多国家已先后建立了专利制度，对直接侵权行为予以明确的禁止。但是，各国的司法实践表明，仅仅制止直接侵权行为，追究直接侵权人的侵权责任在有些情况下还不能给专利权人提供充分、有效的法律保护，因为有些行为人自己没有直接侵犯专利权，但其却怂恿、唆使或诱导他人侵犯专利权，对直接侵权行为的发生起到了推波助澜的作用，这种行为客观上也会损害专利权人的利益。加之，随着社会的发展和人们法律意识的增强，侵犯专利权的手段和方式已越来越隐蔽，通过改头换面、教唆、诱导他人等方式剽窃他人的专利技术，从而规避专利法的相关规定的行为已屡见不鲜。为防止类似情况的发生，在司法实践中便产生了间接侵权制度，许多国家在其专利法中写入了禁止间接侵权行为的规定。

间接侵权行为是指行为人自己没有进行直接侵犯专利权的行为，但是却诱导、怂恿、唆使他人侵犯专利权，对直接侵权行为的发生起到了推波助澜的作用。[1] 行为人在主观上有诱使或者唆使他人侵犯专利权的故意，在客观上为直接侵权行为的发生提供了必要条件。也有学者将间接侵权行为表述为“未经专利权人同意，唆使无权利用该项专利的人实施该专利的行为”。[2]

目前，在许多国家，专利间接侵权制度已经发展得相当完

---

[1] 尹新天：《专利权的保护》，知识产权出版社2005年版，第509页。
[2] 程永顺：《中国专利诉讼》，知识产权出版社2005年版，第211页。

善，这反映了世界各国对专利权人合法利益保护的重视。但目前我国专利法只对专利直接侵权作出了规定，而没有引入间接侵权制度。在实践中，法官只能以民事基本法为依据将专利间接侵权行为作为共同侵权行为处理，并依此追究间接侵权人的民事责任。由此，深入考察其他国家的专利间接侵权制度有助于我国专利侵权制度的完善。

一、间接侵权制度的比较法考察

专利间接侵权制度起源于美国，它是为了弥补传统的专利侵权判定标准对专利权保护之不足而设置的。传统理论认为，只有覆盖了专利权人的全部技术特征才构成专利侵权。因此，如果专利发明包括两个或两个以上组成部分，那么仅仅生产某些部件的行为而不是生产整个专利产品，就不构成专利侵权，而且购买者将这些产品组装之后就构成专利产品。如果组装者数量众多，专利权人很难有效地制止组装者实施其专利，这在实质上会大大削弱对专利权的效力，使专利权可能因此而得不到保障。

对此，美国法院在 1871 年审理的 Wallace v. Holmes 案中，以共同侵权（joint tort feasors）这一古老的普通法原理为基础，判定被告构成实质性的侵权。[1] 专利间接侵权（contributory infringement）这一术语最早出现在 Snyder v. Bunnell 案中，[2] 此后得到美国理论界和实务界的普遍认可。

为了有效地保护专利权，美国法院在司法实践中确立了专利间接侵权制度，并随着自身国力、经济、科技的发展和市场的变化，经过 81 年一波三折的演进后，美国国会最终在 1952 年修订专利法时，在第 271 条明确规定了专利间接侵权制度，此后，又

[1] Wallace v. Holmes，29 Fed. Cas. 74. No. 17，100（C. C. D. Conn. 1871）.

[2] Snyder v. Bunnell，29 Fed. 47（C. C. S. D. N. Y. 1886）.

在1984年和1988年对该条进行了修订。[1] 继美国之后，许多国家和地区先后在专利法中规定了专利间接侵权制度，如欧盟、英国、德国、法国、日本、匈牙利、冰岛、挪威、芬兰、立陶宛、韩国、中国香港地区等。从已经规定了专利间接侵权的国家和地区来看，它们对专利间接侵权制度的规定不太相同。

在各个国家和地区的专利间接侵权立法中，历史最为悠久、规定最为完备的，为专利权人提供最为完善保护的，莫过于美国。回溯美国立法过程和历史，分析其相关法律规则，无疑能为我国的立法提供宝贵的经验和借鉴，从而健全我国专利保护制度，为我国经济、科技的发展起到推动和促进作用。

1. 美国有关专利间接侵权的规定

美国有关专利间接侵权制度的建立经历了3个阶段：萌芽阶段、与反垄断法博弈阶段和与反垄断法达到平衡阶段。

美国专利间接侵权原理和制度的起源可追溯到1871年的Wallace v. Holmes案。该案虽然不是美国联邦最高法院所作的判例，而是由康狄涅格州地区巡回法院作出的判决，但是对专利侵权制度却产生了重大和深远的影响。案件的主审法官Woodruff根据侵权法有关教唆侵权行为的原则，第一次明确地认定未经专利权人同意制造或者销售用于专利装置或者专利方法的非专利产品构成专利侵权行为，从而奠定了整个专利间接侵权制度的价值取向。[2]

在该案中，被告援引了直接侵权的判定规则作为未侵权的抗辩。但是，Woodruff法官否定了这样的规则。他认为，“假如我们同意被控侵权人的观点，组合装置专利几乎就没有什么价值了。在本案情况下，燃烧器的销售者与灯罩的销售者有侵犯专利权的共同目标，而且实际上也一致行动产生了这样的结果。或许

[1] 张玉敏：“专利间接侵权制度三论”，载《学术论坛》2006年第1期。

[2] 尹新天：《专利权的保护》，知识产权出版社2005年版，第511页。

被控侵权人并没有预先与任何灯罩销售者形成实际协议，但是对其进行的每一次销售行为实质上都是促进购买者将两者组合起来形成专利产品，购买者的购买行为就是与被控侵权人达成的允许购买者这样做或导致他这样做的承诺”。[1] Woodruff 法官在判决书中并没有明确提出间接侵权的概念，而是借用了“侵权行为人”“共同专利侵权”等美国一般财产法上侵权的术语来阐述被告侵犯专利权的行为。

间接侵权作为一种法律原则的首次明确提起是在 1894 年的 Morgan Envelope Co v. Albany Paper Co. 一案中。该诉讼由厕纸供应机的专利权人提起，被告生产了一种适用于这种专利设备的卷筒芯，由此原告指控被告专利侵权。法庭采信了原告提起的尚处于理论讨论阶段的专利间接侵权原则，从而判定被告侵权成立。同时主审法官对间接侵权理论也做了适度的延伸，认为专利间接侵权原则不能对抗专利发明设备所使用的容易腐坏的普通商品的提供者，例如厕纸的供应商。[2] 这也就表明了专利间接侵权只能适用于与专利产品密切相关的部件上，而不可适用于与专利技术无关紧要的物品之上。

美国下级法院的立场后来得到了美国最高法院的认可。美国最高法院在 1909 年的一份判决中写到：“任何人未经许可而实施获得专利保护的组合的，都构成了侵犯专利权的行为。任何人促使上述实施行为发生的，也构成了侵犯该专利权的行为。”[3] 至此，通过下至美国联邦巡回法院，上至美国联邦最高法院的判例，基本上已经确立了专利间接侵权禁止原则。

专利间接侵权制度的确立，使专利权的保护客体从专利产品延及非专利产品，扩大了专利权的范围，强化了专利在市场经济

---

[1] 尹新天：《专利权的保护》，知识产权出版社 2005 年版，第 511 页。

[2] Envelope Co. v. Albany Perforated Wrapping Paper Co. , 152 U. S 425 (1894) .

[3] Leeds & Catlin Co. v. Victor Talking Machine Co. , 213 U. S . 325 (1909) .

竞争中的垄断权。这也直接导致了专利间接侵权与反垄断法之间的紧张关系，拉开了此后几十年间专利间接侵权制度与反垄断法之间拉锯战的序幕。因此，专利间接侵权原则自确立之日起便与反垄断法存在本质上的紧张关系，无论是立法者还是司法者无不试图在两者之间寻求一种微妙的平衡。

在建立专利间接侵权原则的初期，美国有关法院还是相当谨慎的，将认定构成间接侵权的产品限制在仅仅只能用于专利产品的部件或者仅仅只能用于实施专利方法的产品范围内。[1] 但是，在20世纪初期，基于专利权就是合法的垄断权这一理念，专利间接侵权原则在司法实践中大行其道，将专利的垄断权特质发挥到了极致。具体表现为被认定为构成间接侵权行为的产品范围逐渐扩大，不仅涵盖那些仅仅只能用于实施专利技术、除此之外没有其他商业用途的产品，还涵盖那些具有其他商业用途的产品。这一趋势在美国最高法院1912年对Henry v. A. B. Dick Co.一案的判决中达到了顶峰，[2] 在与反垄断法的博弈中，专利间接侵权制度的适用达到了扩展的极限。

不过这种间接侵权原则的确立和发展、专利垄断的扩张，很快就引起了公众的强烈不满。一方面，间接侵权原则可以防止他人通过仅生产、销售专利技术的核心或实质部分而规避专利权，为专利权人提供完整有效的保护；另一方面，间接侵权将专利权的保护范围扩及本身没有获得专利权的产品，形成对非专利产品的垄断，产生与反垄断法相抵触的可能性，甚至会使无辜的公众陷入无意间的侵权。于是，自Henry v. A. B. Dick Co.一案以后，立法者（主要是美国最高法院的大法官）积极地在两者之间寻求平衡点和分界线，并多次对间接侵权原则进行演变和修改，试

---

[1] 张玉敏："专利间接侵权问题"，见国家知识产权局条法司：《专利法与专利法细则实施第三次修改专题研究报告（第三卷）》，知识产权出版社2006年版，第1598页。

[2] 224 U. S. 1 (1912).

图将间接侵权控制在一个合理的范围之内。

美国专利间接侵权原则在经历了两次极端之后，即一个是间接侵权适用范围极大的 1912 年的 Henry v. A. B. Dick Co. 一案，另一个是适用范围极小甚至接近取消该原则的 1944 年的 Mercoid Corporation v. Mid-Continent Investment Co. et al 一案，专利间接侵权行为制度与反垄断法达到了平衡状态，法院和国会对该原则的态度逐渐趋向理性和成熟，而这种态度最终体现在美国 1952 年重新制定的专利法中。从 1948 年开始美国国会重新制定专利法，到 1952 年实施新《专利法》，共历时 4 年。其中间接侵权问题成为立法过程中争议的焦点之一。在美国专利律师协会和众多大公司的极力推动之下，国会最后通过立法的方式，总结了以往相关专利间接侵权的判例经验，明文规定了间接侵权原则的适用。新《专利法》第 271 条对间接侵权作了如下规定：

“（b）任何积极引诱专利侵权者应承担侵权责任。

（c）任何人在美国销售、向美国进口享有专利权的机器、产品、组合物或合成物的零部件、组成部分或者销售、向美国进口一种用于实施专利方法的原材料或设备，这些零部件、组成部分、原材料或设备构成发明的重要部分，并且知道这些物品是为专利侵权使用而专门制造或改造的，同时这些物品不是普通物品或适于实质性非侵权之用的普通商品，则应承担连带侵权责任。

（d）专利权人有权对专利直接侵权或间接侵权要求救济。专利权人进行下列一种或多种行为时，不得剥夺其救济权利，也不得被视为专利权滥用或专利权范围非法延伸。（1）对某种行为收取使用费。如果他人在未经过专利权人同意的情况下进行该行为，则会构成专利间接侵权行为。（2）许可或授权他人进行某种行为。如果他人在未经过专利权人同意的情况下进行该行为，就会构成专利间接侵权行为。（3）对直接侵权行为和间接侵权行为行使专利权。”

在 1952 年重新制定其专利法后，美国国会对第 271 条中有关间接侵权的规定陆续进行了修改，1984 年 11 月又增加了（f）款：

“（f）（1）任何人未经专利权人许可，向美国或者从美国提供或者导致提供一项专利发明的全部部件或者基本部件，尽管这些部件尚未被组装起来或者尚未被完全组装起来，但该人主动诱导在美国境外将这些部件组装起来，假如这样的组装行为发生在美国境内就会构成专利侵权行为，则应当承担侵权责任。

（f）（2）任何人未经专利权人许可，向美国或者从美国提供或者导致提供专门供实施一项专利发明用的部件，这样的部件不是‘常用商品’或者是具有实质性非侵权用途的商品，尽管这些部件尚未被组装起来或者尚未被完全组装起来，但是该人明知这样的部件是专门用于实施专利发明的，并希望它们在美国境外被组装起来，假如这样的组装行为发生在美国就会构成专利侵权行为，应当承担侵权责任。”

该款规定将对美国专利的保护领域扩大到美国以外的其他国家和地区。按照（f）（2）的规定，间接侵权行为发生在美国国内，而最后的直接侵权行为发生在美国国外的，仍然要承担侵权责任。[1] 1998 年 11 月 19 日，《美国专利法》在第 271 条（d）款中增加了第（4）～（5）项，在一定条件下允许专利权人在专利许可合同中加入搭售条款，增强了对专利间接侵权行为的控制。1994 年 12 月 8 日，美国为了使其专利法与即将生效的 TRIPs 协议衔接，在专利权的效力方面增加了禁止许诺销售行为的规定，同时，《美国专利法》对第 271 条（a）、（c）、（e）、（g）作了相应的调整。[2]

总结美国专利间接侵权制度的发展历程，可以清楚地看到：

---

[1] 程永顺：“专利间接侵权问题”，见国家知识产权局条法司：《专利法与专利法实施细则第三次修改专题研究报告（第三卷）》，知识产权出版社 2006 年版，第 1186 页。

[2] Renold S. Chisum, *Chisumon on Patent*, Mathew Bender & Company, (1967).

通过间接侵权原则来有效保护专利权人的利益以及通过防止滥用专利权原则来维护正常的竞争机制都是必要的，两者不可偏废。美国专利法通过多个修正案予以微调，从而实现了很好的平衡。

在司法实践中，法官在审判的过程中结合专利法规定，以判例的形式，从对间接侵权行为的判定中，提出了以下几个构成要件。

（1）客观要件：间接侵权行为与直接侵权行为之间的关系。

间接侵权行为的存在要以直接侵权行为为前提条件是美国专利法的主张，不过，这一主张还有更深层次的含义。❶ 在美国专利法中，尤其是在判例法中，关于直接侵权行为与间接侵权行为的关系，最初有“间接侵权”的存在以直接侵权的发生为前提条件的“从属说”和不以直接侵权行为的发生为前提的“独立说”两种观点。“从属说”一度成为美国专利法的主流观点。在美国 1952 年重新制定其专利法的前后，美国最高法院对此始终坚持一致的立场，即如果没有直接侵权行为的方式就不能认定间接侵权行为。❷然而，对于“直接侵权行为的发生”的含义却有不同的理解。一种理解是：专利权人提出间接侵权指控时，只要能够证明被控侵权产品的购买者一旦使用该产品就会构成直接侵犯专利权即可；另一种理解是：专利权人必须提供证据，证明被控侵权产品的购买者实际采用该产品进行了实施专利技术的行为，而且该行为被法院或行政机关认定为直接侵权。对此问题，美国最高法院没有作出明确表态。美国第八巡回上诉法院在一份判决中指出：针对间接侵权行为，为专利权人提供救济不需要以已经开始进行直接侵权行为作为先决条件，存在直接侵权的威胁即可。❸

随着美国专利法对外政策的实施、专利权域外效力的扩张和

---

❶❷ 尹新天：《专利权的保护》，知识产权出版社 2005 年版，第 516 页。

❸ Graham Paper Co. v. International Paper Co.，46F. 2d 881，8 USPQ463（1931）.

对专利权保护的加强，由于“从属说”本身对专利权保护的局限性，间接侵权行为的判定不以直接侵权的存在为条件的“独立说”也开始在立法和司法实践中占有一席之地。[1] 1984年《美国专利法》增加的（f）款的规定本身就是一种直接侵权行为的存在不一定需要法院认定的例子。在这种情况下，直接侵权行为不一定被认定，而且即使认定也是由其他国家的法院或者行政部门认定的，而不是由美国法院认定的。

间接侵权行为与直接侵权行为之间关联的重要性与可以认定为间接侵权的产品范围有密切关系。如果可以认定为间接侵权的产品范围较宽，涵盖具有其他商业用途的产品，那么这一问题的重要性十分突出。此时，如果没有经过司法或行政机关认定的直接侵权行为存在，任凭专利权人主张，在许多情况下就很有可能伤及无辜。如果将可以认定为间接侵权的产品限制在仅仅只能用于专利技术的产品范围之内，这一问题的重要性就不那么突出了。

（2）客体要件：侵权产品不是具有非侵权用途的常用商品。

根据美国专利法，判断间接侵权行为是否成立的最为重要的条件是被控侵权产品是否具有非侵权用途的常用商品。按照《美国专利法》第271条（c）项的规定，构成间接侵权的产品应当是“为用于侵犯专利权而专门制造的或者专门改制的产品，而且该产品不是一种常用商品或者具有实质性非侵权用途的商品”。“常用商品”（staple article）一词不是法律上有规范定义的措词。根据词典的定义，所谓“常用商品”是指以定期或大量的方式为批发市场所生产的商品。[2] 但是，对常用商品和实质性非侵权用途两个概念的理解存在很多困难。

一些美国的判例指出，在专利间接侵权诉讼中，应当由被控

[1] 程永顺：《专利侵权判定实务》，法律出版社2003年版，第126页。

[2] Webster's Third International Dictionary（1996），p. 2225.

侵权人承担举证责任，证明被控侵权产品具有实质性非侵权用途。

(3) 主观要件：行为人具有诱导、帮助的主观故意。

前已分析，直接侵权的判定不以侵权行为人的主观心态作为判定行为成立的要件，即无论主观上是否存在故意或过失，只要行为成立，直接侵权就应被判定。美国法上的间接侵权判定要件则与之不同。综合《美国专利法》第 271 条（b）、（c）、（f）3 款规定，该主观要件包括“主动引诱”（actively induce）、“知道”（knowing）、“希望”（intending），共同反映了一个主观要旨：侵权行为人对侵权的发生存在一种故意或过失。

引诱侵权中行为人体现的是一种故意的主观心态。actively 本身就包括“主动、积极”的意思。这种积极主动心态的存在是以知道有合法专利的存在为依据的，且知道其行为将导致或促使直接侵权的产生，但直接侵权是否成立不影响对此种主观心态的判断。引诱侵权的范围包括事实上引起、怂恿、鼓励他人侵犯专利权的行为。因此，引诱的故意体现在这几种行为表现上。

第 271 条（c）款规定，构成辅助侵权行为的主观要件是行为人“知道”（knowing）其许诺销售、销售、进口的产品是专门用于专利侵权使用。按照相关司法判例的解释，这里的“知道”不仅指“事实上实际知道”，也包括“可推定知道”。[1] 例如，专利权人以侵权警告函的方式告知辅助侵权人要求其停止侵权，那么不论侵权行为人是否实际获知，都应当视为“知道”。既然“知道”其所提供的物品专门用于专利侵权使用，那么其辅助他人直接侵权的“意图和希望”则非常之明显。这种“知道”最

[1] 也有学者认为，《美国专利法》第 271 条（c）款规定的“知道”为“实际知道”，不包括“应当知道”。见尹新天：《专利权的保护》，知识产权出版社 2005 年版，第 519 页。

客观的表现就是行为人提供的产品专门用于实施专利，且该产品不是普通物品，不具有实质性非侵权用途。对“知道”这一主观要件的存在与否的举证，往往可以通过对产品的性质分析进行推论。

根据第 271 条（c）款的措辞，“知道”作为主观的构成要件应当包含以下内容：被控侵权人知道有合法专利的存在；被控侵权人知道其所提供的产品仅可用于实施该专利。关于第二点的举证是相对较为困难的，因为产品的用途一般而言，从理论上讲不可能只有一种商业用途。因此美国法院多采用以下几种举证的技巧以达到证明的目的：（1）举证倒置。专利权人指控辅助侵权人侵权，辅助侵权人承担举证责任，证明其所提供的产品有实质性的非侵权用途，从而证明没有侵权的故意。（2）故意推定。这实质上是举证责任倒置的法律效果，只要被控侵权人举证失败，法院就可以推定被指控的侵权人有侵权故意。这种举证责任的分配应该说是非常合理的。举证责任在被指控人，只要其能够证明任何一种客观存在的非侵权用途就能推翻辅助侵权的指控，如果举证责任在专利权人，那么他必须证明被控人的产品没有任何非侵权用途。举证一种用途与举证无限多种用途，两者相比较，前者在技术上和司法实践中更容易实行，更能体现诉讼的效益性。❶

2. 日本有关专利间接侵权的规定

《日本专利法》以“视为侵犯专利权或者侵犯独占许可”的用词界定了间接侵权。

《日本专利法》第 101 条规定，下列行为被视为侵犯专利权或者侵犯独占许可：

（1）对于产品专利来说，在商业过程中制造、出让、租借、为了出让或租借目的而出示或者进口仅仅只能用于实施该产品专

❶ 康添雄：“美国专利间接侵权研究”，载《专利法笔谈》2006 年第 6 期。

利的物品。

（2）对于方法专利来说，在商业过程中制造、出让、租借、为了出让或租借目的而出示或者进口仅仅只能用于实施该方法专利的物品。

日本专利法将构成间接侵权行为所提供的产品严格限制为“只能用于实施专利的物品”（专用品）。日本专利法对行为客体作出这样严格的限制，其目的是为了对间接侵权行为的判定简明易行，而不需要进行复杂的判断。然而，这样规定的致命缺点也是显而易见的，因为某种物品仅仅只能实现一种特定的专利技术而没有其他用途的情况是相当罕见的。作为被控侵权的被告，举证证明其所提供物品“还具有其他用途”来进行侵权抗辩又是轻而易举的。这样一来，不仅实际上大大缩小了间接侵权的范围，而且也加大了认定间接侵权的难度。

日本在司法实践中也在不断地吸收欧美的经验，日本大阪法院在 1979 年 2 月对一个关于装饰板安装方法专利的判决中，对物品的“其他用途”进行了限制。判决指出，在讨论有关物品的“其他用途”时，仅仅举出物品的实验性用途或者临时性用途是不充分的，它必须是一种从商业角度来看具有实用价值的用途，这种用途应当具有被人们所承认的通用性。

在行为方式上，日本专利法大大扩展了构成间接侵权行为的行为方式，不仅包括“销售、许诺销售、进口”行为，还包括“制造”行为，并且列举了“出让、租借”等提供方式，甚至把“为了出让或租借目的”的“出示”行为也纳入其中。这主要是由于行为客体仅限于“仅仅只能用于实施专利技术的物品”。

这表明，在日本，如果被控侵权人提供的物品是一种具有任何其他实际用途的物品，则不构成间接侵权行为。该规定的目的在于确保被认定的间接侵权行为与直接侵权行为之间有一种十分密切的因果关系。[1] 既然所涉及的物品只能用于实施专利，那么无论什么样的行为，只要没有得到专利权人的授权或许可，行为人故意导致专利直接侵权行为发生的主观意图便“昭然若揭”。

在主观意志方面，由于日本间接侵权的客体是“专用品”，因而只要没有得到专利权人的许可，提供该物品的人的意图是显而易见的，不必对行为人的主观过错作出规定，可直接认定行为人构成间接侵权。[2]

在处理间接侵权与直接侵权的关系方面，日本专利法认定专利间接侵权应以专利直接侵权行为的存在为前提条件。

3. 欧洲有关专利间接侵权的做法

《欧共体专利公约》第 26 条的标题就是“禁止对发明的间接利用”，其内容为：

（1）欧共体专利赋予其专利权人以下的权利，即禁止任何第三人未经许可而在各成员领土范围内向无权利用该发明专利的人提供或者许诺提供与专利发明的实质性特征有关的产品，用于实施该发明专利，其条件是所述第三人明知或者实际情况表明明显应知这样的产品适合用于并且本意就在于用于实施该专利发明。

（2）如果上述的产品是一种常用的商品，则不属于（1）中所规定的情况，除非是第三人诱导被提供者作出该公约第 25 条规定的行为。[3]

以上规定的行为在欧洲被称为间接侵权行为。[4] 根据《欧共体专利公约》的规定，提供常用商品构成间接侵权行为，其条件

[1] 尹新天：《专利权的保护》，知识产权出版社 2005 年版，第 522 页。

[2] 张成龙：“专利间接侵权国际立法比较”，载《江西社会科学》2000 年第 6 期。

[3] 《欧共体专利公约》第 25 条规定了直接侵犯专利权的行为，与我国《专利法》第 11 条的规定相似。

[4] 尹新天：《专利权的保护》，知识产权出版社 2005 年版，第 525 页。

除了满足该公约第26条（1）款规定的所有条件以外，还要满足其他两项条件：第一，必须证明有直接的侵权行为发生；第二，必须要证明行为人不仅“知道”或者“明显应当知道”其提供的产品的性质与用途，而且需要证明行为人有“诱导”直接侵权行为发生的意图。另外，欧洲专利法将所谓的“常用商品”作了具有比较狭窄含义的解释。一方面，将常用商品限定在一个很小的范围内；另一方面，规定即使是常用商品，在某些情况下仍然有认定构成间接侵权行为的可能性，从而使得在欧洲能够豁免间接侵权责任的产品范围比美国更窄。

从上述规定可以看出，欧洲所说的间接侵权与美国所称的间接侵权有比较明显的不同。欧洲将间接侵权行为视为一种单独侵权行为，而不是如同美国那样将间接侵权行为认定为促使直接侵权行为发生的行为，这一点从《欧共体专利公约》第26条的标题就可以看出来。欧洲认为，尽管间接侵权行为人所提供的产品并不是专利产品，但正是因为有专利产品或专利方法的存在，才使其提供的产品有市场需求，间接侵权行为人从其提供有关产品的行为中获利就是间接利用了专利发明，因而将其称为“对发明的间接利用”。

将间接侵权行为视为一种单独的侵犯专利权的观点导致了《欧共体专利公约》关于间接侵权的规定与美国专利法相比有一系列不同的特点。其中，最明显的区别就在于，《欧共体专利公约》没有将直接侵权行为的发生作为构成间接侵权行为的先决条件。其次，《美国专利法》第271条（c）的规定明确排除了提供常用商业的行为构成间接侵权的可能性，而《欧共体专利公约》第26条的规定将提供或者许诺提供常用商品的行为也纳入了可能构成间接侵权的范围，其条件是行为人诱导被提供者作出直接侵犯专利权的行为。

同时，《欧共体专利公约》采取了另外的限定性条件来控制有可能被认定为间接侵权行为的范围，以维持正常的社会和经济秩序。这一限制性条件就是规定被控侵权人提供或者许诺提供的产品应当与专利发明的实质性特征相关（relating to an essential element of that invention）。所谓“essential element”包含了被控侵权人提供或者许诺提供的产品应当在专利技术中占有突出的重要地位，而不能是任何细小的、占据次要地位的零部件的含义。这样，对比起来，我们可以看出，在美国和日本，构成间接侵权的行为可以是专利技术的核心部分，也可以是不甚重要的辅助部分，但是该产品必须除了用于实施专利技术之外没有别的用途，而且必须有直接侵权行为存在（是否一定发生在所不问）；在欧洲，并不限定间接侵权行为的产品除了用于实施专利技术之外没有别的用途，也不要求必须有直接侵权行为存在，但是却要求该产品必须是与发明核心部分相关的产品。❶

《德国专利法》第10条规定：

“（1）专利权的效力还在于，禁止任何第三人未经专利权人的许可，在本法有效的地域范围内，向无权使用发明专利的人提供涉及发明专利基本要素的手段，致使后者在本法有效地域范围内销售或供应本发明专利，如果该第三人知道或者显然应当知道所述的手段适于并且专门用于实施发明专利的话。

（2）本条第1款不适用于可在市场上购得的普通商品，除非第三人故意诱使买主进行第1款所述的行为。

（3）本条第1款和第2款所称的行为人不包括第1款意义上的有权实施专利发明的人。”

从此条规定中可以看出，德国法上的专利间接侵权行为是指未经专利权人许可，向他人提供涉及发明专利基本要素（但可在市场上购得的普通商品除外）的行为。这里的“涉及发明专利基本要素”既可理解为专利产品的关键组成部分，也可理解为专利方法中的主要材料或设备，还可理解为有关的专利技术。间接

❶ 尹新天：《专利权的保护》，知识产权出版社2005年版，第528页。

侵权行为要有直接侵权行为的存在；间接侵权人有主观故意；间接侵权行为在该法有效的地域范围内发生。

《英国专利法》第60条之（2）规定：在专利的有效期内，任何第三人未经专利权人的同意，在联合王国向不属于被许可人或者无权实施发明专利的人，提供或表示者应知所提供的关键组成部分适于该发明在联合王国实施，则同样属于侵犯了该发明的专利权。

第60条之（3）规定：上述第2款不适用于供应或表示提供一种必需商品，除非此项供应的目的就是导致接受供应的人或导致接受推荐的人去做第1款中属于侵害该专利的事。

在这一规定中，间接侵权人所提供的是“有关发明的关键组成部分”，这一概念比德国法上的相应概念（涉及发明专利基本要素）要窄一些，它至少要排除那些没有写入权利要求书的部分；间接侵权行为不仅指那些确实提供了有关发明的关键组成部分而使发明得以实施的行为，而且包括愿意提供有关发明的关键组成部分而使发明可能实施的行为。

4. 我国有关专利间接侵权的规定

我国《专利法》没有关于间接侵权行为的明文规定，实践中，法院以共同侵权理论来处理相关纠纷。《民法通则》第130条和《民法通则意见》第148条是判定专利间接侵权行为和追究间接侵权人侵权责任的主要依据。

1992年，国家科委发布了《中国知识产权制度》蓝皮书，该蓝皮书概括了专利间接侵权行为的特征：“行为人有教唆和帮助他人侵权的主观故意，客观上为侵权行为的发生提供了必要条件，并且从其行为中获取一定数额的利益。”[1] 蓝皮书列举了在

---

[1] 中国科学技术蓝皮书第7号，《中国知识产权制度》（1992年），转引自吴玉和：“专利间接侵权行为构成要件分析研究”，见程永顺主编：《专利侵权判定实务》，法律出版社2002年版，第247页。

实践中遇到的主要专利间接侵权行为，包括：（1）故意制造、销售只能用于专利产品的关键部件；（2）未经专利权人的授权或委托，擅自许可他人实施专利技术；（3）专利实施许可合同的被许可方，违反合同中“不许转让”的约定，擅自许可第三人实施该项专利技术；（4）专利权共有人未经其他共有人同意而许可他人实施专利；（5）技术服务合同的受托方在为委托方解决特定的技术问题时，未经专利权人许可而利用了其专利技术。

北京市高级人民法院在总结多年审判经验并广泛征求专家意见的基础上，于2001年9月29日颁发了《专利侵权判定若干问题的意见（试行）》（京高法发［2001］229号）（以下简称《意见》）。《意见》第73～80条对间接侵权作出了详尽的规定。这是我国长期理论实践的一个成果，然而《意见》关于间接侵权的规定还是过于保守，许多方面还有待完善，体现在以下几个方面。

在基本概念方面，《意见》第73条给专利间接侵权下了一个描述性的定义。在行为客体方面，《意见》第74条规定客体仅限于“专用品”，并对什么是“专用品”进行了说明。在行为方式方面，《意见》第75条分别进行了列举，包括提供、销售和进口。在主观过错方面，《意见》第76条、第77条作了规定，采取了故意主义原则，要求“间接侵权人在主观上应当有诱导、怂恿、教唆他人直接侵犯他人专利权的故意”。

在与直接侵权关系方面，《意见》第78条规定了在原则上“间接侵权一般应以直接侵权的发生为前提条件，没有直接侵权行为发生的情况下，不存在间接侵权”。同时，《意见》第79条和第80条列举了几种不存在直接侵权行为但仍构成间接侵权的例外情况。

此外，最高人民法院《关于审理专利侵权纠纷案件若干问题的规定》也规定了间接侵权行为。该规定虽未直接采用类似表述，但实质内容相同。如第37条规定："专利共同侵权中，实施专利的侵权人为直接侵权人，其他共同侵权人为协助侵权人。被侵权人在起诉时难以发现直接侵权人或者难以直接向直接侵权人主张权利的，可以向人民法院起诉直接追究协助侵权人的责任。"

二、各国法律对于间接侵权规定的评述

世界各国专利法对专利间接侵权制度都作了详尽的规定，将其进行对比分析，可以看出它们之间有很多共同点，也有一些差别。

1. 在行为方式方面

美国专利法规定，构成间接侵权的行为方式是提供、出售、组装或者进口等；而日本专利法在强调制造行为方式的同时，规定了出让、租借以及为了出让或租借目的而出口或者进口等行为。欧盟、英国和德国等国家和地区规定，构成专利间接侵权行为的提供行为是指"销售、许诺销售、进口"等行为，不包括制造行为。

2. 间接侵权的存在是否需要以直接侵权行为为前提

在各国专利法中，除日本的专利法规定间接侵权具有独立性，不需要以直接侵权行为为前提以外，一般来说，专利的间接侵权行为的认定，都要以直接侵权行为的发生为条件。其中，英国有一处较为特殊，在间接侵权行为人许诺销售有关发明的关键组成部分而使发明可能实施时，可不需直接侵权行为的发生作为认定专利间接侵权行为的条件，这也是和许诺销售本身的特点有关。但在大多数情况下，英国法上的专利间接侵权行为还是需要以直接侵权行为的发生为条件。

3. 在间接侵权行为人主观上是否存在过错方面

除了日本专利法对间接侵权没有从过错方面进行限制，只侧重于对行为违法性的客观判断以外，其余国家的专利法都规定间接侵权行为人主观上要存在过错，即行为人必须"明知或者根据

情况明显应知这样的产品适合于并且本意就在于用于实施专利发明”，也就是规定只有行为人具备主观故意或重大过失，才能构成专利间接侵权行为。即使是在专利的直接侵权行为适用严格责任的美国，其专利间接侵权行为人也往往是在“明知”的情况下才承担责任。显然，大部分的国家都把主观故意作为间接侵权行为的一个构成要件，而美国也只有在特定的情况下才不以主观故意作为间接侵权行为的构成要件。

4. 间接侵权行为的行为客体方面

从各国规定来看，间接侵权行为的客体必须是一种“专用品”，此专用品仅限于该专利所用。对于产品专利，客体一般是指只能用于专利产品的关键部分，是专门用于该产品专利；对于方法专利，客体是指用来实施该方法专利的设备或材料，且只能是专用于该方法的。由此可见，日本专利法规定只有对“只能用于制造专利产品的物品”或“只能用于实施方法专利的产品”作出某种行为，才可能构成专利间接侵权。美国专利法将构成间接侵权行为的标的物（提供的零部件或设施）限定为不是“一种常用商品或者具有实质性非侵权用途的商品”；这就比日本专利法所限定的“仅仅只能用于制造专利产品或者仅仅只能用于实施专利方法的物品”要宽泛，意味着同样的行为在美国被认定为间接侵权的概率比在日本高。[1] 欧美关于间接侵权的规定都将“常用商品”排除在外，所排除的“常用商品”的范围要比日本所排除的“具有任何其他用途的物品”狭窄得多，因而构成间接侵权行为的概率也就增大了，这对保护专利权有利。另外，美国、日本规定的专利间接侵权行为只包括提供相关物品的行为，英国和德国规定专利间接侵权行为还包括提供相关方法、步骤的行为。美国、英国和德国都把“常用商品”的提供无条件地排

[1] 王兵：“专利间接侵权问题”，见国家知识产权局条法司：《专利法与专利法实施细则第三次修改专题研究报告（第三卷）》，知识产权出版社2006年版，第1706页。

除在专利间接侵权行为之外，所谓“有条件”是指如果提供者有意诱导他人直接实施专利技术，则提供常用商品也构成专利间接侵权。

5. 有关专利间接侵权行为类型方面

美国和欧盟都将专利间接侵权行为限于销售或许诺销售（提供或许诺提供)、进口特定产品的行为。而日本规定“制造、销售、出租、进口、许诺销售或许诺出租”“专门用于制造专利产品或实施专利方法的物品”构成专利间接侵权，其行为类型远比欧盟宽泛。虽然日本将特定产品的制造和进口行为规定为间接侵权，但这种立法将导致专利权人权利扩展到非专利产品上，一方面违背了确定专利权范围的基本准则，另一方面，也与反垄断法相冲突。

6. 有关转让行为的规定

美国专利法将任何主动诱导侵犯专利权的行为都作为间接侵权行为对待，这就说明未经专利权人许可的转让等行为可能被认定为间接侵权行为。而日本专利法对间接侵权行为有比较明确的界定，按其规定转让行为不属于间接侵权。

7. 关于间接侵权与直接侵权的关系方面的特殊规定

在大多数情况下，只有发生了直接侵犯专利权的行为，才谈得上间接侵权。同时，美国和欧盟分别规定了一种例外。《美国专利法》第 271 条（f）（2）规定，如果有人从国内提供用于实施美国专利所需的全部或部分部件，在境外将它们组装起来，形成专利产品或实施专利方法，假如上述在境外进行的行为发生在境内就会构成直接侵权行为的话，那么提供所述部件的行为就构成了间接侵权行为。在这种情况下，虽然有实施专利技术的行为存在，但是该行为发生在专利权有效地域范围之外，因此直接侵权行为并不存在。该规定是美国在 1984 年增加的，此条款突破了专利地域性限制，将专利保护的领域延伸到境外。

第四节　专利间接侵权行为的主要类型

从以上分析可知，专利间接侵权行为的成立不仅需要满足直接侵权行为的一般构成要件，而且必须具备特别的要件，由此决定了专利间接侵权行为的类型也有着自己的特殊性。

美国专利法上的间接侵权存在两种主要的类型：引诱侵权和辅助侵权。[1]引诱侵权一般来讲是积极引诱和教唆他人侵犯专利权，并不具体指向某一种产品，条款的规定也并不要求行为客体必须具备与发明专利相关的实质性特征。因此，引诱侵权的构成注重于行为人的引诱和教唆行为，甚至其所提供的物品仅仅是普通商品或常用物都有可能构成引诱侵权。如果提供的是专利产品的重要组成部件或实施专利方法的重要原料和设备，那么将构成辅助侵权。

相对于引诱侵权而言，辅助侵权行为模式所涵盖的非专利产品的范围是非常具体和明确的。只有当侵权行为指向这部分客体时方可构成辅助侵权。辅助侵权规定的“实质性”理解应作如此的延伸，即被控侵权人举证的非侵权用途必须符合经济效益原则，必须是切实可行的，甚至必须是可以大批量生产的而不能是事后任意杜撰、虚假的和不符合经济要求的。[2]《美国专利法》第271条用排除法和否定式命题的方式确定辅助侵权非专利产品的范围同时，司法判例对所排除的范围进行精确解释，实际上是对辅助侵权行为非专利产品范围的严格限定，构建了间接侵权客体范围的完整法律体系。

根据《美国专利法》第271条（b）、（c）两款的规定，间

---

[1] Kendall Co. v. Progressive Med. Tech., Inc., 85 F. 3d 1570, 1573, 38 USPQ2d 1917, 1920 (Fed. Cir. 1996).

[2] 尹新天：《专利权的保护》，知识产权出版社2005年版，第521页。

接侵权分为两种具体的表现形式。

第一种模式是许诺销售、销售或进口专利产品的零部件、组成成分，或用于实施专利方法的原材料和设备。如果这些零部件、组成成分、原材料和设备构成发明的重要部分，且行为人知道这些物品是为了专利侵权使用而专门制造或改造的，同时这些物品不是普通物品或适于实质性非侵权之用的普通商品，这种间接侵权将构成“辅助侵权”。

第二种模式是积极引诱侵权和教唆他人侵犯专利权，构成“引诱侵权”。[1] 事实上，“辅助侵权”与“引诱侵权”这两种行为模式并非截然分开而成非此即彼的关系，两者之间存在着一个行为交集，产生了两种衍生的侵权行为模式。第一种衍生模式，向美国或者从美国提供或者导致提供一项专利发明的全部部件或基本部件，尽管这些部件尚未被组装起来或者尚未被完全组装起来，假如这样的组装行为发生在美国境内就会构成专利侵权行为；第二种洐生模式，向美国或从美国提供或者导致提供专门供实施一项专利用的部件，这样的部件不是常用的商品或者不是适于实质性非侵权之用的商品，尽管这样的部件尚未被组装起来或者尚未被完全组装起来，但是该行为人明知这样的部件是专门用于实施专利的，并希望它们在美国境外被组装起来，假如这样的组装行为发生在美国就会构成专利侵权行为。可见，美国专利间接侵权行为存在着种属关系，法条规定分工非常明确，形成非常明晰的法权模式。

根据《欧共体专利公约》的规定，专利间接侵权以辅助侵权为主，以引诱侵权为辅，即故意向无权实施专利者提供或许诺提供与该发明的实质性特征相关的产品之行为构成间接侵权，提

[1] 张玉敏：“专利间接侵权问题”，见国家知识产权局条法司：《专利法与专利法实施细则第三次修改专题研究报告（第三卷）》，知识产权出版社 2006 年版，第 1165 页。

供常用商品时只有在诱导产品接受方实施直接侵权行为时才成立间接侵权。日本、韩国没有区分辅助侵权和引诱侵权，将专利间接侵权限于只能用于制造专利产品或实施方法专利的部件或产品，但构成间接侵权的行为除了销售或许诺销售外，还包括制造、进口等行为。

虽然各国对于专利间接侵权的规定不尽相同，但可以概括地说，间接侵权是指行为人的实施行为并未直接侵犯他人的专利权，其侵权产品并未全面覆盖专利权人的所有技术特征，因此不构成专利直接侵权行为。但为了防止专利保护的落空，法律将专利的保护范围从专利产品或方法，有限度地延伸到了专利范围之外的领域，[1] 以使对权利人的保护延伸到可能造成权利人独占权的阻碍等方面：从总体来看，各国将间接侵权行为限定为销售、提供某种“产品”或“物品”的行为，并不包括除此之外的其他教唆、帮助行为。因此，专利间接侵权行为具有的含义是指狭义范围上的侵权行为。

第五节　我国专利间接侵权制度的设计

间接侵权是专利法中最棘手的问题之一。这是因为一方面它需要给专利权人提供充分的法律保护；另一方面又要防止出现专利权保护过度，以至于不适当地限制他人正常的生产经营活动。

如何确定专利权保护的平衡点并不是一件容易的事情。从1871 年美国法院判决第一例相关判例后，专利间接侵权制度已经逐渐得到美国司法界和理论界的承认和接受。从 20 世纪 80 年代起，专利间接侵权制度又逐渐为欧盟、日本、韩国等国家和地

[1] 张玉敏：“专利间接侵权问题”，见国家知识产权局条法司：《专利法与专利法实施细则第三次修改专题研究报告（第三卷）》，知识产权出版社 2006 年版，第1169 页。

区所认可。

虽然我国没有专利间接侵权之法律规定，但我国的司法实践已走在了立法之前。早在1993年审理的太原重型机器厂诉太原电子系统工程公司等专利侵权纠纷中，就涉及了专利间接侵权问题。

早在《专利法》第一次修订之后、第二次修订之前就有专家、学者提出，应当在下一次《专利法》的修订中增加有关间接侵权的规定。[1] 而国家知识产权局向国务院提交的修改草案建议稿中也写入了禁止间接侵权的条款。经国务院审议，在报全国人大常委会的《专利法》修改草案中删除了该建议，理由主要是TRIPs协议中没有关于专利间接侵权的规定，我国《专利法》不宜提供超出TRIPs协议标准的保护力度。为了统一处理专利间接侵权案例的认识，北京市高级人民法院在总结十几年专利司法实践经验的基础上，在2001年通过了《专利侵权判定若干问题的意见（试行）》，其中专门规定了专利间接侵权问题。最高人民法院酝酿中的《关于审理专利侵权纠纷案件若干问题的规定》，也注意到了专利间接侵权问题。

虽然，我国法律、法规及司法解释中对间接侵犯专利权都没有非常清晰的规定，但实践中，法院和专利管理机关在处理民事争议时，也已经审理和处理了一些间接侵权的案件。[2] 此后，司法实践中又利用间接侵权原理审理了多起专利侵权纠纷。在大多数纠纷中，作为认定间接侵权依据的是《民法通则》第130条关于共同侵权的规定，以及《最高人民法院关于贯彻执行〈中华人民共和国民法通则〉若干问题的意见（试行）》第148条第1

---

[1] 吴观乐：“关于间接侵权——对专利法增补间接侵权条款的建议”，载《中国专利与商标》1997年第2期。

[2] 程永顺：“专利间接侵权问题”，见国家知识产权局条法司：《专利法与专利法实施细则第三次修改专题研究报告（第三卷）》，知识产权出版社2006年版，第1651页。

款的规定。[1]

一、设立专利间接侵权制度的可行性分析

对于我国法律中关于共同侵权的规定是否足以用来应付间接侵权，间接侵权与共同侵权的关系等问题，存在不同的看法，主要分两大类。

有观点认为，没有专门关于间接侵犯专利权的规定给司法审判带来了困难，为充分保护专利权人的利益，法院作出共同侵权的认定仅仅是没有办法的权宜之计。在一些情况下，称做共同侵权是有些勉强。[2]进一步地，有学者认为我国现行的共同侵权制度不足以涵盖知识产权侵权理论中的全部内涵。还有学者认为，由于混淆了“tort”与“infringement”的区别，造成在知识产权领域追究侵权责任时，一味要求“过错”要件。建议在修订现有知识产权法时，全面考虑知识产权侵权的特点，平衡各方当事人的利益和执法实践中的可能性，参考国外已有的成例，分别针对直接侵权、共同侵权、间接侵权的不同情况，规定无过错责任及过错责任原则的适用场合，而不是“一刀切”地否认前者或后者。[3]

相反的意见是根据现有的关于共同侵权的规定就可以认定间接侵权，原因在于间接侵犯专利权所涵盖的具体侵权行为，几乎能被我国侵权行为法理论中的共同侵权和共同危险所涵盖。因此，没有必要在专利法中增加专利间接侵权的规定。[4]

那么，我国是否有必要设立专利间接侵权制度？共同侵权理论是否真能覆盖专利间接侵权理论？专利间接侵权制度与共同侵权理论之间存在什么样的关系？目前，在我国第三次修改《专利

---

[1][2] 张玉敏：“专利间接侵权制度三论”，载《学术论坛》2006 年第 1 期。

[3] 尹新天：《专利权的保护》，知识产权出版社 2005 年版，第 510 页。

[4] 邓宏光：“专利间接侵权与共同侵权关系探析”，载《电子知识产权》2005 年第 6 期。

法》的过程中，以上问题再次成为许多学者关注的焦点，这些问题也是本书将要研究的问题。

1. 有关专利间接侵权立法问题的不同观点

对专利间接侵权的立法问题，国内知识产权界存在3种主流观点。

第一种观点是赞成专利间接侵权制度并通过修改专利法纳入这一制度。持此观点的理由是：（1）专利间接侵权具有不可替代的制度功能或规范目的，它可以有效地防止专利权保护落空，是和谐社会和科技创新的需要，是经济全球化趋势和我国开展国际贸易的必然选择；（2）专利间接侵权虽然不是国际条约的强制性要求，但世界发达国家已经采纳，它体现出一国专利保护水平的提高；（3）专利间接侵权行为在社会生活中存在，在司法实践中涉及，法律应该对其规范。[1]

第二种观点是赞成专利间接侵权制度，执行标准交由司法机关掌握。持这种观点的主要是审判实务界人士，他们主张赞同设立专利间接侵权的理由与前面类似，但在是否需要立法问题上存在分歧，其理由是：（1）我国现有的民事法律体系已能涵盖专利间接侵权，因此没有必要再专门立法；（2）司法机关已经开展了专利间接侵权的审判工作，因此，“不一定在专利法上明确，法院已经作出了若干判决”，“司法审判已经有了不少经验，可以运用《民法通则》的解释处理”；（3）目前的主要问题是许多法官和社会公众对专利间接侵权缺乏了解和认识所导致的。

第三种观点是反对建立专利间接侵权制度，认为没有必要立法，应该限制司法介入。其主要理由是：（1）有关知识产权的国际公约并无专利间接侵权的强制规定，我国没有必要实行超保

[1] 王兵：“专利间接侵权问题”，见国家知识产权局条法司：《专利法与专利法实施细则第三次修改专题研究报告（第三卷）》，知识产权出版社2006年版，第1723页。

护政策；（2）专利间接侵权容易被专利权人和法官扩大适用或滥加适用，从而影响社会的正常运行和知识的传播，违背专利制度的初衷；（3）对于无直接侵权行为发生的情形，所谓的间接侵权行为并未影响市场，因此没有必要进行规制；（4）我国司法实践中有关专利间接侵权的案例非常少，因此没有必要花大成本进行立法；（5）对专利间接侵权行为及其构成要件进行合理的界定存在困难。“我们讨论的是这种行为是否要禁止，这是一个价值取向。是由立法禁止还是由司法来禁止，立法禁止是否成熟，如果经验积累不丰富，就划不清楚了”。[1] 不妨留待司法经验积累到一定程度时，再考虑立法问题。

笔者赞同第一种观点，即我国有必要设立专利间接侵权制度。这是由于专利间接侵权制度能够切实和及时地保护专利权人的利益，具有独特的制度价值。

首先，虽然目前的国际公约对专利间接侵权制度未作明确要求，但我国作为世界贸易组织成员和世界贸易大国，理应建立健全专利保护制度，以增加我国的制度竞争力，并有利于实现成为创新型国家的战略目标。

其次，不能以司法实践中专利间接侵权案件少为理由而拒绝接纳该制度，立法应该有一定的前瞻性，而不应事后立法，那样无异于亡羊补牢。

再次，即使我国司法实践积累不够，但国外有成熟的经验可供我们借鉴。虽然专利间接侵权立法有难度，但并不存在立法技术无法解决的障碍，国外既有的立法例已经为我们提供了很好的立法基础。

另外，对于共同侵权理论是否真能覆盖专利间接侵权理论的

---

[1] 王兵：“专利间接侵权问题”，见国家知识产权局条法司：《专利法与专利法实施细则第三次修改专题研究报告（第三卷）》，知识产权出版社 2006 年版，第 1726 页。

问题，笔者的看法是共同侵权理论不足以解决专利间接侵权行为，我国的司法实践和现有的法律体系没有能很好地解决专利间接侵权问题，这可以从很多方面得到佐证。

2. 直接侵权行为理论不能解决间接侵权行为的问题

我国虽然有关于专利侵权的规定，但只是针对直接侵权行为，对于现实生活中发生的间接侵权行为，显然是无能为力的。因为虽然专利直接侵权行为和间接侵权行为都是专利侵权行为的一种表现形式，两者有一定的联系，但同时有很大的差别。其共同点在于两者均未经专利权人许可，以营利为目的实施或者与他人共同实施他人的专利，给他人造成损害，其性质都是违法的，需要承担民事责任。其主要区别在于两种侵权行为在主观方面、表现形式等方面存在差异。

在主观方面，按照各国专利法的规定，对专利直接侵权行为来说，行为人在实施侵权行为时无论主观上是故意还是过失，只要行为人未经许可实施了专利权人的专利技术且无法定抗辩事由均构成直接侵犯专利权。专利间接侵权行为是指行为人没有直接实施专利权人的专利，而是通过提供与专利技术实质性特征相关的非专利产品的方式，促使他人对专利进行直接侵权的侵权行为，同时包括诱导、怂恿、唆使等多种间接行为。这里的“提供、诱导、怂恿”等行为显然只能是故意，而不包括过失。故而构成专利间接侵权的主观状态只能是故意。

在表现形式方面，直接侵权行为可以是制造、销售、使用和进口其专利产品的行为。然而对于间接侵权来说，情况则有所不同。例如美国专利法的规定只包括销售、提供进口行为，这是由间接侵权的性质决定的。间接侵权是指引诱他人直接侵犯专利权或者有意为他人实施专利而提供有关物品，被提供的物品本身并没有得到专利权的保护，因此要构成间接侵权，就必须有引诱或提供或出售的行为。

专利直接侵权行为和间接侵权行为的差异性说明，仅存在专利直接侵权的规定并不能对专利权人进行有效保护，因而有讨论间接侵权原则及行为类型的必要。而且，间接侵权行为的发生对专利权人的利益造成了客观的损害，只有通过法律不断完善专利侵权制度，规制专利间接侵权行为的发生，才有可能确保专利法立法主旨的实现。

3. 专利间接侵权制度与共同侵权之关系

传统民法理论认为，共同侵权行为是指两人或两人以上共同侵权造成他人损害的行为，又分为共同加害行为与共同危险行为。其中共同加害行为与专利间接侵权的概念更为密切。共同加害行为是指两个或两个以上的行为人，基于共同的故意或过失，共同实施加害，致使他人人身或财产受损的行为。共同加害行为的行为人可以是共同实施侵权行为的人，也可以是教唆、帮助人。所谓教唆，是指通过语言或行为，怂恿、利诱他人实施侵权行为。所谓帮助是指通过工具、给予鼓励的方式，从物质或精神上协助他人完成加害行为。帮助行为是侵权行为得以完成的辅助原因，其可以是出于故意，也可以基于过失。[1]

共同侵权并不以行为人在主观上有犯意联络为必要，如在客观上数人之不法行为，均为其所生损害之共同原因，即所谓行为关联共同，已足以成立共同侵权行为。而教唆者和帮助者不仅仅有行为的关联共同，而且存在主观上的故意，当然应当视为共同行为人，如《德国民法典》第830条第2款、《日本民法典》第719条第2款、我国台湾地区“民法典”第185条第2款。这里所谓的教唆者，是指教导和唆使，使他人产生侵权行为之决意者；帮助者即于他人为侵权行为之际，帮助该他人易于实施侵权行为者。教唆者（造意人）与帮助者需于被教唆者及被帮助者因被教唆或帮助而为侵害他之人权利时，使负损害赔偿责任。间接侵权行为从本质上来说属于教唆、怂恿、诱导他人实施专利

[1] 王利明、杨立新：《侵权行为法》，法律出版社1996年版，第256页。

侵权行为，当然属于传统民法中的“共同侵权”。

虽然专利间接侵权理论脱胎于共同侵权，具有共同侵权的某些属性，如存在两个或两个以上的行为主体、主观上存在故意、客观上实施了侵害他人的行为等。但专利间接侵权具有其特殊性，与传统的共同侵权理论存在诸多重大差别。

首先，在行为方面，专利间接侵权主要是指销售或许诺销售只能用于实施他人专利的物品，其他可能导致他人产生直接侵犯专利权决意之行为，如口头的教唆、怂恿，或者销售能够用于专利侵权的普通商品等，均不属于专利间接侵权制度规制之对象。用传统民法共同侵权理论来处理专利间接侵权纠纷，可能会出现在直接侵权行为发生之前，为行为人提供资金、厂房、人员等必要的物质技术条件，以及承诺在直接侵权行为发生之后为行为人制造的侵权产品提供仓储场所、销售渠道、售后服务等行为，统统认定为间接侵权行为，这将出现一旦认定直接侵权行为成立便株连一大批人的结局。这与鼓励市场公平竞争和维护市场活力的专利法立法宗旨相去甚远。

其次，虽然两者在主观方面都是故意，但故意的内容不同。传统民法中所谓的教唆、帮助，要证明主观故意时，只需证明行为人对他人实施专利侵权行为持有希望的态度就足够了。而间接侵权中的故意，需要同时满足行为人明知有合法专利的存在、明知其所提供的产品除用于实施该专利外无实质性用途，而且明知自己产品的收受方将该产品用于实施侵害他人专利权。[1] 间接侵权行为上的故意内容，与传统民法中的故意要件，在举证责任方面和证明的内容方面都存在重大差别。具体而言，在主观状态的举证责任上，共同侵权行为中的教唆和帮助侵权，只需要证明行

[1] 张玉敏：“专利间接侵权问题”，见国家知识产权局条法司：《专利法与专利法实施细则第三次修改专题研究报告（第三卷）》，知识产权出版社2006年版，第1590页。

为人对被教唆者和被帮助者实施侵权行为所持希望的态度。专利间接侵权则需要证明以下几点：被控侵权人知道有合法专利的存在；被控侵权人知道其所提供的产品仅可适用于实施该专利；被控侵权人知道所提供的产品正在做直接侵权使用。[1]

再次，在责任承担方面，传统民法上所谓的教唆和帮助行为，应当与被教唆者和被帮助者承担连带责任，而且有不少学者主张共同侵权的连带责任承担者应当在考虑过错程度的基础上平均分担赔偿额。在专利间接侵权中，作为间接侵权者与专利直接侵权者对专利权人侵权的作用并不相同。例如，如果只有一个直接侵权者而有数个间接侵权者时，让他们之间平均分配赔偿数额，实际上减轻了直接侵权者的责任，加重了间接侵权者的责任。[2] 尤其在间接侵权者仅仅提供价值非常低的侵权专用品时，这种不公平表现得尤为明显。因此，专利间接侵权者仅仅对自己的行为承担责任，并不与直接侵权人一起承担连带责任。

最后，在诉讼程序上，共同侵权行为属于必要的共同诉讼，即使当事人只起诉了部分侵权人，法院也应当依职权追加其他侵权人为诉讼当事人。而在专利间接侵权诉讼中，权利人可以只起诉间接侵权人，直接侵权人不是必须的诉讼参加人。

综上所述，专利间接侵权虽然源于共同侵权理论，但其认定标准、诉讼参与和责任承担上与传统民法上的共同侵权存在很大的不同，为了更清楚地界定哪些行为构成专利间接侵权，避免专利权得不到有效的保护，同时也避免因为适用共同侵权理论导致专利权的无限扩张，我们有必要规定专利间接侵权制度。

4. 现有的法律体系和司法实践不能妥善解决专利间接侵权问题

前已述及，我国现行《专利法》以第 11 条为核心构建了专

---

[1] 程永顺：《专利侵权判定实务》，法律出版社 2003 年版，第 231 页。

[2] 尹新天：《专利权的保护》，知识产权出版社 2005 年版，第 521 页。

利直接侵权制度，对于专利间接侵权未作出规定。

我国《民法通则》第130条规定："二人以上共同侵权造成他人损害的，应当承担连带责任。"最高人民法院《民法通则意见》第148条规定："教唆、帮助他人实施侵权行为的人，为共同侵权人，应当承担连带民事责任。教唆、帮助无民事行为能力人实施侵权行为的人，为侵权人，应当承担民事责任。教唆、帮助限制民事行为能力人实施侵权行为的人，为共同侵权人，应当承担主要民事责任。"这是我国目前关于专利间接侵权的直接法源。

在我国，专利间接侵权行为被解释为一种教唆、帮助他人实施专利直接侵权因而应当承担民事责任的行为。[1] 间接侵权人作为共同被告，承担共同侵权的民事责任。但是，无直接侵权行为时（如直接侵权行为并未发生或发生在国外），如何规制间接侵权行为人的恶意教唆、帮助行为？《民法通则》及最高人民法院司法解释均未提供合适的法律依据。

2001年，北京市高级人民法院向下属中院发布了《专利侵权判定若干问题的意见（试行）》，其中规定了专利间接侵权制度。要点有：

（1）间接侵权人主观上应有诱导、怂恿、教唆他人直接侵犯他人专利权的故意，且为他人直接侵权行为的发生提供了必要的条件；

（2）间接侵权的对象仅限于专用品，而非共用品；

（3）间接侵权一般应以直接侵权的发生为前提条件，不存在没有直接侵权行为发生间接侵权的情况；

（4）依照我国法律认定的直接侵权行为或者可能发生在境外的间接侵权行为人的侵权责任。

[1] 北京市高级人民法院发布的《专利侵权判定若干问题的意见（试行）》第73条。

有学者认为，这里存在几个问题：第一，将直接侵权的发生作为间接侵权成立的必要条件，虽坚持了《民法通则》和最高人民法院司法解释的原则和脉络，但就间接侵权制度本身而言，其范围和效果受到过多的限制，无法对恶意教唆和帮助直接侵权的行为给予法律上的否定性评价和制裁。第二，将间接侵权的对象仅限于专用品，不合理地限制了教唆、帮助行为的表现形式，并且没有对“专用品”提出司法判断标准，影响了司法的稳定性和可预见性。第三，规定无直接侵权行为及损害后果时，在某些情形下追究间接侵权人的责任，突破了我国现有法律框架，扰乱了现有法律体系，属于“法官造法”或“法官违法”行为。第四，该意见不属于具有法律效力的司法解释，并不对公众正式公开。而只为法院内部掌握和遵循，不符合现代法治的原则。❶

综上所述，我国在专利间接侵权方面，无论是法律体系还是司法实践，都存有欠缺。

二、间接侵权制度的初步设计

从理论上看，在专利间接侵权制度的设计方面有两条途径可以走，其一是试图以正在编纂的民法典草案（侵权行为法编）解决，另外一条途径是通过专利法的修改来解决。

1. 由《侵权行为法》解决

1998年，全国人民代表大会常务委员会编制的立法纲要提出了在2010年制定完成民法典的规划。在1998年后的很短时间里，中国出现了数个学者的民法典立法方案。在学术界这种迫切希望民法典尽快出台的精神的鼓舞下，中国最高立法机关也作出了决定，将民法典颁布的规划日期从2010年提前到2005年3

❶ 王兵：“专利间接侵权问题”，见国家知识产权局条法司：《专利法与专利法实施细则第三次修改专题研究报告（第三卷）》，知识产权出版社2006年版，第1722页。

月，并且在2002年编制完成了《中华人民共和国民法（草案）》，提交到了当年10月召开的全国人民代表大会常委会上。但是，这一草案出台后，遭到了学者们的一致批评，立法计划就此搁浅。[1]

《侵权行为法》是继统一《合同法》颁布和《婚姻法》修改后我国基本民事立法的又一进程，它最终将成为未来《民法典》的“侵权行为编”，它将改变和充实现行《民法通则》与最高人民法院司法解释规定的不足。理论上看，在侵权行为法的立法工作还没有完全结束之前，都有机会在侵权行为法内解决专利侵权问题。由此可期望未来《侵权行为法》能够涵盖专利间接侵权行为，司法实践中通过对《侵权行为法》的解释来规范专利间接侵权行为。

与《民法通则》制定时的研究状况相比，侵权行为法有关共同侵权的理论已然发生变化，这些变化完全有可能反映到《侵权行为法》条文中。

（1）从共同故意到共同过错。

在传统的共同侵权构成要件中，共同故意及意思联络不可或缺。但根据现在主流的学说和观点，故意和意思联络已显苛刻，共同过错即可满足共同侵权的要件要求。《中国民法典侵权行为编（学者建议稿）》第13条规定：“二人或者二人以上共同过错致人损害的，为共同侵权行为，共同加害人应承担连带责任。”第14条规定：“教唆、帮助他人实施侵权行为的人为共同侵权人，应当承担连带责任。教唆限制民事行为能力人实施侵权行为的人，为共同侵权人，应当承担主要责任。限制民事行为能力人的法定代理人教唆无民事行为能力人实施侵权行为的，该法定代理人为侵权人，应当承担侵权责任。帮助限制民事行为能力人或

---

[1] 孙宪忠：“中国民法典制定现状及主要问题”，http://www.fatianxia.com/paper_list.

者无民事行为能力人实施侵权行为的人，应当根据帮助行为人的过错，承担适当责任。”❶

如果未来侵权行为法采纳类似条款，则可完全囊括主观故意的专利间接侵权行为。但是，如果以如此条款来处理专利间接侵权行为，则有可能将行为人的过失行为也作为专利间接侵权行为对待，这无疑就扩大了间接侵权行为的范围。如前所述，发达国家基本以主观上的“故意”作为间接侵权的主观要件，以免对社会生活秩序、知识传播和技术创新产生负面影响，对此我们不能不予以考虑。

（2）从实际损害到损害危险。

在间接侵权领域，损害后果通常就是直接侵权行为的发生；但在特殊场合下，如直接侵权可能发生存在例外的情形，则不要求有实际的直接侵权行为发生。传统侵权行为四要件理论要求有损害后果发生，没有损害后果，就无法触发侵权救济程序。而依据目前主流的侵权行为理论，即使没有损害后果，当有发生损害的现实危险存在时，权利人即可得到法律救济。损害后果已不是侵权行为成立的要件，而是侵权责任范围成立的要件。

中国人民大学民商事法律科学研究中心草拟的《中国民法典侵权行为编（学者建议稿）》第31条规定了即发侵权的避免。❷对于无直接侵权发生的间接授权行为，专利权人完全可据此条款要求行为人停止侵权行为。但是，适用该款同样有不适当地扩大适用的可能，易造成专利权人滥用其专利权。

需要补充的是，即使《侵权行为法》仍要求损害结果要件，

---

❶　王兵：“专利间接侵权问题”，见国家知识产权局条法司：《专利法与专利法实施细则第三次修改专题研究报告（第三卷）》，知识产权出版社2006年版，第1725页。

❷　王利明：《中国民法典学者建议稿及立法理由（侵权行为编）》，法律出版社2005年版，第28页。即“损害尚未发生，但已经使他人人身、财产受到现实威胁的，受到威胁的人可以请求行为人停止侵害、消除危险”。

专利权人仍可以通过未来民法典可能采纳的“绝对权请求权”理论来保护其专利权。这一理论体系源于《德国民法典》，后被日本、我国台湾地区等采纳，并已体现在我国的民法草案中，[1]中国民法典立法研究课题组（中国社会科学院负责）提出的《中国民法典（草案建议稿）》第261条规定了返还请求权，第268条规定了排除妨害请求权，第219条规定了消除危险请求权，第270条规定了损害赔偿请求权。这反映出，请求权理论已为我国理论界和司法机关所接受和采纳，并极有可能体现在未来的民法典中。我国知识产权理论界和司法界也认为，在知识产权侵权行为领域，权利人的知识产权请求权是实际的和切实可行的。[2] 依此，无直接侵权行为发生时，专利权人仍可通过绝对权请求权来请求行为人停止其行为；而当直接侵权行为发生时，专利权人可进而要求专利间接侵权人赔偿其损害。

从理论上，以侵权行为法为代表的未来民事法律体系基本可囊括或解决专利间接侵权问题。但这种方案存在以下缺陷。

首先，侵权行为法民法典等属于专利法的上位法或幕后法，[3] 而专利法属于特别法。作为基本民事法律的侵权行为法或民法典为了能够广泛地适用和包容，在语言措辞上应当以抽象概括为主，不可能对包括专利间接侵权行为在内的各种侵权行为作出详尽规定。这样，在专利间接侵权的司法实践中，就有可能导致专利间接侵权判定的不确定性，并易造成专利权人滥用专利权。

其次，稳定性、体系性和逻辑性是民法典保持长久生命力的

[1] 《物权法》第40、41、42、44条。

[2] 蒋志培：“我国立法和司法确认的知识产权请求权”，载《中国律师》2001年第10期

[3] 王兵：“专利间接侵权问题”，见国家知识产权局条法司：《专利法与专利法实施细则第三次修改专题研究报告（第三卷）》，知识产权出版社2006年版，第1727页。

保障。民法典的体系化就是要将市民社会生活中最基本的规则抽象处理，在民法典中加以规定，并通过这种体现安排使其成为稳定的规则，不因国家某项政策的随意改变而发生变动。[1] 而知识产权制度深受社会文化、经济发展和新技术革命的影响，总是处于不断变更、修订更迭的状态中，不可能由一部相对稳定的、系统化的民法典来规定这样一些频繁变动的法律规则。在这样的背景下，我们不可能期望侵权行为法、物权法与民法典能够一蹴而就，它们将面临艰难的立法考验和较长的立法周期。而于迫切程度较高的专利间接侵权问题，完全可通过立法周期相对较短、立法难度相对较低的特别法来处理。

再次，出于知识产权和专利法的特殊性，已确立专利间接侵权制度的国家多在专利法中作出相关规定。即便是同为大陆法系国家且采用绝对权请求权理论的德国和日本，也是将专利间接侵权制度规定在专利法中，这一做法值得我们思考。此外，我们还应该看到绝对权请求权的不足，绝对权请求权的行使在于排除侵权之虞，恢复绝对权的圆满状态，这决定了其请求权的内容多为排除妨害、停止侵权等，对于侵权人造成的损失，债权请求权有显著的适用优势。

最后，如果将专利间接侵权交由侵权行为法或民法典处理，而专利直接侵权制度仍由专利法规定，则会与当前“专利法 + 民法通则”的状况类似，人为地造成法律体系的混乱，带来法律适用上的复杂与混乱。[2]

基于以上原因，笔者不赞成以侵权行为法来解决专利间接侵权行为问题，专利间接侵权行为只能交给专利法来规制。

---

[1] 王利明：《中国民法典学者建议稿及立法理由（侵权行为编）》，法律出版社2005年版，第11页。

[2] 王兵：“专利间接侵权问题”，见国家知识产权局条法司：《专利法与专利法实施细则第三次修改专题研究报告（第三卷）》，知识产权出版社2006年版，第1727页。

2. 由专利法解决专利间接侵权制度的设想

鉴于以上原因，借鉴其他国家有关专利间接侵权的法律规定，笔者认为，完善我国专利间接侵权制度可以考虑以下几点。

（1）在专利间接侵权类型的选择方面。

有观点认为，从《民法通则》和最高人民法院的司法解释出发，间接侵权行为从性质上讲是共同侵权行为。但是，各国均将间接侵权行为限定为销售、提供某种“产品”或者“物品”的行为，并不包括除此之外的其他教唆、帮助行为，这体现了这些国家在专利间接侵权问题上的审慎态度，我国也没有理由将间接侵权扩大到所有的教唆和帮助行为。还有观点认为，间接侵权是共同侵权的一种，但不是所有的共同侵权行为都存在间接侵权行为。行为人应当同直接侵权行为一起承担共同侵权责任。

笔者认为，从美国、欧盟和日韩几种立法模式来看，它们对专利间接侵权的类型规定不尽相同。在侵权行为类型方面，我国最好采用《欧共体专利公约》的表述方式，将主要功夫放在辅助侵权方面，对提供常用商品的行为可以规定为引诱侵权。❶

（2）专利间接侵权行为的对象方面。

美国对辅助侵权的要件要求最严格，也最科学。我国专利法中对专利间接侵权对象的规定，宜采取美国模式而不宜采取日本模式，将专利间接侵权对象限于“为专利侵权而专门制造或改造”的产品，并将“常用商品或具有实质性非侵权用途的商品”排除在专利间接侵权之列，同时要求该产品应当构成产品专利的实质部分或核心部分。

（3）专利间接侵权的行为方式方面。

有观点认为，在审判实践中遇到的间接侵权行为方式主要有

---

❶ 相似的观点见张玉敏：“专利间接侵权问题”，见国家知识产权局条法司：《专利法与专利法实施细则第三次修改专题研究报告（第三卷）》，知识产权出版社2006年版，第1616页。

以下几种：①制造、出售专门用于专利产品的关键部件或者用于实施专利方法的专用设备和材料。在专利权有效期间，行为人制造、销售只能用于该专利产品的关键部件，具有帮助他人实施直接侵害原有专利权的故意，其行为与专利直接侵权行为有着明显的因果关系。②未经专利权人授权或者委托，擅自转让或再转让权利人的专利技术，以及技术服务合同的受托方擅自使用他人专利技术，使委托方实施侵权技术方案的行为等。此种侵权行为又往往与违约行为的民事责任发生竞合，既构成违约，又构成专利侵权。受让方未经许可实施他人专利技术构成直接侵权，转让方则由于起到教唆、帮助他人实施侵权行为的作用，而构成共同侵权，应当承担连带民事责任。

有些学者还将专利权共有人未经其他共有人同意，擅自许可他人实施该专利技术，或者擅自转让该专利权，或者擅自将该专利权作为股份与他人联营作为间接侵犯专利权行为进行论述。另有观点则认为，未经专利权人授权或许可，委托他人实施专利权人的专利及擅自转让他人专利权的行为也属于间接侵权行为。还有一些文章或教科书以原国家科委 1992 年出版的《中国知识产权制度》蓝皮书为依据，认为间接侵权行为应当包括蓝皮书中所列举的 5 种情况：①故意制造、销售、进口只能用于专利产品的关键部件；②未经专利权人许可，擅自许可他人实施专利技术；③专利许可合同的被许可方违反合同中关于“不得转让”的规定而实施专利技术；④专利权共有人未经其他共有人的同意，而许可第三人实施专利技术构成间接侵犯专利权；⑤技术服务合同的受托方，在为委托方解决特定的技术问题时，未经专利权人许可，而利用了其专利技术。

还有观点认为，间接侵权行为的表现形式主要是制造、销售专利产品的零部件或专门用于实施专利产品的模具，或者用于实施专利方法的机器、设备等，但前提同样是直接侵权行为成立。

北京市高级人民法院制定的关于《专利侵权判定若干问题的

意见（试行）》对间接侵权行为作出了规定，即“对于一项产品专利而言，间接侵权是提供、出售或者进口用于制造该专利产品的原料或者零部件，对一项方法专利而言，间接侵权是提供、出售或者进口用于该专利方法的材料、器件或者专用设备”。

笔者认为，在侵权行为方式方面，应该将间接侵权行为限定为销售、提供某种“产品”或者“物品”的行为，并不包括除此之外的其他教唆、帮助行为；借鉴《欧共体专利公约》第26条第3款之规定；违反不得转让约定或未经许可处置他人专利权的行为应视为无权处分行为，交由民法规制，而不应认定为间接侵权。

（4）关于直接侵权与间接侵权的关系问题。

笔者认为，构成间接侵权必须以直接侵权的发生为前提，但承认在有例外的情况下，可以直接追究间接侵权人的责任。[1] 间接侵权行为相对于直接侵权行为而言是辅助性的，没有直接侵权行为，就没有间接侵权行为，间接侵权行为的成立是以直接侵权行为的发生为前提条件的，即只有当直接侵权行为发生后，才追究间接侵权行为人的侵权责任，否则就破坏了专利侵权判定的一般准则，变成了对专利权的部分保护或者局部保护。但在实践中也不排除一些例外，在《专利法》规定的“不视为侵权”的情况下，在直接行为人是以营利为目的实施专利的个人时可以直接追究间接侵权人的责任。

专利间接侵权行为应当以直接侵权行为之成立为前提条件，但间接侵权行为在诉讼中应独立于直接侵权行为。[2] 我国不宜采纳《美国专利法》第271条第（f）款所规定的专利间接侵权之

---

[1] 有学者认为，我国间接侵权行为应该以直接侵权行为为前提，但不应规定例外情形。张玉敏：“专利间接侵权制度三论”，载《学术论坛》2006年第1期。

[2] 程永顺：“专利间接侵权问题”，见国家知识产权局条法司：《专利法与专利法实施细则第三次修改专题研究报告（第三卷）》，知识产权出版社2006年版，第1653页。

域外效力。

（5）专利间接侵权行为的主观要件。

从各国的规定看，对于间接侵权，只有行为人具有主观过错才需要承担责任，我国也应该采取这一立场。我国实行专利制度的时间较短，国土面积较大，公众的专利保护意识较差，因此，在一般情况下，只有当行为人具有主观故意时，才应承担间接侵权责任。换言之，专利间接侵权行为的主观要件应当是故意。认定行为人主观上存在故意，需要同时满足3个要件：知道有合法专利的存在；知道其所提供的产品仅可用于实施该专利；知道该产品的接受方将它用于实施专利侵权行为。

在对于主观过错应当达到什么样的程度即如何证明的问题上，可以要求专利权人在提起间接侵权诉讼时证明：①被控间接侵权人知道有其专利权存在并且有效；②被控间接侵权人知道其产品的购买者没有获得实施该专利的许可；③被控侵权人知道其所提供的产品是专门用于实施该专利的。❶

（6）间接侵权行为的民事责任承担方式。

多数观点认为，间接侵权行为从其性质上说应当属于共同侵权行为，行为人应当承担的法律责任是连带侵权责任。也有观点认为，间接侵权在主观过错、损害程度等方面往往小于直接侵权，如果让两个侵权人承担连带责任似欠公允，可令直接侵权人和间接侵权人分割承担侵权责任，只是在分割责任无法实现致受害人权利难以主张时（如直接侵权人破产、逃匿等），才适用连带责任原则。

虽然专利法没有规定追究间接侵犯专利权的法律责任，但我国各地法院已经依照《专利法实施细则》《民法通则》及最高人民法院的司法解释作出过一些间接侵犯专利权的判决，从这些案件的审理结果看，多数案件的法官是采取由直接侵权人与间接侵

❶ 尹新天：《专利权的保护》，知识产权出版社2005年版，第520页。

权人承担连带责任的方式。在无法追究直接侵权行为人的情况下，采取了直接追究间接侵权行为人的做法，如北京市高级人民法院《专利侵权判定若干问题的意见（试行）》就规定了这些情形。❶ 程永顺法官在解释该规定时，认为追究间接侵权行为应以直接侵权行为发生为前提。因为间接侵权行为本身并不构成侵犯专利权，如果没有直接侵权行为发生，也追究间接侵权等于承认了部分专利侵权。❷ 但在专利法和相关国际公约中规定了一些对直接侵权行为处理的特殊情况，在这种情况下也可以直接追究间接侵权人的侵权责任；另外，对于直接侵权行为发生或可能发生在境外的，依照我国专利法的规定，这种行为构成侵犯专利权，但是直接侵权行为发生地及被告人均不在中国境内，我国法院无法直接追究这种直接侵犯专利权的行为，为更有效地保护专利权，可以直接追究间接侵权人的侵权责任。最高人民法院《关于审理专利侵权纠纷案件若干问题的规定》虽未直接采用类似表述但实质内容相同，如第 37 条规定："专利共同侵权中，实施专利的侵权人为直接侵权人，其他共同侵权人为协助侵权人。被侵权人在起诉时难以发现直接侵权人或者难以直接向直接侵权人主张权利的，可以向人民法院起诉直接追究协助侵权人的责任。"这里所谓的"难以发现直接侵权人或者难以直接向直接侵权人主张权利"，主要是指直接侵权者是数量众多的终端用户以及直接侵权行为发生在境外的情形。在这种情形下，可以抛开直接侵权行

---

❶ 北京市高级人民法院《专利侵权判定若干问题的意见（试行）》第 79～80 条规定：

第 79 条：发生下列依法对直接侵权行为不予追究或者不视为侵犯专利权的情况，也可以直接追究间接侵权行为人的侵权责任；（1）该行为属于专利法第 63 条所述的、不视为侵犯专利权的行为；（2）该行为属于个人非营利目的的制造、使用专利产品或者使用专利方法的行为。

第 80 条：依照我国法律认定的直接侵权行为发生或者可能发生在境外的，可以直接追究间接侵权行为人的侵权责任。

❷ 张玉敏："专利间接侵权制度三论"，载《学术论坛》2006 年第 1 期。

为而只追究间接侵权行为人的责任。笔者认为，以上规定是可取的。

3. 立法条款的设计

由于《专利法》第 11 条规定了直接侵权行为，考虑到立法与执法的便利，笔者认为可以在第 11 条之后增加一条或一款专门规定专利间接侵权，立法时沿用第 11 条的措词，保证法律思维的一致性。对专利间接侵权的条款内容，可以采取以下方案。

方案一，在第 11 条之后增加一条作为第 12 条：

“第十二条　发明和实用新型专利权被授予后，任何单位或个人未经专利权人许可，诱助他人实施专利权的行为将视为侵犯专利权，即任何人不得在中华人民共和国境内向无权实施该专利的人销售或许诺销售或许诺提供可供实施该专利技术的关键产品；如果该单位或个人明知该产品是专为专利侵权而制造或改造的，应当承担损害赔偿责任。”

本条规定不适用于常用商品或具有实质性非侵权用途的产品，除非提供该产品的单位或个人积极引诱他人实施专利侵权行为。

方案二，在第 11 条之后增加 2 款作为第 3 ~ 4 款：

“第十一条　发明与实用新型专利权被授予后，除本法另有规定的以外，任何单位或者个人未经专利权人许可，都不得实施其专利，即不得为生产经营目的制造、使用、许诺销售、销售、进口其专利产品，或者使用其专利方法以及使用、许诺销售、销售、进口依照该专利方法直接获得的产品。

外观设计专利权被授予后，任何单位或者个人未经专利权人许可，都不得实施其专利，即不得为生产经营目的制造、销售、进口其外观设计专利产品。

任何单位或者个人不得教唆、帮助他人实施前两款的行为。为他人实施前两款行为提供专用品的，视为侵犯专利权。

本款专用品是指仅可用于实施他人产品专利的关键部件或者

方法专利的中间产品，构成实施他人专利技术（产品或方法）的一部分，且无其他用途。是否有其他用途，以行为发生之日该领域普通技术人员的判断为准。”

另外，为了解决民事责任的承担问题，增设第 12 条：

“第十二条　实施本法第 11 条第 3 款行为的，应当承担停止侵害、消除危险的民事责任。行为人存在主观故意和重大过失的，应当承担赔偿责任或与其他共同侵权人一同承担连带赔偿责任。”

值得说明的是，修改专利法不是一项单一的工作，还涉及许多其他问题，如诉讼时效、侵权免责事由以及绝对权请求权与知识产权民事责任的关系问题，在此不作分析。

在本文即将完成之际，我国专利法第三次修改稿已经全国人大通过，即将付诸实施。在这次修改稿中，立法者没有将专利间接侵权制度纳入专利法中，而是沿袭以往的专利侵权制度设计模式，即仍然以条文罗列直接侵权的种种表现形态而不明确指出其归属于直接侵权。这种立法模式是否科学，还有待学者进一步研究。

小　结

现在，我们在已经建构的侵权责任体系之上，运用扩张后的侵权行为法理论，对专利直接侵权行为和间接侵权行为的主要特征进行一次归纳。专利直接侵权行为与专利间接侵权行为之所以被称为专利侵权行为，是因为在这两种侵权行为中，行为人的行为均构成了对专利权人独占实施权的侵犯。在专利直接侵权行为中，行为人自己直接实施了侵犯他人专利权的行为，在专利间接侵权行为中，行为人虽然自身没有直接实施侵犯他人专利权的行为，但其行为造成（诱使）了第三人的行为，而第三人的行为构成了对专利权的侵犯。这里，两种侵权行为所侵犯的“权”

是专利权，其内容是专利权人的独占实施权。因此，只要行为人实施了上述两种形态的行为，就构成了侵犯他人专利权，需要承担至少是停止侵权的民事责任。在这里，行为人的主观恶意不是考虑因素。

在专利侵权行为领域，主要的民事责任形式为停止侵权和赔偿损失，至于不当得利和销毁侵权工具等其他救济手段是否可以作为民事责任，目前还没有一致的看法，本书所构建的适用于专利侵权的责任体系为停止侵权和赔偿损失。在以后的立法中，有必要将消除危险等救济手段规定为知识产权侵权领域的侵权民事责任形式。

与专利侵权领域的民事责任形式相适应，如果行为人在从事上述行为时，主观上有恶意，则符合损害赔偿责任的构成要件，应当赔偿专利权人的损失，可以一并承担停止侵权的责任。

第七章　特殊情形下的侵权行为

狭义上的专利权仅指权利人依法享有的独占实施权，其实质是实施其专利技术的合法垄断权。当一项专利申请获得授权之后，申请人获得了专利权，成为专利权人。同时，与专利权相伴随的，还有专利权人依法享有的标记权。这一权项是由专利权而派生出来的、权利人得以行使其专利技术而获利的财产性权利。实践中，不法行为人不仅可能侵犯专利权人的专利权（独占实施权），还有可能侵犯专利权以外的其他权利（如标记权）或者有侵害专利权的现实可能。由于这些行为并没有构成对他人专利权的实质侵犯，其特征也与专利侵权行为相异，属于广义的侵权行为的范畴。因此，本书将这些情形定义为特殊情形下的侵权行为，具体包括即发侵权、发明专利临时保护期内的侵权行为和专利违法行为。

由于这三类行为均具备侵权行为的某些特征，极易引起混淆。因此，在下面的论述中，本书还将运用前文已建立的专利侵权行为理论对这三种行为的法律性质进行分析，回答为什么这些侵权行为只能属于广义的民法上的侵权行为，而不属于专利侵权行为的原因。

第一节　即发侵权行为

“即发侵权”（Imminent infringement）这一概念来自于大陆法系国家，目前已被多数国家的法律所确认。[1] 即发侵权现象并

[1] 郑成思：《知识产权保护论》，法律出版社 2005 年版，第 41 页。

不是最近几年才出现的新情况，其产生离不开知识产权的蓬勃发展并且主要与知识产权相随相伴，世界贸易组织的框架协议之一TRIPs协议很早就关注到它，并对它给予了积极的规制。❶

近年来，即发侵权现象越来越引起学术界和实务界人士的关注。一方面是由于以著作权、商标权、专利权为主要内容的知识产权的财产性价值日益被人们所认识，针对知识产权的各种侵犯性活动也随之而起，即发侵权也混杂其中。另一方面是因为整个社会权利意识觉醒、民事权利得到前所未有的重视和充实，即发侵权的针对目标也从知识产权扩大到其他合法民事权益，比如公平的商业竞争机会等，❷ 引起了法学学者和社会学学者的双重关注。

对于即发侵权的性质，许多学者感到困惑，由此产生了许多争议。如即发侵权到底是不是侵权行为，即发侵权的性质是什么，即发侵权应当如何纳入现行法律体系加以规制，对即发侵权进行规制的法律依据何在，等等。

在我国，对于即发侵权的性质问题，有4种不同观点。第一种观点认为，即发侵权是指侵权的“实际损害”尚未发生的侵权行为。❸ 据此，即发侵权是侵权行为已发生但实际损害并未造成的侵权行为。第二种观点认为，即发侵权顾名思义只能是尚未实际发生但必定会给权利人造成损害的隐性侵权行为。❹ 第三种观点认为，所谓即发侵权是指正在实施但损害后果尚未显现出来，或者即将实施的侵权行为。❺ 第四种观点认为，即发侵权是

---

❶ Donald S. Chisum, Michael A. Jacobs, *Understanding Intellectual Property Law*, Matthew Bender & Company Incorporated. (1988).

❷ 孙玉：“即发侵权与知识产权保护”，载《人民法院报》2002年1月28日。

❸ 李唯一：“专利法中的即发侵权行为及其法律规制”，载《河南政法管理干部学院学报》2004年第4期。

❹ 张永：“即发侵权问题的探讨”，载《湖南公安高等专科学校学报》2006年第6期。

❺ 符琪：“TRIPs协议中的即发侵权问题”，载《律师世界》2001年第10期。

侵权人正在准备进行侵权，但是其侵犯知识产权的产品尚未进入流通领域，没有对知识产权所有人造成损害的预备行为。

关于即发侵权的构成条件如何，学者的意见也不一致。什么样的情况下，可以认为行为人的行为构成即发侵权？有学者认为，判断构成即发侵权的主要考虑的因素是行为人的主观意图和现实客观条件，但何种情况下，可以认定已经足够构成即发侵权，对此我国法律并未作出规定。[1] 对于这一问题的回答，在司法界同样存在困惑。我们可以从最近的审判案例中，看出司法界在把握即发侵权性质的问题上存在歧义。

学界的统一认识是，虽然即发侵权行为的性质难以把握，但毫无疑问，这一现象（行为）对传统侵权行为理论造成了一定的冲击。其理由是，一方面即发侵权尚没有导致客观损害后果，这在强调损害结果、强调“无损害即无责任”的传统侵权理论看来是不需要救济的；但另一方面，即发侵权对侵害目标的危险性显而易见，在期望获得某种利益的刺激下，行为人为侵犯他人的知识产权提前实施准备性的活动，比如购买原料、准备工具、仓库储存等活动，这些活动若不及时加以制止、任其发展则必然导致对已有权利的侵害，而一旦已有权利受到侵害，权利人遭到的损失可能会难以挽回。因此，法律必须对其进行必要的规制。事实上，对于即发侵权予以制止，在许多国家的知识产权立法中均有规定。这一概念不仅存在于专利侵权行为领域，也广泛地存在于侵犯其他类型的知识产权领域。

上述分歧的关键点在于两点：其一，即发侵权行为的性质究竟属于尚未构成侵权的行为，还是属于已经侵权的行为（在这里，学者没有区分民法意义上的侵权行为与专利法意义上的专利

---

[1] 我国最高人民法院2002年颁布的《关于对诉前停止侵犯专利权行为适用法律问题的若干规定》中的措辞为：专利权人有证据证明他人正在或即将实施侵犯专利权的行为……，但对证据的具体要求未作出规定。

侵权行为）；其二，如果即发侵权不属于侵权行为，对其进行救济的法理何在？

一、行为性质及其构成

即发侵权行为的特殊性在于，虽然其并没有构成对他人知识产权的侵犯，但是可以从行为人的主观意图和客观条件得知，该行为发展的结果必然是侵犯他人专利权。因此，即发侵权行为的性质如何，是我们首先需要回答的一个问题。

1. 即发侵权行为的性质

笔者认为，要回答即发侵权究竟属于已发的侵权行为还是未发的侵权行为这一问题，应该从即发侵权的词源来寻找答案。根据其英文原义，即发侵权是指即将发生的侵权行为。因此，即发侵权只能是尚未发生的侵权行为，而不可能是已经发生的侵权行为，更不属于已发但未造成损害的侵权行为。[1] 既然侵权行为还未发生，自然不存在造成实际损害。在知识产权侵权行为领域和传统侵权行为领域，都可能存在侵权行为尚未发生，损害也未发生的情形。所以，即发侵权的性质不属于侵权行为。在美国联邦上诉法院，虽然法官们对即发侵权的认识已经基本达成一致，认为它是一种还未造成损害事实的行为，只是对专利权人构成了威胁。[2]

TRIPs 协议的相关规定可以为本书的以上理解提供佐证。TRIPs 协议第 50 条（关于临时措施）规定，（要求制止即发侵权的）申请者应当向司法当局提交充分证据，证明其权利正受侵害或者侵权即将发生。再如，我国现行专利法、商标法、著作权法均规定诉前禁令可禁止的行为包括他人正在实施和他人即将实施

[1] Arthur R. Miller & Michael H. Davis, *Intellectual Property Rights, Patents, Trademarks, and Copyright*, West Publishing Co. Second Edition, (1990).

[2] Donald S. Chisum & Michael A. Jacobs, *Understanding Intellectual Property Law*, Matthew Bender & Company Incorporated. (1998).

的侵权行为。[1]

所以，即发侵权并不是真正意义上的侵权行为。在存在即发侵权的情况下，行为人没有实施侵权行为，但侵权人具有明显的侵权的故意。只是由于其处于侵权的预备状态，还没有实施侵权行为，因此不构成侵犯他人的权利。正确理解即发侵权，应当把握以下几点：其一，被制止的是将要发生的侵权行为，即行为人已经为实施实际侵权行为准备了条件，如不制止，将会导致实际损害后果的出现；其二，尚未对权利人造成实际损害，只是对权利人有实际侵害之虞；其三，制止即发侵权行为的措施由司法当局采取，其他机关、组织和个人无权采取。

另外，通过与相关概念的比较，也有助于我们把握即发侵权的特征。

（1）即发侵权与许诺销售。

在认定即发侵权行为时应当特别注意该行为与许诺销售行为之间的关系。二者的区别在于：即发侵权是即将发生的侵权行为，而许诺销售是指明确表明愿意出售一种产品的行为。未经专利权人许可的许诺销售行为虽然在客观上尚未给专利权人直接造成实际损害，但是该行为已经直接侵犯了专利权人的法定权利——许诺销售权。不论其进一步发展的结果如何，许诺销售行为本身就已经成立了一项独立的侵犯专利权行为，专利权人可以得到完整的救济；而即发侵权行为本身并不是侵权行为，只是行为人已经为侵权行为的发生做好了必要的准备，如为制造侵权产品而进行的机器、设备、材料的购买，为使用侵权产品而进行的试制等，这种行为若不制止，其进一步发展的结果必然是侵权行为的发生。

（2）即发侵权与临时禁令。

禁令是英美法系的救济手段。按照禁令的适用期间，可以分

---

[1] 我国《专利法》第61条、《商标法》第57条、《著作权法》第49条。

为诉前禁令、诉中禁令和诉终禁令。[1] 在侵权案件中，禁令的适用与即发侵权有着非常密切的关系。我国专利法规定了诉前的临时措施（诉前临时禁令），其目的在于制止正在发生或即将发生的侵犯专利权行为，因此，对于即发侵权，最为有效的救济措施当属诉前临时措施。但需要注意的是，临时措施的适用具有严格的条件，在提起禁令请求时，权利人不仅要证明自己的专利权即将面临侵害的现实危险，还需在提出申请的15天内向法院提起侵权之诉，如果申请人未及时提起诉讼，禁令将自动解除。因此，临时禁令是对即发侵权进行救济的临时措施。权利人一旦发现有即将侵犯自己的专有权的行为发生，且有足够的证据证明其行为必将造成侵犯专利权，就可以根据法定程序提出申请，要求法院采取及时的措施。TRIPs协议第41条和第50条所指的禁令均可以针对即发的侵权行为。

由于即发侵权的特殊性质以及划分已发与即发界线的困难，在对其认识的过程中，人们经常会出现一些错误的认识。这些错误认识不仅存在于理论界，还存在于司法实践中。目前公开的有关即发侵权的案例，是实务界这种错误认识的最好注脚。

重庆市高级人民法院于2002年出台了《关于诉前停止侵犯知识产权行为的具体实施意见（试行）》（以下简称《实施意见》），对禁令实施的条件和情形作出了规定。根据《实施意见》，临时禁令应当具备的要件是：申请临时禁令只能由知识产权人或利害关系人在起诉前提起，必须是针对正在或即将实施的侵犯知识产权的行为；侵害的客体必须是知识产权；如不依法及时制止该侵权行为，将给权利人造成难以弥补的损失。同时还列举了5种即发侵权的具体表现形式：其一，侵权人的侵权准备工作已经完成，正等待机会实施侵权；其二，以销售为目的持有侵权产品，或以销售为目的发布侵权产品目录；其三，行为人的行

[1] 张广良：《知识产权侵权民事救济》，法律出版社2003年版，第66页。

为曾经被知识产权行政执法机关或人民法院作出过侵权认定、处罚，侵权人的相同行为又处于准备过程中；其四，行政执法机关或人民法院曾经确认行为人实施了侵权行为，虽然暂时中止，但客观条件和主观意图均证明其有可能继续实施侵权的；其五，法律、法规和司法解释规定的即将实施侵犯知识产权的其他行为。

该实施意见有消极的一面，也有积极的一面。消极的一面体现在两点：其一，《实施意见》所列举的五种即发侵权的表现形式中，以销售为目的发布侵权产品目录的行为属于许诺销售行为的一种，其已经跨越了未发的界线，构成了已发侵权行为。这是由于没有深刻把握即发侵权的本质而形成的错误认识；其二将临时禁令的提起范围仅仅限制在侵犯知识产权的行为内，适用面过于狭窄。加之对于知识产权这一体系所涵盖的权利内容至今还没有统一的认识，这样的做法不具有前瞻性。积极的一面是，《实施意见》注意到了知识产权的特殊性（权利客体的无形性），对其的保护已经从侵权行为发生后的事后救济转为预防性的事前救济，这一做法值得称赞。

目前，实务上对于即发侵权的错误认识还存在于对案件性质的认定上。如被学界作为商标即发侵权的典型案例是上海市第一中级人民法院受理的一个商标侵权纠纷案件。在该案中，法院认为，原告与被告同为生产相同产品的企业，被告明知包装桶上刻有原告的商标，还大量地购买，说明其购买的目的就是为了使用这种包装桶销售自己的产品，主观上有明显的过错，被告已经为进一步侵犯原告商标权做好了准备。但是被告还没有使用这种包装桶销售自己的产品，还没有给原告造成损害后果。因此，被告的行为没有侵犯原告的商标权，但鉴于被告的行为没有给原告造成实际的损失，故被告承担停止侵权、赔礼道歉的责任，并给付原告因诉讼而支出的合理费用。

另外，由青岛市中级人民法院知识产权庭审结的凤凰股份有限公司诉山东省日用百货进出口公司商标侵权案也被学者们视为

即发侵权的典型案例。❶

在此案中，原告凤凰股份有限公司为“凤凰牌”注册商标的商标权人，对“凤凰牌”商标，原告共取得三份商标注册证，其中两份注册证中的商标为文字“凤凰”和汉语拼音“FENG HUANG”图案为凤凰的组合商标，核准使用的商品是自行车及自行车零件；另一份商标注册证中，其商标是文字，分别为“凤凰”和英文“PHOENIX”图案，是凤凰的组合商标，核准使用的商品是自行车。1991年9月19日，“凤凰牌”商标被国家工商行政管理局商标局、首届“中国驰名商标”消费者评选活动组委会评为中国驰名商标。1999年10月18日，被告山东省日用百货进出口公司在第86届中国出口商品交易会上与埃及一家公司签订了一份《售货确认书》，双方约定，由被告向埃及公司出售价值39 702美元的“PHOENIX”牌自行车零件。被告业务员和埃及公司代表分别在《售货确认书》上签字。后被告方终止《售货确认书》的履行，该合同未实际履行。原告认为被告的行为侵犯了其注册商标权，于是向法院提起诉讼。法院参照“即发侵权”理论，判决侵权成立。

笔者认为，这两个案件的判断结果存在一些问题。在第一个案件中，法院以是否发生实际的损害事实作为判断侵权行为已发和未发的标准，将损害事实作为侵权行为构成要件的一个因素加以考虑，这种考虑沿用了传统侵权行为理论，混淆了侵权行为的构成和侵权责任的构成两个概念，其实质是对侵权行为概念把握上存在的不足。而第二个案件中，法院却按照即发侵权的理论认定侵权成立，前后存在矛盾之处。在第二个案件中，应该依照的理论不是即发侵权理论而应是专利侵权理论，被告的行为已经构成了许诺销售行为，属于已发的侵权行为。从这些案件的审判结

❶ 王连峰：“WTO中的知识产权协议与中国专利法的修改”，载《郑州大学学报（哲学社会版）》2001年第6期。

果看，虽然法院的判断依据存在问题，表现出审判人员对即发侵权的构成条件还存在模糊认识，但都适用了停止侵权的民事责任形式。由于已发侵权和即发侵权都可以适用停止侵权的民事责任形式加以解决，所以在实践中并没有造成太多问题。

伊莱利公司诉甘李药业有限公司案是实务界中不多的、专利领域内发生的即发侵权案例，案件涉及对方法发明专利权的即发侵权。该案的被告向国家药监局申报了一种药品的注册申请，且已取得了该药品的临床批件，而且在此之前被告已经通过网络宣传其申请的上述药物，而被告申报和宣传的药物落入了原告申请的药品制备方法专利的保护范围内，据此原告以被告的行为在性质上属于“即发侵权和许诺销售侵权行为”为理由向法院起诉。❶

该案经北京市第一中级人民法院审理后，法院认为：依据该案现有证据，原告指控被告侵权的涉案申报药物尚处于药品注册审批阶段，虽然被告甘李公司实施了临床试验和申请生产许可的行为，但其目的是为了满足国家相关部门对于药品注册行政审批的需要，以检验其生产的涉案药品的安全性和有效性，鉴于被告制造涉案药品的行为并非直接以销售为目的，不属于《中华人民共和国专利法》所规定的为生产经营目的实施他人专利的行为；另外，鉴于涉案药品尚处于注册审批阶段，并不具备上市条件，因此，被告网站上的相关宣传内容不属于许诺销售行为，也不构成即发侵权。据此法院驳回了原告的诉讼请求。

由于该案不仅涉及专利权人的专有权的范围，还涉及药品生产的国家特定审批程序，使得判断是否构成侵权变得更为复杂。抛开药品实施的行政审批程序，该案的审判存在一些问题，具体表现为法院在区分许诺销售行为和即发侵权行为时出现了误差。根据法官的推理，被告实施临床试验和申请生产许可的行为仅是

❶ 孙玉：“即发侵权与知识产权保护”，载《人民法院报》2002年1月28日。

为满足国家行政部门的审批需要而不是出于销售的目的，试问，如果被告试制的药品通过了国家行政机关的注册审批，其下一步行为当是如何？如果非为销售目的，被告投入人力、物力和资金进行的试制行为意义何在？在这里，被告欲实施侵权行为的意图是显而易见的，被告所实施的行为都是为最后如愿生产出相关产品，进而通过销售谋利所做的前期预备工作。而且即使被告最终不实施销售行为，只要其实施了制造行为，也将构成对专利权的侵犯。因此，被告的临床试验和申请生产许可的行为构成了即发侵权。另外，对于被告通过网络宣传其申请的药物的行为如何定性，笔者认为，这些行为构成了许诺销售行为，虽然被告目前并无实质的药品可供销售，但是其具有明显的销售受专利保护的产品的主观故意，应该承担包括停止侵权在内的民事责任。鉴于没有发生实际的销售行为，没有造成权利人的实际损失，被告可不承担损害赔偿的民事责任。

可见，将即发侵权与许诺销售行为混淆、以损害事实的是否发生作为是否构成即发侵权的错误认识，在司法界还较为广泛地存在。之所以存在这些错误认识，是由于人们习惯于依照传统侵权行为理论的基本思维，将损害事实与侵权行为的构成相联系起来。实际上，如同前面论述侵权行为定义时所说明的，侵权行为的构成与损害事实和行为人的主观过错无关，只有当需要在行为人与权利人之间进行损害赔偿责任的分配时，才需要考虑损害事实与过错因素。也就是说，在一个侵权行为中，是否发生实际损害并不影响行为的定性，只会影响到具体的责任承担形式。同理，在还没有发生侵权行为的状态下，当然不需要考虑损害事实。

具体到专利侵权行为领域，针对一项有效专利的即发侵权行为并没有构成对权利人专利权的侵犯。但是，既然能够构成即发侵权，行为人必然会从事某些侵权行为的准备工作，这些准备工作有可能对专利权人的其他权利造成侵害。如为制造某种专利产品而制作专用于该专利产品的模具，为销售他人已有知名品牌的商品而进行的制作虚假商标标识的行为，以及为非法复制拥有版权保护的作品而组装生产线等，这些行为虽不构成对权利人专有权的侵害，但其行为已经侵犯了知识产权权利人基于其知识产权而享有的其他财产性利益，属于广义的侵权行为，其应当承担以停止侵权为主的民事责任。

需要留意的是，即发侵权存在于整个知识产权领域，而且有随时发生的潜在性。在传统民事侵权行为领域，似乎没有即发侵权一说，类似的问题由请求权体系予以解决。

另外，在专利领域、商标领域以及著作权等其他知识产权领域，即发侵权的含义是有区别的。在专利领域，即发的侵权行为是与已发的专利侵权行为相对应的，在商标领域，即发侵权是与已发的商标侵权行为相对应的。同样，在其他领域，也分别以已发的某种侵犯知识产权的行为为参照物，存在即发的侵犯知识产权的行为，遭受即发侵权行为威胁的，是权利人依法享有的专有权。

2. 即发侵权的构成要件

要准确把握即发侵权的性质，还需进一步分析即发侵权的构成要件。

由于即发侵权行为不同于一般的专利侵权行为，因此，其构成要件也不同于专利侵权行为的构成要件。从即发侵权行为的性质出发，笔者认为，专利法中的即发侵权行为的构成要件有以下三个方面。

（1）即发侵权构成的首要条件是行为人已经为实施专利侵权行为作了充分的准备，或者说创造了必要的条件。在上述伊莱利公司诉甘李药业有限公司案中，被告公司实施临床试验和申请生产许可的行为的目的在于生产受专利保护的产品，只是由于我国药品管理的特殊规定才未进入实施阶段，其行为已经进入了侵权的预备状态。至于未构成已发侵权，是由于国家的审判程序而不是由于被告的主观意愿。可以想象，一旦被告获得了行政机关的批准，其下一步必然是投入生产药品的工作，而不可能让前期投入的人力、物力和资金付之东流。因此，被告对侵权行为的发生所持的心理状态具有明显的故意或至少是对侵权行为的发生持放纵态度。在这里，被告将要实施侵权行为的意图是显而易见的。被告之所以愿意投入资金和人力进行试制和申请工作，其目的是为了最后如愿生产出相关产品，进而通过销售谋利所做的前期预备工作。而且即使被告最终不实施销售行为，只要其实施了制造行为，也将构成对专利权的侵犯。因此，该被告的行为属于典型的即发侵权。

（2）侵权行为的发生不可避免。这一要件与第一个要件存在紧密联系。从行为人已经实施的行为看，侵权行为的发生已经不可避免。对于行为人是否将要实施侵权行为，可以按照商业惯例或者一般逻辑来进行判断。[1] 不过，在侵犯专利权、商标权和著作权案件中，侵权行为的发生是否可以避免的判断并非困难。但是在侵犯商业秘密领域，若行为人实施了一定的行为，则可认定其必然或将不可避免地披露权利人的商业秘密，这一原则便是美国法院在侵犯商业秘密纠纷中确定的“不可避免披露原则”。[2] 该原则所要禁止的是即发的侵犯商业秘密的侵权行为或者说是商业秘密的侵权威胁。“不可避免披露原则”的内在逻辑是：对他人的商业秘密负有保密义务者，如掌握前雇主商业秘密的前雇员，在离职后从事了与其在前雇主处相同的工作，这一事实足以认定其必将在工作中披露前雇主的商业秘密，故应该禁止该雇员实施一定的行为。如今，这一原则已经被我国司法审判所接纳，实务中也出现了一些依据该原则作出的判决，及时地保护了权利人的合法权益。TRIPs 协议中的临时措施（禁令）所针对的即发

[1] 张广良：《知识产权侵权民事救济》，法律出版社2003年版，第226页。
[2] 54 F. 3d 262（7th Cir. 1995）.

侵权行为类型就包括侵犯商业秘密的即发侵权。

(3) 此种侵权行为不属于相关知识产权法所明令禁止的行为。这一要件是区分已发侵权和即发侵权的标准。如果行为人所实施的行为是相关法律所明令禁止的侵权行为，则该行为已经构成了已发侵权行为，属于对权利人合法权益的侵犯。最难以区分的是许诺销售行为，许诺销售专利产品或者依照专利方法直接获得的产品的行为是权利人独占实施权的内容，属于专利权人的专有权范围，所以未经许可而实施的许诺销售行为是一种已发的侵权行为，而不论其是否造成了实际的侵害事实。本来，从法理上看，许诺销售行为人本身并没有实施实际的销售行为，原本应属于即发侵权范畴，但我国专利法的制定者考虑到与国际惯例接轨以及许诺销售行为的确对专利权造成了一定的威胁，所以在第二次修改专利法时，将其纳入了已发侵权行为的范围之中。如今，对这一认识已经成为国际上的通例。实践中，人们经常忽视即发侵权与已发侵权的界线，造成了种种错误认识。

特别要注意的是，行为人的主观过错和是否造成损害事实不是即发侵权的构成要件，而是承担责任的构成条件。

既然即发侵权是一种尚未实际发生的侵权行为，那么权利人之所以能够获得救济，其法律依据是什么呢？在我国主要知识产权法进行修改之后，除了反不正当竞争纠纷案以外，对针对专利权、商标权等的即发侵权行为，给予权利人及时救济已经存在明确的法律规定。上述法律虽已成文，但是对于法理上为什么应对即发侵权予以救济，仍然是一个值得研究的问题。

对于即发侵权予以救济的法律依据，有学者主张以物上请求权为救济依据。[1] 知识产权的性质与物权相似，同属于绝对权范畴，具有类似物权的物上请求权。知识产权即发侵权行为是一种

[1] 张永：“即发侵权问题的探讨”，载《湖南高等专科学校学报》2006 年第 6 期。

威胁到知识产权圆满状态的行为，故权利人有权预防此种侵害，行使知识产权请求权，对不法行为人提出排除妨害的请求，必要时由司法机关予以救济。

笔者认为，在将物权请求权内化为侵权责任以后，侵权责任体系内的诸项责任形式主要针对于已发的侵权行为，而对于未发将发的行为，只能从权利—义务—责任的逻辑思维加以解决。这一责任的含义并非侵权法意义上的责任。具体而言，知识产权权利人享有的权利具有要求他人不作为的义务，这种义务由法律加以确定。尤其是，知识产权是法律拟制的权利，其权利的存在与否、权利的范围均由法律作出明确规定。这种明确的规定是昭示义务人承担义务的前提。当义务人违背不作为义务时，法律可以要求他承担相应的责任，这一责任的目的在于恢复权利人权利的圆满状态，消除对权利造成的威胁并督促义务人履行其应有的义务。

换言之，从法律的公平和正义理念出发，当义务人违背既有秩序，造成或可能造成对他人权利的威胁时，法律赋予权利人以请求对方中止有关行为的权利，维护二者之间权利义务的平衡。

因此，对即发侵权行为予以制止的意义在于，它可以将侵权行为消灭在萌芽状态，使之不至进入流通领域，从而不会对权利人造成实际损害。正是由于即发侵权对维护权利人的专有权如此重要，学者对我国专利法引入这一制度给予了极高的评价："没有引入'即发侵权'这一概念，就会如《合同法》没有引入'预期违约'一样，将是个缺憾。不引入一个已被国际上认可的总概念，极可能使我国这样立法经验尚不足的国家'挂一漏万'。"❶

如今，许多国家的知识产权法均明文规定了"即发侵权"。对知识产权侵权行为的规制，不再仅局限于侵权行为开始之时，

❶ 郑成思：《知识产权论》，法律出版社1998年版，第39页。

而是扩展到侵权行为开始之前，即从事后救济转向事前防治，以便更为有效地保护权利人的利益。

二、法律规制措施

即发侵权制度的确立，正是知识产权客体的无形性、难开发、易复制等特殊性所决定的。它较其他财产权更容易受侵害，一旦受到侵害，其损失也往往巨大。商标权人、专利权人或所有权人对其商标、专利或财产享有法定的专有使用权或者垄断权，即使发生侵权，权利人在获得足够的赔偿后，依然能继续拥有其商标、专利或财产；而商业秘密权人只能通过保密的方式来维持对其商业秘密的独占权，一旦泄密，权利人的损失将难以挽回。

纵观国际上关于即发侵权的法律规制，最为完善的当数TRIPs协议。在TRIPs协议的影响下，当今许多国家的知识产权法均对即发侵权作出了规定，我国在第二次修改专利法时，率先在专利法中引入了临时保护措施，用以实现对即发侵权行为的及时制止。随后，在其他知识产权法和有关的司法解释中逐步确立了这一制度。这些制度的建立，对于保护知识产权具有重要的意义。

在TRIPs协议中，有关即发侵权的规定主要体现在第41条和第50条。

TRIPs协议第41条第1款是对其成员“一般义务”的规定。即各成员应当保证在其法律中提供本部分所规定的执法程序，以便能采取有效行动，制止任何侵犯本协定所规定的知识产权的行为，包括迅速制止侵权的救济以及对阻碍进一步侵权构成威慑的救济。这些程序适用的方式应当避免对合法贸易造成障碍，并应当提供保障，以防止其滥用。换言之，协议要求成员所采取的执法程序应能防止、制止和阻止侵权。这是TRIPs协议中有关执法问题最重要、最原则的规定。

该条所规定的“防止侵权的救济”主要指对于“即发侵权”

之类可预见到、又并非无根据地推断的侵权准备活动，从法律上及执法上加以限制的措施。而“制止”侵权则是对已经发生的侵权活动采取的执法措施，如临时禁令等。“阻止”进一步侵权是针对将来可能继续发展的侵权活动所采取的措施，如下达永久禁令等。该条中还规定，为了制止侵犯任何知识产权活动的发生，尤其是制止包括刚由海关放行的进口商品在内的侵权商品进入其管辖范围的商业渠道，司法当局应有权下令采取及时有效的临时措施。该条还要求成员能禁止“即发侵权”，把侵权产品制止在进入流通渠道之前，而不是之后。

TRIPs 协议第 50 条是对其成员“具体义务”的更加明确的规定。

该条第 1 款规定，司法机关应当有权命令采取迅速而有效的临时措施，以便：

“（a）制止任何侵犯知识产权行为的发生，尤其是制止有关货物包括刚刚由海关放行的进口货物，进入其管辖下的商业渠道；

（b）保存被指控侵权的有关证据。”

该条第 2 款规定，司法机关应当有权在适当的情况下，尤其是在任何延迟可能对权利持有人造成不可弥补损害的情况下，或者在证据显然有被毁灭危险的情况下，不听取另一方的意见而即采取临时措施。

该条第 3 款规定，司法机关应当有权要求申请人提供可以合理获得的任何证据，以便该机关足以确认申请人是权利持有人，并且申请人的权利正在受到侵犯或者这种侵犯即将发生，并有权要求申请人提供足以保护被告和防止滥用此种措施的保证金或相当的担保。

根据这一规定，各成员应当授权司法当局采取及时有效的临时措施：一是颁发临时禁令以制止即将发生的侵权行为（该条第 2 款）；二是采取证据保全措施（该条第 1 款第（2）项），对可能灭失或者以后难以获得的证据，采取紧急措施加以固定和保存。通过采取此措施来对“权利正在被侵犯或者侵权行为活动发生在即”的即发侵权行为进行救济。

目前，TRIPs 协议所确立的证据保全和诉前临时禁令两种救济措施已经被我国国内法所确认，如我国修订后的《专利法》增加了即发侵权的规定。该法第 61 条规定：“专利权人或者利害关系人有证据证明他人正在实施或者即将实施侵犯其专利权的行为，如不及时制止将会使其合法权益受到难以弥补的损害的，可以在起诉前向人民法院申请采取责令停止有关行为和财产保全的措施。”在《商标法》和《著作权法》中也有相似规定。

实践中，如果权利人发现侵权人实施即发侵权行为，可以根据有关法律规定，在诉前向人民法院申请临时禁令或者财产保全措施。我国的临时禁令主要是指诉前禁令，即在诉讼开始之前，人民法院应权利人的请求而发出的迫使侵权行为人临时停止侵权行为的裁定，其目的是为了制止即将发生的侵权行为。对于临时禁令的申请是否准许，应当根据《民事诉讼法》关于财产保全的规定来决定。一般来说，可以从以下几个方面考虑：其一，情况是否紧急；其二，权利人是否存在胜诉可能性；其三，权利人是否面临不可挽回的损失；其四，双方当事人利益的平衡；其五，对社会公共利益的影响。

由于即发侵权毕竟不同于已发的侵权行为，在案件的实体处理中，法院一般根据当事人的诉讼请求，判令侵权行为人承担停止侵权的民事责任。

第二节　临时保护期内的侵权行为

发明专利的临时保护特指发明专利申请公布后到获得授权期这一期间内，对任何实施该发明的单位或个人，申请人有权要求其支付适当费用的救济形式。随着发明专利的公布，世人可以了解到该发明所涉及的技术方案、技术构思等内容，有可能实施该发明，而在这一期间内，因申请人并未获得专利权，无法保护自己的权利，于是法律创设了此种临时权利，在专利申请人依照专利法的规定，将其技术方案公开后给予其一定的保护。在实行早期审查、延迟公布的国家，此项制度普遍存在。

一、行为的构成与性质

根据我国《专利法》第 11 条的规定，对于专利权的真正保护是从授予专利权之日开始的。这无疑是正确的，因为专利权是经过国家审查批准后才产生的权利，而不是如同著作权那样自动产生的权利。因此，在国家正式授予专利权之前，无法要求实施其发明创造的行为人承担侵犯专利权的民事责任。但是，在发明申请公布之后，他人阅读了公布的申请文件，就有可能实施其发明。此时，虽然尚未授予专利权，但如果还是如同对申请日前的实施者那样提供先用权，则无疑会损害专利申请人的利益。为了避免出现这种不合理的情况，我国《专利法》第 13 条规定了对处于已经公开的发明专利申请文件的权利人的临时保护制度，要求实施其发明的单位和个人向申请人支付一定的费用，以防止申请人的利益不当损失。

在临时保护期内，发明专利申请人的技术方案已经被依法公开，其技术方案中所蕴涵的智力创造成果可以被他人利用。这些技术方案虽然不同于专利技术，但是它们是申请人（发明人）的智力创造成果，具有一定的财产性价值。如果他人未经许可，擅自利用该项技术，就构成了对该技术方案所有合法权利的侵犯，由此而产生的擅自实施他人技术的行为就构成了侵权行为。与专利侵权行为不同的是，此时，侵权行为人实施的技术并非专利技术，因而不构成侵犯专利权，其侵权行为属于广义的民事侵权行为领域。

当然，如果专利申请人的技术方案属于不具备《专利法》

所规定的创造性、实用性或新颖性条件，或者说专利申请人的技术方案为已有的技术，本不应授予专利权，则他人未经许可的实施行为将不构成侵权。

依照我国现行《专利法》第13条、第62条的规定，专利的临时保护措施主要具有以下特征：

（1）只有发明专利权人有权获得此种保护，实用新型、外观设计专利权人无权获得此种保护。

（2）临时保护仅仅适用于发明专利申请公开至授权期间，一旦申请人获得授权，专利申请人就转为专利权人，该技术方案转为专利技术，依法受专利法的保护。

（3）只有等到专利获得授权时，权利人才有权要求实施者支付合理的使用费，如果该申请未获得授权，则申请人无权请求获得使用费，他人的实施行为归于合法。

（4）受专利保护的发明应当与其早期公布的专利申请文件中所载明的发明及他人实施的发明在实质上相同，等同替换原则可适用于实质相同的判断。[1]

（5）依照《专利法》，临时保护期内实施他人技术方案的含义与实施专利权的含义相同。

鉴于临时保护期的特殊性质，对于临时保护期内，他人实施该技术的性质存在3种情况：其一，专利申请文件中所记载的技术方案确实与申请日前的技术方案相比具有专利性，可以获得专利权。这一技术方案在临时保护期内属于权利人的智力创造，具有财产性利益，对其擅自实施构成侵犯他人财产权；其二，若专利申请文件中所记载的技术属于申请日以前的公知技术，因而无法获得专利权，则他人的擅自实施行为不构成侵犯他人权益；其三，如果专利申请文件中所载的技术方案虽不属于公知技术，但存在与之相抵触的他人申请，因而也无法获得专利权，但是他人

[1] 张广良：《知识产权侵权民事救济》，法律出版社2003年版，第234页。

的擅自实施行为将侵犯抵触申请人的专有技术，也将构成侵犯他人合法权益。

在以上列举的3种情形中，第一种和第三种情形是通常所指的侵权行为类型。本书所展开的讨论，也是以这两种情况为研究对象的。

二、法律规制措施

发明专利临时保护期是专利法上的一个特殊时期，也是专利制度中一个重要的时期，对该段时期予以法律的一定程度的保护不仅有利于申请人的个人利益，而且关乎国家的整体利益。基于此，各国专利制度中均给予发明专利临时保护期以一定的重视，拟订了相关的法律措施以确保上述目的的实现。

我国专利法在制定和修改时也设置了相关的条款（涉及发明专利申请临时保护的条款大致有2条，[1]相关的司法解释大致有2条[2]），分别规定了临时保护期内专利申请人可以请求实施其发明的单位或者个人向其支付适当的技术使用费，主张使用费的时效期间，临时保护期内其他社会公众的监督权以及临时保护期内产生的使用费纠纷案件的受理机关（包括国家知识产权局、地方管理专利的部门以及人民法院）和受理条件等。

同时，鉴于行为人实施侵权行为时，专利申请人还未获得专利权，不能给予权利人以如同专利权遭受侵犯一样的救济。因此，对于如何给予临时保护期内的侵权行为予以规制的问题，就成了一个专利法上的“鸡肋”。在判断行为人的实施行为是否构成侵犯他人权利的问题上，有赖于对专利行政机关对于申请文件

[1] 《专利法》第13条、第62条，《专利法实施细则》第48条、第79条。

[2] 最高人民法院《关于审理专利纠纷案件适用法律问题的若干规定》（以下简称《规定》）第1条，2001年7月1日起施行；最高人民法院《关于审理技术合同纠纷案件适用法律若干问题的解释》（以下简称《解释》）第29条，2005年1月1日起施行。

中所载技术方案的专利性判断，从而导致判断结果不具确定性。由此，各国的法律保护对其持谨慎态度。

从侵权行为法的角度看，发明专利临时保护期内的侵权行为属于广义的民事侵权行为的一种，其侵犯的权利客体为专利申请人智力创造成果的专有权，从重构的侵权行为理论看，临时保护期内的侵权行为并未侵犯一项切实存在的专利权，因而，其不应属于专利侵权行为的范畴。由此，临时保护期内的侵权行为不同于专利侵权行为，侵权人所应承担的民事责任也并非专利侵权的民事责任。换言之，对临时保护期内的侵权行为的法律规制应交由民事侵权行为理论来解决，这也是专利法对其进行特殊制度设计的内因所在。

根据我国专利法，发明专利申请公布后，申请人可以要求（而非有权）实施其发明的单位或者个人支付适当的费用，专利申请人须在获得专利权之后提出请求。

第三节　专利违法行为

专利违法行为是区别于专利侵权行为的另一类法律禁止的特殊侵权行为，主要表现为假冒他人专利和冒充专利两种情形。我国《专利法》及《专利法实施细则》对其作出了明确的规定。其中，假冒他人专利行为既侵犯了专利权人的权利，又侵害了消费者的利益；而冒充专利行为虽然未侵犯特定专利权人的权利，但却侵犯了国家专利管理秩序和消费者的利益。因此，都属于专利法禁止之列。

一、行为构成及其表现

根据我国专利法的规定，专利违法行为主要表现为假冒专利行为和冒充专利行为。关于假冒他人专利行为和冒充专利行为的含义，2001 年第二次修改后的《专利法实施细则》分别给出了明确的定义。

1. 假冒他人专利

假冒他人专利，是指在产品或者产品的包装或者产品的广告宣传材料上，加上专利权人的专利标记或者专利号，使人相信该产品是专利权人的专利产品的行为。[1] 因此，一项有效的专利权的存在是发生假冒他人专利行为的基础。

根据我国《专利法实施细则》第 84 条规定，下列行为属于假冒他人专利的行为：

（1）未经许可，在其制造或者销售的产品、产品的包装上标注他人的专利号；

（2）未经许可，在广告或者其他宣传材料中使用他人的专利号，使人将所涉及的技术误认为是他人的专利技术；

（3）未经许可，在合同中使用他人的专利号，使人将合同涉及的技术误认为是他人的专利技术；

（4）伪造或者变造他人的专利证书、专利文件或者专利申请文件。

学者对我国《专利法》所列举的以上四种假冒他人专利行为的性质存在异议。一种观点认为，第一种情形既构成了假冒他人专利的行为，也同时构成了侵犯他人专利权的行为。[2] 另一种观点认为，这种情形只能属于假冒他人专利的行为，不属于侵犯他人专利权的行为。[3] 笔者同意前一种观点，具体分析如下。

第一种情形中所说的“产品”，可以有两种情况，一种是他人有真实有效专利保护的产品，即落入他人有效专利权的保护范围的产品，并在该产品或者产品包装上标注他人的专利号。这样做，一是侵犯了他人的专利权，二是侵犯了他人的专利标记权，

[1] 尹新天：《专利权的保护》，知识产权出版社 2005 年版，第 263 页。
[2] 汤宗舜：《专利法教程》，法律出版社 2003 年版，第 251 页。
[3] 程永顺：《中国专利诉讼》，知识产权出版社 2005 年版，第 192 页。

由于都未经许可，构成了假冒他人专利的行为。另一种是，产品并不是与专利产品相同，但也在产品或者产品包装上标注他人的有效专利号。这是以假充真，实际上是未经专利权人许可而使用他人的专利标记，即侵犯专利标记权，不属于侵犯专利权，也构成了假冒他人专利的行为。

第二种情形中，所涉及的技术并不是他人的专利技术。不过所使用的他人专利号应当是真实有效专利的号码。未经许可而使用他人的专利号，所以，此时，行为人侵犯的是他人的专利标记权，而不是专利权。

第三种情形的情况与第二种情形相似，所不同的，只是行为人将他人的专利号使用于合同中而已。

第四种情形，专利证书是专利局颁发的证明授予专利权的证件，专利文件是指经专利局授予专利权后印发的专利说明书，具有证明授予专利权的效力。特别是其中的权利要求书是有效的法律文件，是据以确定专利权保护范围的法律文件。伪造、变造的专利证书，虽然也有未经许可而使用了他人的专利号，但伪造、变造他人有效的专利证书，是一种更为严重的伪造、变造国家机关证件的行为，应当认为是触犯刑法的犯罪行为。[1]

以上规定明确列举了四种假冒他人专利行为的具体表现。需要注意的是，这些列举是穷尽式列举，除此之外的其他形式的专利违法行为不应归于假冒他人专利的范围。如果行为人实施了以上行为，其行为将构成假冒他人专利。

从行为的性质看，假冒他人专利行为损害了专利权人的利益(一般情况下，侵权的客体为权利人的标记权，特别情况下，有可能侵犯专利权人的专利权)，因此首先是一种民事侵权行为，应当承担民事责任。同时，假冒他人专利还侵害了公共利益，破坏了社会经济秩序，具有社会危害性。一方面，假冒他人专利的

---

[1] 程永顺：《中国专利诉讼》，知识产权出版社2005年版，第252页。

行为以假乱真，欺骗消费者，损害了广大消费者的利益；另一方面，假冒他人专利的行为损害了公众对专利制度的信任，破坏了专利行政管理秩序，构成了一种行政违法行为。因此，从行为性质看，假冒他人专利不仅是一种民事侵权行为，还是一种行政违法行为，行为人要受到民事和行政的双重制裁。如果情节严重，假冒他人专利的行为就构成了犯罪，其行为人还应当承担刑事责任。至于假冒他人专利的行为是否情节严重，由人民法院依据行为的具体情况予以认定。一般认为，假冒他人专利的行为人制造、销售的产品质量低劣，给消费者的生命造成危害，或者造成消费者重大财产损失的，应当认定情节严重，需要追究刑事责任。[1]

2. 冒充专利的行为

冒充专利，是指将非专利产品冒充专利产品、将非专利方法冒充专利方法的欺骗行为。根据《专利法实施细则》第85条的规定，下列行为属于以非专利产品冒充专利产品、以非专利方法冒充专利方法的行为：

（1）制造或者销售标有专利标记的非专利产品；

（2）专利权被宣告无效后，继续在制造或者销售的产品上标注专利标记；

（3）在广告或者其他宣传材料中将非专利技术称为专利技术；

（4）在合同中将非专利技术称为专利技术；

（5）伪造或者变造专利证书、专利文件或者专利申请文件。

冒充专利行为与假冒他人专利行为不同，这种行为通常并未涉及任何专利权人的专利权，而只是冒用了专利的名义。即使冒充者在产品上标明是某某人的专利产品或者某某专利号，但实际上某某人并无该专利权，或者根本没有某某号专利权，这种行为

---

[1] 尹新天：《专利权的保护》，知识产权出版社2005年版，第192页。

属于冒充专利行为。在这种侵权行为中，虽然行为人没有侵犯任何人的权利，但欺骗了公众或者当事人，损害了他们的利益；而且使公众误认为有关产品或方法是专利产品或方法，以假乱真，损害了专利制度的信誉，因此，应当予以规制。

对于冒充专利行为，管理专利工作的部门可以主动依职权查处，也可以根据当事人举报查处。被处罚人对处罚结果不服的，可以向人民法院提起行政诉讼。只要处罚得当，一般会得到人民法院的支持。

假冒他人专利行为和冒充专利行为的共同点在于它们都是一种作假行为；区别点在于前者冒称的是他人获得并仍然有效的专利，而后者冒称的是实际上并不存在的专利。假冒他人专利和冒充专利行为最常见的表现形式就是在产品或者其包装上标注专利号或者其他专利标记。对于假冒他人专利行为来说，一般必须标注专利号，否则就无从认定冒称的是何人的专利，从而也就不能认定构成假冒他人专利行为。

二、与其他侵权行为的界线

在司法实践中，正确区分专利侵权行为与专利违法行为之间的界线对于更好地执行专利法，保护专利权人的合法权益及社会公众利益具有重要的实践指导意义。

1. 假冒他人专利行为与专利侵权行为

假冒他人专利与专利侵权都是违法行为，但它们之间是有区别的：

第一，专利侵权行为，只是侵犯了专利权人的合法权益。而假冒他人专利的行为，一方面，直接影响了被假冒的专利权人的信誉，损害了专利权人的利益，属于侵权行为；另一方面，由于其从事的行为以假充真，以非充是，以次充好，严重损害广大消费者的利益，扰乱了市场秩序，具有很大的社会危害性。

第二，专利侵权行为侵犯了专利权人的独占权，而独占权是一种民事权利，对侵犯民事权利的行为，一般只通过民事诉讼，行为人仅承担民事责任等途径解决，不实行刑事制裁。而假冒他人专利行为，除损害了专利权人的权益外，还具有欺骗公众的性质。因此，假冒他人专利是性质更为严重的违法行为。对这种行为的处理，除追究民事责任外，对情节严重的直接责任者，还要给予刑事制裁。

2. 假冒他人专利与其他侵权行为的界限

专利权属于权利人的私权，在专利领域乃至财产权领域，都广泛地存在侵权的可能性。在认定是否构成假冒他人专利行为时，应注意把握假冒他人专利的概念，划清假冒他人专利行为与其他侵权行为的界限。

（1）仿制专利产品不属于假冒他人专利。

仿制专利产品，是指模仿他人专利产品的样式进行制造。仿制的产品一般都是市场上较为畅销的商品。[1] 在一般情况下，以营利为目的的仿制行为，应当属于一种不道德的商业行为，或者属于不正当竞争行为。但是，如果仿制在我国已申请专利并获得专利法保护的专利产品，则构成专利侵权行为。

仿制专利产品属于专利侵权，但不属于假冒他人专利。仿制专利产品往往是按照专利申请文件提供的技术方案或者技术指导制造产品，或者完全按照他人专利产品的样式制造，或者只在一些无关紧要的部位作些小的修改，而主要部位或者关键部分与专利产品完全一样。在该产品的说明书、包装或者标牌上出现的往往是制造者的名称或者无名称标注，而不使用专利权人的名称，产品的名称也可能与专利发明名称不同。但就产品本身而言，往往会起到以假乱真的作用，在市场上排挤专利权人的专利产品。这是一种常见的、典型的专利侵权行为。

（2）未经专利权人同意，许可或者委托他人实施专利，不

[1] 程永顺：《中国专利诉讼》，知识产权出版社2005年版，第264页。

属于假冒他人专利。

根据《合同法》的规定，可以作为专利实施许可合同转让方的应当是专利权人或者其合法的继受人。而在实践中，有的个人或者单位往往未经专利权人的授权，擅自以专利权人的名义或者以自己的名义与他人订立专利许可合同，或者委托实施专利技术合同。从广义上讲，这种行为应当属于侵权行为，侵权的客体是专利权人依法享有的转让权能，其性质如同无权处分人的处分行为。由于订立的合同侵犯了专利权人的权利，因此，其所签订的合同应为无效合同。如果被许可方或者委托方未实施该专利，则应由冒充专利权人的许可方或者委托方承担侵权责任；如果被许可方或者受托方依照合同实施了该专利，则双方构成共同侵权，应共同承担责任。

未经专利权人同意，许可或者委托他人实施专利不属于假冒他人专利，此时许可人的行为诱使被许可方实施他人专利，因而构成间接侵犯专利权。其侵害的客体是专利权人的独占实施权。

综上，假冒他人专利行为所侵害的客体是专利权人的专利标记权。是否假冒他人专利并不以行为人是否实施了他人的专利技术为条件，被控侵权人不一定实施了他人的专利技术，假冒他人的产品可以与专利产品不同，甚至不是同一类，其方法可与专利方法不相同，这些都不影响对假冒他人专利的行为作出认定。而专利侵权行为所侵害的客体是专利权人的独占实施权。

冒充专利行为并没有侵害任何人的实体权利，其所侵害的权利客体并不存在，更没有侵犯他人的专利权。但这一行为欺骗了公众或者当事人，违反了诚实信用的基本原则，损害了他们的利益；而且使公众误认为有关产品或方法是专利产品或方法，损害了专利制度的信誉。因此，其不属于专利侵权行为，仅属于广义的侵权行为范畴。

三、法律规制措施

考虑到假冒他人专利行为和冒充专利行为所侵害的权利客体不同，侵权行为的表现形态不同，所造成的社会危害不同，法律对其规定了不同的规制措施。

1. 对假冒他人专利行为的法律规制

由于假冒他人专利不仅侵害了专利权人的标记权，还侵害了公共利益和社会正常的管理秩序，某些情况下可能造成较大的社会危害，因此需要承担相应的民事责任、行政责任和刑事责任。

根据我国《专利法》和相关司法解释，结合《民法通则》的相关规定，对于假冒他人专利的行为，主要有 3 种责任方式。

（1）行政责任。

侵权行为人承担的行政责任方式包括行政处罚和民事制裁两种方式。[1]

第一种，根据《专利法》第 58 条的规定，对假冒他人专利的行为，可以由管理专利工作的部门责令改正并予以公告，没收违法所得，可以并处违法所得 3 倍以下的罚款，没有违法所得的，可以处 5 万元以下的罚款。这种行政处罚可以与民事责任的承担同时进行，也可以分别进行。管理专利工作的部门对他人假冒他人专利行为作出行政处罚之后，专利权人仍有权提起侵权诉讼，要求假冒他人专利的行为人依法承担侵权的民事责任。

第二种，根据最高人民法院《关于审理专利纠纷案件适用法律问题的若干规定》第 19 条的规定，假冒他人专利的，人民法院可以依照《专利法》第 58 条的规定追究其民事责任。管理专利工作的部门未给予行政处罚的，人民法院可以依照《民法通则》第 134 条第 3 款的规定给予民事制裁，适用民事罚款数额，可以参照《专利法》第 58 条的规定确定。换言之，对假冒他人专利行为，

---

[1] 尹新天：《专利权的保护》，知识产权出版社 2005 年版，第 269 页。

人民法院除了依据专利权人请求责令侵权行为人依法承担民事责任外，还可以依法对假冒他人专利行为给予民事制裁。

(2) 民事责任。

我国《专利法》规定了假冒他人专利的民事责任形式，主要有停止侵权和赔偿损失两种方式，在此不再赘述。

(3) 刑事责任。

我国《刑法》第216条规定，假冒他人专利，情节严重的，处3年以下有期徒刑或者拘役，并处或者单处罚金。这一规定使得我国对知识产权的保护程度超过了TRIPs协议所规定的最低标准，受到了学者们的反对。[1]

2. 对冒充专利行为的法律规制

冒充专利的行为属于一种欺骗行为。从理论上看，该行为并没有造成专利权人合法权益的侵害，如果冒充人所杜撰的专利号恰好是某专利权人真实存在的专利号，则侵权人构成了假冒他人专利的行为。应按照假冒他人专利的侵权行为承担侵权责任。对于冒充专利行为，通说认为，这种侵权行为对社会的危害程度不如假冒他人专利行为严重，加之所侵犯的权利客体实际上不存在，因此，法律对其的规制力度要明显弱于对假冒他人专利的侵权行为。

根据我国专利法和相关法律规定，冒充专利的侵权行为人应当承担行政责任，无需承担民事责任和刑事责任。对于冒充专利行为，公众可以向专利行政部门举报，也可以由管理专利工作的部门自行查处。管理专利工作的部门发现他人实施冒充专利的侵权行为以后，可以责令其改正并公告，也可以处以罚款。

显然，冒充专利的行为人所承担的法律责任要远比假冒他人专利的侵权行为人所承担的法律责任轻。

---

[1] TRIPs协议仅要求采取必要的刑事措施制止具有一定商业规模的盗版行为和商标侵权，所以，我国对专利权的保护程度要高于TRIPs协议规定的最低标准。

结语与展望

对于知识产权制度而言，21 世纪是充满改革和调适的时代。新千年伊始，发达国家率先开展了知识产权制度实施以来的理论总结工作，以期发现知识产权制度可能带来的负面因素。同时，TRIPs 协议实施 10 年来的种种现实情况和结果促使发展中国家再次审视知识产权保护标准的一体化对本国经济造成的负面影响并发出了自己的呼声，这一呼声已经引起了包括发达国家在内的国际社会的关注。

各国政府普遍认识到，知识产权制度是反映国家意志的公共政策工具。作为一种通过经济手段促进科技创新的法律制度，知识产权制度还是一类必须不断调试和完善的法律制度。在调试过程中，一个极为重要的参照规则是本国经济建设的发展状态、最为广泛的社会公众利益和现实社会的发展问题。因此，在构建符合国家经济建设发展规律的知识产权制度的过程中，知识产权制度的完善是不容忽视的一个重要内容。

基于这一共识，已经反思的许多国家的专利制度面临着新一轮的改革，以使其与国家的经济发展更加契合。国际层面上对专利制度的反思，对我国知识产权制度的完善和发展有重要的启示作用，我国政府显然已经以实际的立法规划行动融入了知识产权制度的改革大潮之中。目前，作为民事基本法的民法典草案中的侵权行为法编已经独立成编并公布，《专利法》（第三次修改稿）也即将实施。

从完善专利制度本身而言，在专利法业已建立的各项制度中，对专利侵权行为的规制规则是一个极为重要的部分，也是必须解决的一个问题。对这一问题的妥善解决不仅关涉知识产权权利人的私有权利，还关系到社会公众的公共利益，以使公众形成必要的行为准则，同时也关系到侵权行为人应受法律保护的合法利益，还关系到作为特别法的专利制度与民事基本法的有机连接问题。基于此，在完善专利法的过程中，如何界定专利侵权行为、专利侵权行为的责任形式如何、专利侵权行为适用何种归责原则以及专利侵权行为与民事侵权行为的关系如何处理等问题都有待立法者和民法学者以及知识产权学者予以研究和解决。

现实情况是，经过多年来学者的讨论，学者对专利侵权行为的许多基本问题都曾进行过热烈的讨论，但至今未有一致的意见。这些分歧不仅存在于知识产权学者与知识产权学者之间，还广泛的存在于知识产权学者与民法学者之间、学者与司法审判人员之间。因此，对这些问题展开研究具有一定的现实意义和理论价值，对这一问题的解决有助于建立初步的专利侵权行为理论体系，为进一步完善知识产权侵权行为理论提供些许有益资料，进而为促进知识产权法的完善提供参考。

在专利侵权行为领域，专利侵权行为是一类异于传统民事侵权行为的新型侵权行为类型，其侵权行为的构成、表现形态、民事责任形式以及归责原则上的非单一性等都对以损害赔偿责任为核心建立起来的民事侵权行为理论提出了新的挑战，对传统侵权行为理论体系造成了一定程度的冲击。表现为传统侵权行为理论在解释知识产权侵权行为时，日益显出其缺陷，传统侵权行为理论在包容知识产权侵权行为时的不足以及其在知识产权侵权行为领域适用上的理论困境，是促使其扩张现有理论体系的内在动力。同时，近几十年来，在整个民法领域，侵权法的发展最为迅速。表现在：侵权法的内容不断丰富，侵权法的边界一直在扩张，侵权法的理论也在不断深入，侵权法在法律体系中占据越来越重要的位置。特别是进入 21 世纪以来，侵权行为法的发展呈现了一些新的趋势，对传统民事侵权行为理论体系提出了许多有待解决的问题。再者，新的立法活动为侵权行为理论的扩展提供了契机。根据我国政府的立法规划，侵权行为法已经独立成编，跳出债法樊篱的侵权行为法需要重整其理论体系，为其独立奠定理论基础。在这些内在因素的推动下，传统侵权行为法面临一次理论体系的变革。

要重构侵权行为法的理论体系，必须改变原有侵权行为法以损害赔偿为核心的责任方式，对“责”作扩大化解释，实现民事责任方式的多元化。我国《民法通则》已经建立了除损害赔偿责任以外的多种责任形式，多年来传统侵权行为法虽然已经承认这一形式。但是，其侵权行为的概念、侵权行为的构成、侵权民事责任的构成要件以及归责原则的适用都是以损害赔偿责任为核心量身定做的，只有改变这一固有的思维模式，重构侵权行为的概念，将侵权行为的认定与侵权责任的构成区分开来，将侵权民事责任的归责原则与损害赔偿责任的归责原则区分开来，才可能实现新构体系的正常运作。

知识产权是一种私权，但是它又是一种政策运作工具，自产生之日起就对国家的文化繁荣、科技发展起到了非常重要的作用。知识产权制度是否具有科学性、合理性就在于政府提供的公共政策、公众文化素质与此制度的实施机制是否相一致。鉴于知识产权的特殊性以及知识产权侵权行为的特殊性，为了实现保护知识产权这一特殊权利的目标，均衡权利人与社会公众两方甚至多方的利益，知识产权法在自己的法律规定中发挥了价值天平的作用。具体到专利法，这种平衡作用显得更为突出。如在所侵犯权利客体的矫正、法定抗辩事由的矫正、归责原则的矫正等许多方面，我们都可以体会到立法者在有关专利侵权行为界定与规制方面所作出的政策性矫正。

知识产权是有关无形财产权的集合体，专利权是这一权利束下最为活跃的权利类型。专利侵权行为理论是知识产权侵权行为理论的一个重要分支，专利侵权行为理论的建构对于知识产权侵权行为理论的丰富与完善有着重要的作用。不过，我们还应该看到，知识产权项下的各项权利各具特色，面貌不一。版权具有最完备的权利形态，集人身权与财产权于一身；商标的保护期貌似有限、实则无限；商业秘密的保护更多的需要依赖合同法来实现，与专利的以公开换取保护相反，公开对其反而是致命的；对植物新品种权的保护类似于专利权，但是却设计了更多的权利限制，如未经许可的自繁自用等不视为侵犯其权利等；计算机软件所有者、集成电路所有人享有的权利各有范围的不同，不一而足。

在专利领域，专利权的“权”意指独占实施权，其他知识产权中的“权”含义各异，权利的内容也因“权”而异。基于此，对于每一项知识产权，侵犯权利的行为的概念难以找到一个一致的表达，需要针对具体权利的内容具体分析。专利侵权行为的概念只能为其他侵犯知识产权的行为通过借鉴而不可一味照搬。相应地，侵犯每一种知识产权的行为的民事责任构成和归责原则都具有各自的特性，需要分别分析。

因此，本书主要以发明专利和实用新型专利为对象，具体研究了传统侵权行为理论在包容专利侵权行为上的不足及其理论体系的重构，并根据重构的侵权行为理论，论证了建立专利侵权行为自有体系的必要性和可行性，对专利侵权行为的概念、专利侵权行为的构成及其责任形式、专利侵权行为的性质及其具体表现形态等问题做了初步的研究。

知识产权侵权行为研究是一个复杂的重要课题，本书是以专利侵权行为为研究对象所作出的考察，所做研究是否适用于侵犯其他类型知识产权的行为还有待进一步研究。

鉴于笔者学识有限，文内粗浅的看法定有许多不足之处，期待学界同仁的批评指教。

主要参考文献

1 吴汉东，胡开忠．无形财产权制度研究．北京：法律出版社，2005.
2 郑成思．知识产权保护论．北京：法律出版社，2005.
3 李明德．美国知识产权法．北京：法律出版社，2003.
4 胡开忠．知识产权法比较研究．北京：中国人民公安大学出版社，2004.
5 王利明．中国民法典学者建议稿及立法理由侵权行为．北京：法律出版社，2005.
6 杨立新．侵权行为法专论．北京：高等教育出版社，2005.
7 梁彗星．中国民法典草案建议稿（附理由）——侵权行为编·继承编．北京：法律出版社，2004.
8 江平．侵权行为法研究．中国民主法制出版社，2004.
9 张军．知识产权侵权行为领域研究．北京：经济科学出版社，2005.
10 尹新天．专利权的保护．北京：知识产权出版社，2005.
11 蒋志培．入世后我国知识产权法律保护研究．北京：中国人民大学出版社，2002.
12 程永顺．专利侵权判定实务．北京：法律出版社，2003.
13 汤宗舜．专利法教程．北京：法律出版社，2003.
14 国家知识产权局知识产权发展研究中心．规制知识产权的权利行使．北京：知识产权出版社，2004.
15 国家知识产权局条法司．专利法与专利法细则第三次修改专题研究报告（第三卷）．北京：知识产权出版社，2006.
16 国家知识产权局条法司．新专利法详解．北京：知识产权出版社，2001.
17 ［美］罗伯特·P. 墨本斯等．新技术时代的知识产权法．齐筠等译．北京：中国政法大学出版社，2003.
18 ［德］汉斯·有德．五十国专利法一瞥．北京：专利文献出版社，1984.
19 世界知识产权组织．知识产权纵横谈．世界知识产权组织出版，1992.
20 文希凯．专利法教程．北京：知识产权出版社，2003.
21 ［美］迈克尔·N. 米勒．知识产权法精要．北京：中国社会科学出版社，1998.
22 ［德］克雷斯蒂马·冯·巴尔．欧洲比较侵权行为法．张新宝译．北京：法律出版社，2002.
23 沈宗灵．法理学．北京：北京大学出版社，2000.
24 季卫东．法治秩序的建构．北京：中国政法大学出版社，1999.
25 王泽鉴．民法总论．北京：中国政法大学出版社，2001.
26 周枏．罗马法原论（下册）．北京：商务印书馆，1994.
27 ［德］迪特尔·梅迪库斯．德国民法总论．邵建东译．北京：法律出版社，2000.
28 王泽鉴．侵权行为法．北京：中国政法大学出版社，2001.
29 曾陈明汝．专利商标法选论．台北：正中书局，1988.
30 阳平．论侵害知识产权的民事责任——从知识产权特征出发的研究．北京：中国人民大学出版社，2005.
31 徐棣枫．专利权的扩张与限制．北京：知识产权出版社，2007.
32 张广良．知识产权侵权民事救济．北京：法律出版社，2003.
33 孟祥娟．版权侵权认定．北京：法律出版社，2001.
34 吴汉东．试论知识产权的物上请求权与侵权赔偿请求权——

兼论《知识产权协议》第45条规定之实质精神．法商研究，2001（5）：4~11.
35 吴汉东．知识产权国际保护制度的变革与发展．法学研究，2005（3）：17~25.
36 郑成思．中国侵权行为法理论的误区与进步．中国工商管理研究，2001（2）：4~8.
37 郑成思．知识产权与物权的权利限制．法学，2004（9）：23~29.
38 郑成思．侵权责任、损害赔偿责任与知识产权保护．环球法律评论，2003年冬季号：76~81.
39 魏振瀛．论请求权的性质与体系——未来我国民法典中的请求权．中外法学，2003（4）：8~17.
40 崔建远．绝对权请求权或侵权责任方式?．法学，2002（11）：15~24.
41 崔建远．债法总则与中国民法典的制定．清华大学学报哲学社会科学版，2003（4）：42~51.
42 杨立新．中国侵权行为法的百年历史及其在新世纪的发展．国家检察官学院学报，2001（2）：3~16.
43 杨立新．侵权责任形态研究．河南省政法管理干部学院学报，2004（1）：1~11.
44 尹田．论中国民法典总则的内容结构．比较法研究，2007（2）：15~23.
45 王利明．论侵权行为法的独立成篇．现代法学，2003（4）：3~16.
46 杨立新．制定《侵权责任法》应当着重解决的若干问题．理论前沿，2007（17）：11~15.
47 杨立新．中国侵权行为法理论体系的重新构造．法律适用，2004（7）：6~10.
48 张新宝．侵权行为法一般条款．法学研究，2001（4）：42~54.

49 张玉敏．侵害知识产权民事责任归责原则研究．法学论坛，2003（3）：21～29.

50 张玉敏．专利间接侵权制度三论．学术论坛，2006（1）：45～56.

51 孙宪忠．中国民法典制定现状及主要问题．中国法天下网. 2008－03－16.

52 尹志强．侵权行为概念分析．比较法研究，2005（4）：48～56.

53 安雪梅．试论现代民法典对知识产权制度的历史回应．法学论坛，2009（1）：54～63.

54 沈木珠．中国知识产权保护与无过错责任原则之适用．财经问题研究，2003（3）：142～151.

55 邓宏光．21 世纪知识产权前沿问题国际研讨会综述．甘肃社会科学，2007（5）：67～71.

56 蔡唱．不作为侵权行为发展趋势研究．法学评论，2008（1）：140～149.

57 万鄂湘，冯洁菡．知识产权国际保护的新发展．法律适用，2003（7）：5～11.

58 Edward. J. Kionka. *Torts*. 北京：法律出版社，1999.

59 Lesser，L. the Problem with Patents，in Industry Standard，23，*Lexis Law Publishing*（1999）.

60 Christopher and Cotropia. Patent Claim Interpretation and Information Costs，Tulane University School of Law Public，*Law and Legal Theory Research Paper Series*（1996）.

61 Cornish. William. Intellectual Property Rights：Distracting and Irrelevant? *Oxford University Press*，（2004）.

62 Cornish，William. Intellectual Property：Patents，Copyrights，Trademarks & Allied Rights，*Sweet & Maxwell*.（2003）.

63 Susan K. Sell. Private power，Public Law：The Globalization of

Intellectual Property Rights, *Cambridge University Press*, (2003).

64 Carlos M. Correa. Intellectual Property Rights, the WTO and Developing Countries: The TRIPS Agreement and Policy Options, *New York*: *Zed Books*, (2000).

65 Philip Grubb. Patents for Chemicals, Pharmaceuticals and Biotechnology-Fundamentals of Global Law, *Practice and Strategy*, *Oxford University Press*, (1999).

66 *WIPO's Annual Report*, The World Intellectual Property Organization (WIPO), (2002 ~ 2007).

67 *WIPO Magazine*, The World Intellectual Property Organization (WIPO), (2007 ~ 2008).

68 John W. Schlicher. Patent Law Legal and Economic Principles, *West Group*, (1999).

69 Arthur R. H. Davis. Intellectual Property rights, Patents, Trademarks, and Copyright, *West Publishing Co.* Second Edition, (1990).

70 The Legal Texts, The Results of the Uruguay Round of Multi1ateral Trade Negotiations, *Cambridge University Press*, (2000).

71 Susan K. Sell. Private Power, Public Law: The Globalization of Intellectual Property Rights, *Vand. L. J.* , (2003).

72 Bugbee, Bruce W. The Research of American Patent and Copyright Law, *Washington*: *Public Affair Press*, (1987).

73 Hughes Justin. The Philosophy of Intellectual Property. *Geo. LJ.* , vol. 77 (Dec 2003).

后 记

写作完成之际本应是需要欢欣的时刻，但此时的心情却不同于以往所设计的种种镜像。在辛勤耕耘的三年里，我曾无数次憧憬着这一天的到来。一直以为这一天的我，无论如何是欣喜若狂的；或欢呼雀跃，或满怀喜悦地拿起一本心仪已久的小说，好好慰劳一下自己几近干涸的文学之床。但是此刻，心情却有几丝沉重。

还记得初入学门时吴老师的殷切之语：不要求学生在读博士期间发表多少高级别的学术论文，但毕业论文一定要认真对待，要做到不辱师门；在某种程度上，博士毕业论文的完成并不意味着写作任务的结束，相反它代表着学术生涯的另一个开端，从此以后，要用更高的标准来衡量自己的学术水平。心里刻着这几句话，学习上一直不敢有所怠慢，但奈何功底浅薄，再加上天资愚笨，可以称得上成果的工作寥寥。此刻捧出的答卷是否能如老师之愿，心中无底，故而惴惴不安。

感谢导师组的吴汉东教授、曹新明教授和朱雪忠教授。古语云：学高为师，身正为范。这句话在我们知识产权研究中心的诸位导师身上得到了淋漓尽致的体现。吴老师的渊博学识和人格魅力一直都令我折服，曹老师在我的初稿完成后提出了许多宝贵的修改建议。几位老师平易近人的学者风范、提携后人的博大胸襟都使我受益匪浅，深感命运之神的垂青。

此外，我还要感谢赵家仪教授、彭学龙教授、胡开忠教授等老师对我的指导和帮助，尤其是胡老师和彭老师的不吝点拨，每每使我顿悟。三年苦读中相知相伴的各位朋友和师兄弟们使我的学习生涯因他们（她们）而变得丰富多彩。

感谢我的亲人，他们的关心和呵护，是我永远的动力之源。

最后，还要感谢知识产权出版社刘睿编辑的辛勤工作！刘编辑耐心细致的工作态度令我深深折服，在她的影响下，我不得不对文中的一些地方斟酌再三。也惟有如此，我们才能给读者交出一份更为满意的答卷。

衷心祝愿我的恩师们、朋友以及我的亲人们，一生幸福、平安！

安雪梅

2009 年 5 月于广州寓所